btb

Im August 2010 verstarb Christoph Schlingensief, dessen Arbeit als Film-, Theater- und Opernregisseur, als Schauspieler, Autor, bildender Künstler, TV-Entertainer und politischer Aktivist bis heute unvergessen ist. Von Beginn an hat Christoph Schlingensief zu seinen unzähligen Projekten immer wieder und ausführlich in Interviews und Gesprächen Stellung genommen und dabei das Sprechen über seine Arbeit stets auch als wesentlichen Teil seiner vielfältigen Aktionen verstanden. Aus diesen Gesprächen hat Christoph Schlingensiefs Ehefrau und Mitarbeiterin Aino Laberenz eine Auswahl erstellt, durch die Christoph Schlingensiefs einzigartiges Verständnis von künstlerischer Arbeit und die wichtigsten Stationen seiner Künstlerbiografie sofort wieder lebendig werden: die Filme, die Theaterarbeiten, seine Parteigründung »Chance 2000«, seine Wagner-Inszenierungen in Bayreuth, seine Wiener »Ausländer raus«-Containeraktion, die »Kirche der Angst«, sein »Operndorf Afrika«.

Christoph Schlingensief, geboren 1960 in Oberhausen, gestorben 21.8.2010, begann im Alter von 12 Jahren mit Schmalfilmen zu experimentieren. Studium in München, als Assistenz von Werner Nekes erste Kurzfilme. Ab 1993 Theaterarbeiten, u.a. an der Volksbühne Berlin. Teilnahme an der documenta X (»Mein Filz, mein Fett, mein Hase«) und posthum 2011 an der Biennale in Venedig, Deutscher Pavillon (kuratiert von Susanne Gaensheimer, in Zusammenarbeit mit Aino Laberenz).

Aino Laberenz, geboren 1981 in Turku, lebt in Berlin. Bühnen- und Kostümbildnerin, unter anderem am Schauspielhaus Bochum, Bayerische Staatsoper, Berliner Volksbühne, Burgtheater in Wien und Deutsches Theater Berlin. Aino Laberenz ist Geschäftsführerin des »Operndorf Afrika« und Verwalterin des Nachlasses von Christoph Schlingensief.

Christoph Schlingensief

Kein falsches Wort jetzt

Gespräche

Herausgegeben von Aino Laberenz
Mit einem Nachwort von Diedrich Diederichsen

btb

Sollte diese Publikation Links auf Webseiten Dritter enthalten, so übernehmen wir für deren Inhalte keine Haftung, da wir uns diese nicht zu eigen machen, sondern lediglich auf deren Stand zum Zeitpunkt der Erstveröffentlichung verweisen.

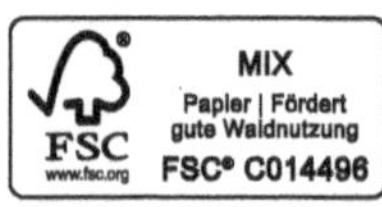

Penguin Random House Verlagsgruppe FSC® N001967

1. Auflage
Genehmigte Lizenzausgabe Dezember 2022
btb Verlag in der Penguin Random House Verlagsgruppe GmbH
Neumarkter Straße 28, 81673 München

Redaktionelle Mitarbeit: Brigitte Landes
Covergestaltung: semper smile, München
nach einem Entwurf von Rudolf Linn, Köln unter Verwendung
eines Motivs von © david baltzer/bildbuehne.de/laif
Druck und Einband: GGP Media GmbH, Pößneck
MK · Herstellung: sc
Printed in Germany
ISBN 978-3-442-77175-2

www.btb-verlag.de
www.facebook.com/btbverlag

Inhalt

Kein falsches Wort jetzt

Vorwort von Aino Laberenz

Christoph hat einmal gesagt, dass man nicht mehr an die vergangene Zeit, an die Geschichte herankommt – wir können nicht zurück. Aber auf ihrer Basis begreifen wir, wer wir gerade sind. Im Hier und Jetzt.

Mein Anlass, ein Buch mit Interviews und Gesprächen herauszugeben, die Christoph gegeben und geführt hat, ist genau dieser. Wie sehr die Geschichte immer ein Teil unserer persönlichen, aber eben auch der gesellschaftlichen Gegenwart ist – das lese ich in seinen Interviews und Gesprächen.

Die Auswahl aus verschiedenen Zeitungen und Magazinen, aber auch einem Radiogespräch umfasst einen langen Zeitraum, von 1984 bis 2010. Über 25 Jahre, in denen er gearbeitet und seine Arbeit kommentiert, erläutert, analysiert hat. Manche Gesprächspartner kannte er gut, mit manchen verband ihn nur das jeweilige Interview. Eingelassen hat er sich aber immer, respektiert und ernst genommen hat er sein Gegenüber grundsätzlich. In den Bundestag zu gehen und dort Wolfgang Schäuble zu treffen – davor hatte er großen Respekt.

Meine Auswahl der Interviews in diesem Buch folgt ganz bewusst keiner medialen Hierarchie und bezieht Publikumszeitschriften wie angesehene Tageszeitungen oder auch Fachzeitschriften gleichermaßen ein. Denn Christoph hat in seinem Sendungsbewusstsein und seinem Drang, Menschen zu etwas zu bewegen, ohne ihnen altklug oder besserwisserisch zu begegnen, keine Unterschiede zwischen vermeintlich seriösen und nicht so seriösen Medien gemacht. Also hat er sich auch auf jedes Medium eingelassen.

Ich habe mich für eine chronologische Auswahl von Interviews entschieden, um zu dokumentieren, wie er sich kontinuierlich zu einer gesellschaftlich relevanten Stimme entwickelt hat. Die Gespräche haben seine Arbeit begleitet und sind zugleich ein Teil von ihr: das Reden über seine Kunst oder gesellschaftliche Verhältnisse gehört bei ihm wie selbstverständlich zu den künstlerischen Ausdrucksformen, die er benutzt hat.

Christoph Schlingensief wurde 1960 in Oberhausen geboren. Er hat bereits in seiner Kindheit begonnen, Filme zu machen. Und er hat schon früh das Bedürfnis gespürt, sich darüber zu äußern. Bereits im ersten Gespräch ist dieser Drang bemerkbar, seine Arbeit vermitteln zu wollen, wenn er über seinen ersten Langspielfilm spricht, »Tunguska, die Kisten sind da« von 1984. Er weist darauf hin, dass er den Zuschauer nicht mit einem Ergebnis nach Hause entlässt, sondern dass er ihn ständig aufs Glatteis führt. So fordert er ihn durch eine extreme Erzählstruktur, Perspektivwechsel und den experimentellen Umgang mit Ton heraus. Der Film beschreibt sein eigenes Verlangen, gefordert zu werden, und nimmt den Zuschauer in die gleiche Verantwortung. Er hat für diesen Film nicht nur das Skript geschrieben und Regie geführt, sondern ihn auch produziert. Er war für die Tricks zuständig und hat auch noch die Orgel gespielt.

Die Auseinandersetzung mit Journalisten war für Christoph wie eine erweiterte Bühne: in seiner Arbeit hat er sich nicht nur auf Filmemacher oder Theatermacher, sondern immer wieder auch auf Wissenschaftler und Journalisten bezogen.

Vielleicht auch deswegen hat er Genregrenzen nie so akzeptiert wie andere Künstler und sie je nach Bedarf überschritten.

Es sei zwar seine Lebensversicherung, dass er vom Filmemachen komme, sagte er mehrfach, ebenso wichtig sei es ihm aber, sich in und mit unterschiedlichsten Materien auszukennen oder sich ihnen anzunähern. Sein Wissen bezog sich nicht nur auf die Genres, in denen er gearbeitet hat, sondern auch auf sein soziales oder politisches Umfeld. Er hat, wie es sein Wegbegleiter, der Schauspieler und Philosoph *Alfred Edel*, beschrieben hat, mit »genialem Halbwissen« seine Arbeit verteidigt. Er nahm sich die Freiheit, Dinge zusammenzufügen, die eigentlich nicht zusammengehören, eine akausale Anordnung zu schaffen, in der sie abheben und die Realität überhöhen, um ihr wieder nahe zu kommen.

So liest man sich in den Gesprächen nicht nur durch Christophs Werk, sondern auch durch seine Biografie – und durch das Zeitgeschehen.

Viele Menschen waren überzeugt, dass Aktionen und Arbeiten Christophs reine Selbstdarstellungen seien. Christoph musste schon in seinen frühen Arbeiten mit Unverständnis und Ablehnung umgehen. Mit extremen Reaktionen, Kritiken oder Beschimpfungen. Dem war er permanent ausgesetzt, auch weil er das wollte. Er war oft der Erste, der nach einer Premiere alle Kritiken las.

Interviews nutzte er daher, um Missverständnisse auszuräumen und seine tiefe Überzeugung seinen Aktionen oder Projekten gegenüber auszudrücken. Es wäre aber zu einfach zu sagen, dass er nur richtig verstanden werden wollte. »Ich lass' die Dinge aufeinanderprallen. Das soll keine Provokation bedeuten, Provokation wäre trivial, sondern eher eine Art Erfrischung.«

Gerne hat er sich als katholischen Kleinbürger beschrieben. Er ist einfach ganz grundsätzlich von dem ausgegangen, was ihn persönlich betroffen und geprägt hat, und hat dann gezeigt, dass es keine einfachen Wahrheiten gibt.

Christoph hat seine Interviews immer sehr genau redigiert. Jeder Satz war wichtig. Ihm war die Reichweite dessen, was er sagte, nicht nur bewusst, sondern er hat sie mit einbezogen und gezielt genutzt. Man kann ihm förmlich beim Denken und Sprechen zuhören. Bei Christoph hat es vor lauter Gedanken im Kopf gesurrt und gekracht. Und so schnell er gedacht hat, so schnell hat er geredet. Er war wie ein Kraftwerk, das beim Reden bereits Bilder produziert hat. In einem Radiogespräch sagt er, »dass jeder Mensch auf der Welt bereit ist, wenn es sein Ziel ist, endlich in den eigenen Film einzutreten. Schon bei der Geburt macht sich jedes Baby schreiend bemerkbar, um wahrgenommen zu werden.« Dass er sein Leben öfter mal als »Langzeitbelichtung« bezeichnet hat, zeigt genau diese Suche, in seinen eigenen Film einzutreten.

Die Gespräche haben nicht an Relevanz verloren, im Gegenteil, ihre Fragestellungen sind immer noch aktuell. Sie zeigen, wie sehr er die jeweilige Zeit geprägt hat. Aber eben auch, wie weit er seiner Zeit voraus war. Hier zeigt sich nicht nur seine Persönlichkeit, sondern auch, wie sehr er die Medienöffentlichkeit schon früh für sich als weitere Plattform genutzt hat, um zusätzliche Diskurse zu führen und Fragen, die ihn beschäftigten, von der Bühne in die Medien zu tragen.

Er hat sich nie versteckt, stand mit auf der Bühne und hat sich für seine Arbeit haftbar gemacht. Diese Offenheit zeigt seine Verwundbarkeit, aber auch seine Radikalität, seinen Mut und die Ernsthaftigkeit seiner Arbeit.

Christoph wollte, dass man sich seine Arbeit möglichst unvoreingenommen ansieht und sich bis zum Ende darauf einlässt. Man sollte nicht schon im Vorfeld wissen, wie man was zu sehen hat – das war für ihn nicht auszuhalten.

Was er von sich selber eingefordert hat, erwartete er auch von seinem Gegenüber. Seine Gesprächspartner wurden genauso herausgefordert, wie er selbst sich zur Disposition stellte. Und das immer verdammt unterhaltsam. Christoph stand nie über den Dingen, sondern eher mittendrin. Er forderte die Sichtbarkeit und die Teilhabe für alle ein, dachte Repräsentation grundsätzlich und neu. Eigentlich war er so gut wie immer auf Sendung, und das mit allem, was ihm zur Verfügung stand: mit seinen Ängsten, seinem Humor, seiner Intuition oder natürlich seinem Charme, seiner Lautstärke und Schnelligkeit, seiner Sensationslust oder seinen Obsessionen.

Die Interviews gehen auf eine Zeit zurück, in der der Begriff des Medienkünstlers in der heutigen Form noch nicht existierte. Dennoch war er ein solcher, aber nicht ausschließlich.

Christoph war Film-, Theater- und Opernregisseur, Produzent, Alleinunterhalter, Politiker, Performer, Talkmaster, Künstler, Schauspieler und er hat festgestellt, dass er sich darüber hinaus immer für Künstler interessiert hat, die ihre Kunst fast zwanghaft betreiben und darin nicht unbedingt einen Gegensatz zum Zwang des Lebenmüssens oder -wollens empfinden.

Er sah die Überforderung als Antrieb, nicht nur der eigenen Langeweile zu entkommen, sondern hin- und herzuspringen zwischen den verschiedensten Bereichen, zwischen Musik und Bild, dem Menschen und der Sprache, dem Lustigen und Traurigen oder Ernsthaften – und dabei immer die Chance zu ergreifen, das Gegenteil von dem zu behaupten, was alle erwarten. Den einen Schritt weiter zu gehen, als es einem die Vernunft rät.

Aino Laberenz, Mai 2020

Die Gespräche

Zeitgeist in Kisten

Oberhausener Filmemacher vollendet seine Trilogie

Anlass: »Tunguska – die Kisten sind da«
Mit D. Benman
In: Ortszeit Nr. 9
Mülheim a.d. Ruhr, 1984

Die Fragen müssen korrekt gestellt sein, Herr Benman, ja?! Sonst sag' ich hier gar nichts. Außerdem, das Radio, können Sie das mal abstellen, bitte!

Ja, nehmen Sie noch eine Tasse?

Ja, gern. Was ist das eigentlich für ein Wein? Ausgesprochen lecker!

Herr Schlingensief, was ist das »andere« an Ihren Filmen? Wie unterscheiden Sie sich von den sogenannten »Jungfilmern«?

(*Leise*) Ich verrate nichts. (*Laut*) Ja, warum ich anders bin, ... die Diskriminierung von anderen ... Ja, ich verstehe mich eben nicht so, wie die Regisseure des Neuen Deutschen Films sich, glaube ich, verstanden haben; als jemand, der monatelang gelitten hat und im Kämmerlein gehockt hat, um an einer Geschichte, einer Theorie oder einer Sozialkritik zu basteln und dann nach draußen zu treten und zu sagen: Nur durch mich konnten diese Missstände aufgedeckt werden. Also ein neurotischer Regisseur, der nicht zugibt, neurotisch zu sein. Ich sage damit nicht, dass ich nicht neurotisch bin.

Sie »stehen also dazu«?

(Schreit) Ja, ich habe mehrere Neurosen, Zwangsneurosen … Bei uns im Park ist schon einiges passiert …

Oscar Wilde sagte ja auch, es gebe keine Kunst ohne Neurose.

Oh, hat er das gesagt? Der hat doch auch »Dorian Gray« geschrieben, nicht wahr? Ja?

Ja, also ich erwarte eben mehr vom Zuschauer. Ich lasse ihn nicht etwas sehen und spüren, was er sich dann als Ergebnis mit nach Hause nimmt. Der Tonmeister von TUNGUSKA sagte sehr treffend, TUNGUSKA sei ein Film, der einen roten Faden besäße, aber dieser rote Faden höre ständig auf.

Das ist auch deshalb interessant, weil sich TUNGUSKA in allen möglichen Spielfilmgenres auskennt. Er benutzt diese Genres und nimmt damit verschiedene Positionen ein, verschiedene filmische Grundbestandteile, die der Zuschauer kennt. Aber jedes Bild unterscheidet sich von dem kommenden. Für mich ist jedes Bild eine Kiste. Die Kisten sind da – es werden ja auch im Film Kisten geliefert, die die Forscher dann öffnen –, und jetzt verlange ich vom Zuschauer, dass er mich als Regisseur endlich mal vergisst, als jemand, der etwas über den Tisch reicht wie Zucker und Kaffee, sondern jetzt soll der Zuschauer anfangen, die Kisten auszupacken.

Mich hat es sehr angestrengt, diesem Film zu folgen.

Ja, der Film ist auch anstrengend, weil er den Zuschauer ständig aufs Glatteis führt und ziemlich extrem ist. Extrem einmal, was die Erzählstruktur angeht, die sich ständig hin und her bewegt, und dann schwierig, weil der Ton sehr dicht ist und sehr viele Räume erzeugt. Dann ist der Film als Film akzeptiert, indem das Filmmaterial an manchen Stellen auch zerstört wird. Deshalb ist der Film für Leute, die unterhalten werden wollen, eine Strapaze. Spannend ist der Film für den, der sich trainieren möchte, der prüfen will, ob er als Zuschauer noch gefordert werden kann. Der Zuschauer stellt sich schließlich sein Programm selber zusammen. Beim Telespiel ist es so: Ich habe z.B. die Exposition »Schatzsuche«. Dann habe ich meinen »Joystick« in der Hand, identifiziere mich mit diesem blöden Männlein da auf dem Bildschirm, und das jage ich jetzt in die Nähe des Schatzes. Das kann man noch so trivial finden, aber es zeigt auch ein Verlangen, gefordert zu werden. Auf dieses Verlangen setze ich.

Die Produktion von TUNGUSKA ist abgeschlossen – was wird Ihr nächstes Projekt?

Na, na, na!

Filmemachen in Deutschland

Anlass: »Menu Total«
In: Indiskret!, Filmpalast Nr. 6
Mülheim a.d. Ruhr, 1986

Erzählst du bitte für alle, die dich nicht kennen, deinen Werdegang.

Geboren 1960 in Oberhausen, mit 14 Jahren einen Film-Club gegründet und Super-8-Filme gedreht, nach dem Abitur bin ich nach München gegangen und habe bei Franz Seitz als zweiter Kamera-Assistent bei »Doktor Faustus« gearbeitet. Später auch als Produktions-Assistent und Second-Unit-Kameramann. Dann machte ich in München noch Industriedokumentationen.

So mit 22 ging es hier im Ruhrgebiet los. Ich begann eigene 16-mm-Filme zu drehen, finanziert aus dem Geld, das ich in München verdient hatte. Ein Kurzfilm wurde vom Goethe-Institut gekauft, so hatte man wieder ein bisschen Geld und ich konnte Ende 83 TUNGUSKA drehen, der hier in Mülheim im Steinbruch Rauen gedreht wurde. Der wurde wiederum vom Fernsehn gekauft, so hatte man Geld, MENU TOTAL zu machen. Zwischendurch machte ich auch immer mal wieder Kamera- oder Tonassistent. Nach MENU TOTAL haben wir auch schon wieder einen neuen Film gedreht, der aber erst im Juni fertiggestellt wird.

Siehst du dich als Regisseur im klassischen Sinn oder als Filmemacher?

Den Ausdruck Filmemacher finde ich nicht so toll, weil er immer etwas mit Sich-selbst-auf-die-Schulter-klopfen zu tun hat. Die Tendenz geht bei mir dahin, dass es mir schon lieber ist, wenn die Aufgabenbereiche verteilt sind. Die Aufgaben von der Geldbeschaffung bis zur Abwicklung eines Films sind so vielfältig, dass ich mehr zum Aufbau wie im amerikanischen Kino tendiere, wo eine stärkerere Arbeitseinteilung auf Spezialisten vorherrscht.

Ich halte es für wichtig, dass dieser Weg in Deutschland auch mal wieder beschritten wird. Die letzten 10 Jahre waren eben Autoren-Kino, in dem sich die Regisseure ausschütteten, wo sie ihre Wehwehchen haben und was sie doch für Märtyrer sind und dass sie für Millionen gelitten haben und ohne Schuhe vom Süden des Landes bis Paris laufen. Das alles ist irgendwo langweilig und überflüssig geworden. In diese Schablone werde ich auch oft gesteckt, das ist aber ein Missverständnis, denn MENU TOTAL ist eine zynische Komödie. Manche nehmen den Film zwar als albtraumartig wahr, da wird drin gekotzt, es ist auch eine Vergewaltigung dabei, aber streng genommen kommt davon so viel, es ist so geballt, dass es eigentlich nur anders gemeint sein kann.

Siehst du dich in irgendeiner Kino-Tradition?

Man muss schon Bescheid wissen über das, was wichtig ist in der Filmgeschichte – bei mir ist das noch lange nicht der Fall, dass ich alles kenne, doch sich einem Vorbild anzunähern, geht. Ich habe das jedenfalls noch bei keinem Regisseur geschafft.

Mal gefällt einem was von dem, mal von einem anderen. Ich mag z.B. Spielberg, weil ich es toll finde, wie er seine Filme durchpowert und ich mit 800 anderen Leuten im Kino dabei bin – das ist wie Achterbahnfahren. Das Timing ist fantastisch. Aber andererseits mag ich auch Filme von Resnais, oder von Buñuel, als so Dinger, die diffiziler ablaufen. In Deutschland Vorbilder zu finden, ist ganz schwer. Das ist auch ein Problem der Leute, die jetzt anfangen, Filme zu machen, dass sie sich in einem Loch befinden.

Wirst du in Zukunft mehr in Richtung klassisches Erzählkino gehen?

Ich denke, dass ich schon unsichere Filme mache, da ich im Moment keinen Standpunkt kenne, der überzeugend erscheint. Meine Filme sind recht unterschiedlich. Das einzige gemeinsame Element ist ein religiöses, nicht im Sinne von beten und murmeln, sondern da ist etwas nicht Greifbares, das die Leute verbindet. Das zweite Element ist, Spaß zu haben an unwichtigen Dingen, die sich wichtig nehmen. In Berlin gab es z.B. Diskussionen darüber, dass ich im Film Nazi-Uniformen benutze. Doch dabei habe ich keine Skrupel. Ich denke, dass ich da einfach ins Regal greifen kann, um absurde Symbole und Instrumente einer miserablen Zeit auch absurd zu benutzen. Ich will damit eigentlich weniger provozieren, es ist ja mehr Kasperletheater, was ich da zeige, Gesellschaftsspiele.

Beschreib doch bitte mal den Film MENU TOTAL *aus deiner Sicht.*

MENU TOTAL ist ein Film, der für viele Zuschauer Traumstruktur hat, wo Dinge auftauchen, von denen sie meinen, sie selbst schon mal im Kopf gehabt zu haben. Es gibt, glaub ich, einen ziemlichen Spaß, wenn der Film in Mülheim läuft. Angefangen bei der Musik von Helge, Dieter Stein und Peter Eisold, die sehr toll geworden ist, dann die Schauspieler Volker, Helge und Reinhard, die man hier kennt. Ich glaube, das gibt dem Film auch einen guten Kick. Und wie gesagt, der Film hat einen schlechten Geschmack, aber nicht so, dass man darunter leiden muss. Und Alfred Edel, die Sprechblase des Neuen Deutschen Films der vergangenen Jahre, kann hier endlich mal alles auskotzen, was sich bei ihm angesammelt hat.

Der Film hat keine Psychologie, ist noch experimentell erzählt, allerdings mehr Spielfilm als TUNGUSKA. Jede Figur will sich ständig in Szene setzen, der Einzige, der zwischen allen Stühlen steht, ist Joe (im Film Helge), der zwar am Schluss alle umbringt, aber in ein neues System hereingerät, wo er sehr gedämpft ist. MENU TOTAL ist eigentlich eine Kriminalkomödie, die aber sehr komisch funktioniert. Hier weiß man nicht, wer der Mörder ist, und die Auflösung ist nicht so, wie man es erwartet.

16 Jahre Messdiener waren nicht umsonst

Anlass: »Terror 2000«
Mit Anke Leweke und Christiane Peitz
In: tip 2/93
Berlin, 1993

HUNDERT JAHRE ADOLF HITLER, DAS DEUTSCHE KETTENSÄGENMASSAKER *und jetzt* TERROR 2000 – *warum diese Trilogie?*

Ich sehe mich in der Tradition des Neuen Deutschen Films. Der ist mal angetreten mit dem Vorsatz, Filme zu Deutschland zu machen, innovativ zu sein, aber dann wurde er sehr wehleidig. Der Autor ruft mea culpa, und die Kritiker nicken. Trotzdem sehe ich mich in dieser Tradition, aber ich glaube, dass meine einzige Berechtigung im Moment in der Drastik liegt: 75 Minuten mit der Faust auf die Leinwand. Als Altkatholik – 16 Jahre Messdiener sind nicht umsonst gewesen – glaube ich an den Beichtfilm. Mein Ziel ist es, irgendwann dreißig Filme zu haben, die in unterschiedlicher Form etwas über die Jahre ihrer Entstehung sagen. Der Hitlerfilm von '88 hatte eine ganz pure Struktur, da waren wir noch auf dem Besinnungstrip. Ich hatte schon immer vor, etwas über Hitler zu machen, weil ich Hitler nur hinter Glas kennengelernt hatte. Unter der Glasglocke wird alles bloß stilisiert, also raus damit. Das ist wie eine Hostiendemonstranz, so eine Art Projektor, ich gucke auf etwas, und das strahlt zurück.

Damals standen die Mauern noch. Dann kam '89 und der Mauerfall, und ich schulterte die Handkamera, es gab Blut, Stahl, Beton, DAS DEUTSCHE KETTENSÄGENMASSAKER. TERROR 2000 funktioniert eher wie ein Fernsehspiel, fast konventionell. Alles ist möglich, alles ist machbar – das sind die 90er-Jahre.

Stichwort Beichtfilm: Worin besteht die Beichte? Hitler war Nazi, mein Vater war Nazi, also bin ich auch ein Nazi, pervers und kriminell?

Die Beichte besteht in der Erkenntnis der paranoiden Logik. Dramaturgisch ist nicht alles erklärbar, aber alles passt ins Bild und geschieht mit unheimlicher Konsequenz. Das führt nicht unbedingt zum nächsten Dritten Reich, aber es kommen immer mehr private politische Entscheidungen zum Tragen, es sind immer mehr Leute unterwegs in Deutschland, teilweise in Horden, die nicht geliebt werden, nicht akzeptiert werden, ihre Funktion nicht wissen und sich wie Adelheid Streidel einen Blumenstrauß und ein Messer kaufen, ein Attentat verüben und die Sache sozusagen selbst regeln. Auch Rössner und Degowski, die Gladbecker Geiselgangster, sind losgezogen nach dem Motto »Heute Abend sind wir in der Tagesschau«. Und der Journalist darf plötzlich Verkehrspolizist spielen.

Ist das nicht sehr fatalistisch? Das typische linke Totschlagargument: Wir sind eh alle Nazis …?

Bei mir stehen die Leichen wieder auf, das ist der Unterschied. Am Anfang sagt Rössner, der Gladbecker Geiselgangster: »Ich habe mit dem Leben abgeschlossen«, das hat er tatsächlich gesagt, und die Antwort von Degowski lautet: »Mir juckt die Schnauze«. Das ist doch wunderschön. Ich bin kein Fatalist, sondern Katholik. Ich möchte, dass es einen Sinn macht. Und der Staat ist nicht mehr in der Lage, Sinn zu stiften.

Mauern sind nicht schlecht, als Katholik glaube ich, wir brauchen neue Mauern. Nicht die Berliner Mauer, aber die im Kopf, denn sie helfen beim Erkenntnisprozess. Im Moment habe ich den Eindruck, wir erleben die Siebzigerjahre noch einmal. Alle machen, was sie wollen. Wir können Asylantenheime überfallen, die Polizei macht was sie will, die Regierung auch. Das finde ich sehr gefährlich.

Das klingt ja sehr staatstragend.

TERROR 2000 staatstragend?

Klar, wenn man davon ausgeht, dass die Horden nicht zu bändigen sind, braucht man einen starken Staat.

Ich mache meine Filme mit einer gewissen Naivität. Wenn Rostock vorher passiert wäre, wäre der Film so nicht zustande gekommen.

Woher kommen die Bilder?

Splatterfilme kenne ich kaum; ich träume zwar sehr viel, aber ich weiß meine Träume abends nicht mehr. Ich reiße auch keine Zeitungen auseinander und klebe das in ein Poesiealbum. Aber ich mache gern ein Kino der Handgreiflichkeiten. Mich fasziniert das Gesicht von Alfred Edel eben mehr als das von Brandauer.

Ich gehe beim Drehen immer so vor, dass ich einen Drehort suche, der das Team isoliert und die Aufnahmesituation sehr konzentriert. Ursprünglich wollte ich in der CSFR drehen, fuhr los, hatte kein Benzin mehr, 40 km von Berlin entfernt, bin rausgefahren in Massow, Behelfsausfahrt. Da gab es eine Tankstelle, einen Quelle-Restposten-Shop, mit Fähnchen, alles ein bisschen amerikanisch. Wir haben dann dort auf ehemaligem NVA-Gelände gedreht, der Felix-Dzerzinski-Kaserne, genau da, wo wohl auch mal RAF-Leute ausgebildet wurden. Drei, vier der übrig gebliebenen NVAler haben uns unterstützt. Sie können alles besorgen, haben sie gesagt, braucht ihr einen Panzer, kein Problem. Wir haben alle dort gewohnt – 9,50 DM pro Zimmer mit Gemeinschaftsdusche, da hat sich sowohl die Baronin (Irmgard Freifrau Baronin von Berswordt-Wallrabe) geduscht als auch Peter Kern. Gegessen haben wir in der Raststätte, Schweinehack und Salatteller.

Wie kam die Kombination Gladbecker Geiseldrama und Asylantenhatz zustande?

In beiden Fällen handelt es sich um private politische Entscheidungen. Und dann ist der Film ja Wiebke gewidmet, der Geisel, die am Ende abgeknallt wird. Sie ist Geisel von Gangstern, die auch zu Geiseln werden. Auch ein Asylbewerber ist eine Geisel in unserem Land, der ausgeliefert und benutzt wird, bis er nicht mehr kann oder nicht mehr will, andererseits gilt er in seinem eigenen Land als Gangster und musste von dort fliehen. Es geht immer darum, dass man in ein System reinrutscht, in dem man nicht sein will: der Mensch als Geisel im Gestrüpp der Ereignisse.

TERROR 2000 ist eine Co-Produktion von WDR und NDR. Wird er im Fernsehen laufen?

Es ist keine reine Fernsehproduktion. Gefördert wurde TERROR 2000 vom Filmbüro Hamburg, von der Berliner Filmförderung, vom Filmbüro Nordrhein-Westfalen, vom WDR und NDR. Das Fernsehen hat von Anfang an großes Theater gemacht. WDR-Redakteur Joachim von Mengershausen, der ja auch »Heimat« betreut hat oder Wenders-Filme, mag meine Sachen und unterstützt sie als etwas Fremdartiges, etwas, was er selbst so nie machen würde. Die meisten Redakteure unterstützen nur, was auf ihrer eigenen Linie liegt, denn eigentlich möchten sie selbst Regisseure sein. Deshalb haben wir ja so viel schlechtes Fernsehen. Und dann gab es noch Eberhard Scharfenberg und Doris Heinze beim NDR. Ich bekam die Auflage, dass ein Rechtsanwalt das Drehbuch überprüft. Daraufhin schalteten wir einen neutralen Rechtsanwalt ein, der ein Gutachten erstellte, ob die Gladbeck-Nummer öffentlich-rechtliche Belange oder Persönlichkeitsrechte verletzt.

Dann gab es lange Telefonate mit dem WDR-Fernsehspiel-Chef Gunter Witte wegen der Szene mit dem Innenminister. Ursprünglich saß er im Rollstuhl, und Witte meinte, das sei ja wohl Schäuble, der sei vielleicht umstritten, aber es sei doch ehrenhaft, dass er weiter so viel tätig sei. Ich meinte: »Was halten Sie davon, wenn er auf Krücken geht?« So haben wir uns auf Krücken geeinigt.

Schließlich hieß es, ich müsse eine fernsehautorisierte Fassung erstellen. Darauf ließ ich mich ein unter der Bedingung, dass ich den Film nicht beschneiden muss, denn er funktioniert meiner Ansicht nach wie eine Sehschule. Man kommt ins Kino, ist anfangs erheitert, dann irritiert und gerät allmählich ins Netz. Das muss erhalten bleiben. Ich habe gesagt, sie sollen mir die Stellen sagen, die sie nicht mögen, darauf lege ich dann Raster wie bei Spiegel TV, mache einen Balken auf den Priester oder lösche den Ton, und dann gibt es 15 Minuten Raster plus Piepser und das um 23 Uhr oder später, ist mir alles recht. Darauf hat Witte sich eingelassen.

Der Film wird wirklich so, gewissermaßen zensiert, im Fernsehen laufen?

Das ist noch unklar. Das Theater geht seit vergangenen Mai. Es gab eine Vorführung der Roh-Kassette beim NDR, daraufhin schaltete sich dort der Programmchef ein und sagte: Horrorvideo, unsendbar. Dann machte Witte einen Rückzieher, meinte: Blasphemie, Rundfunkgesetz. Seit Kohls offenem Brief wegen Philip Grönings »Terroristen« ist nun auch der Rundfunkrat hellhörig geworden. Zusätzlich hat ein CDU-Generalsekretär aus Nordrhein-Westfalen gefordert, das hiesige Filmbüro zu überprüfen, nicht zuletzt wegen TERROR 2000. Es soll jetzt eine Vorführung beider Filme im Landtag geben. Ein Sendetermin im Fernsehen steht jedenfalls immer noch nicht fest.

Moralist mit Kettensäge

Anlass: »Terror 2000«
Mit Harald Martenstein
In: Tagesspiegel 24.3.1993
Berlin, 1993

Es heißt, Sie seien das größte PR-Talent im deutschen Film.

Ja? Ich habe noch nie einen Pressemenschen angerufen und gesagt: berichten Sie doch bitte über mich.

Die Linke, oder was sich heute noch so nennt, reagiert besonders aggressiv auf Ihre Filme. Die Konservativen, die sonst eher zum Verbieten neigen, bleiben gelassener. Irritiert Sie das?

Diese Autonomen, die den Säureanschlag verübt haben, sind, glaube ich, sehr junge Menschen gewesen. Wahrscheinlich können die ganz einfach keine Bilder lesen. Ja, warum die Linke ausrastet? Ich lass' mir einfach nicht verbieten, dass ich eine glückliche Jugend hatte und eigentlich ganz zufrieden bin. Ich sehe überhaupt keinen Grund dazu, düstere Filme zu machen. Und das kriegen die nicht zusammen: dass Schlingensief jemand ist, der freundlich dreinschaut und mal Messdiener war und andererseits diese Filme macht, wo es in gewisser Weise natürlich pubertär zugeht. Im KETTENSÄGENMASSAKER sagt Alfred Edel, dass in einer Zeit, in der alles möglich ist, es egal wird, ob etwas gut oder schlecht ist. Ich bin Moralist.

Erstaunlich. Bei Ihnen fließt kübelweise Blut, Köpfe platzen, es wird vergewaltigt und gebrandschatzt. Reiten Sie nicht einfach auf der uralten Tabubrecher-Masche herum, im Stil der Sechziger- und Siebzigerjahre?

Meine Filme sind apsychologisch erzählt. Es sind offene Kriegsschauspiele. Die Provokationshaltung der Siebzigerjahre liegt mir extrem fern, die belustigt mich eher, auch an diesem Haus hier (Volksbühne). Hier hat man mich meinem Gefühl nach eingekauft, damit ich mal so richtig draufhaue. Aber wenn bei mir zum Beispiel der Alfred Edel kotzt, dann tut er das nicht als Person, sondern weil er halt eine Sprechblase ist. Das Provozieren funktioniert bei halbwegs aufgeklärten Menschen sowieso nicht mehr. Nein, es geht um Kraft, um Energie, um Rhythmus.

Wie ist es zu der Zusammenarbeit mit der Volksbühne gekommen?

Nach TERROR 2000 hat nur ein einziger Filmproduzent bei mir angerufen. Aber vom Theater hat Heyme aus Bremen sich gemeldet, der Holk Freytag aus Wuppertal, vom Schauspielhaus dort, und der Chefdramaturg Lilienthal von der Volksbühne. Erst wollte ich nicht, weil ich mit Theater nicht viel am Hut hab'.

Die erste Inszenierung, das erste Mal schreiben fürs Theater?

Ja. In meinen Filmen ist das Theater nicht so angelegt wie zum Beispiel bei Schroeter das Opernhafte.

Haben Sie mal was von Castorf gesehen? Empfinden Sie eine Seelenverwandtschaft?

Ich hab' »Lear«, »Rheinische Rebellen« und seine »Räuber« gesehen. Unsere Geschichte wird anders werden, so eine Art Wohltätigkeitsabend für einen Türken, dessen Haus verbrannt ist. Die Veranstaltung entgleist und wird zum »Wetten dass«-Spektakel, mit Video, mit Liveschaltung, mit Musik und ganz simplen Texten. Also triviale Sachen mit Schubert-Messe, heilig, heilig, heilig, die Welt, nicht, wie wir sie sehen, sondern wie Gott sie vielleicht sieht. Es gibt verschiedene Wetten. Der Edel wettet, dass er es schafft, innerhalb von zehn Minuten einen Judenstern an ein türkisches Lebensmittelgeschäft zu malen, und rennt dann aus dem Theater. Das INRI-Spiel, da geht es ums Kreuzigen, und Jesus tritt auf. Eine Frau wettet, dass sie komplett in ein Schwein steigen kann. Also genau die Welt, in der wir leben und die bei uns den Untertitel hat »Spiel ohne Grenzen«.

Ursprünglich hieß der Untertitel aber »100 Jahre CDU«. Gab es da Proteste?

Mir gegenüber nicht. Mein Vater war irritiert, der sagt: Das stimmt ja nicht, es sind noch gar keine 100 Jahre. Ich habe den Titel wegen des Gebäudes gewählt. Wenn man mal an Mielke denkt und die Schüsse auf die Polizisten, an die PDS-Zentrale hier in der Nähe, und man geht dann auf diesen Säulenhain zu, an dem rote Fahnen wehen, und da steht dann oben dick und fett »100 Jahre CDU« drauf, so als feierlicher Akt: das ist das richtige Bild für das, was ich sagen will. Ich suche die Bilder eben nicht in der Art aus, wie man es im Deutschkurs lernt. Wir machen Bilder. Das ist alles. Ich geb' euch kein Leitbild, ich lass' die Dinge aufeinanderprallen. Das soll keine Provokation bedeuten, Provokation wäre trivial, sondern eher eine Art Erfrischung.

Das Problem, das ältere und junge Linke mit Ihnen haben, besteht, glaube ich, in der Simulation einer Botschaft. Bei Ihnen sieht es dauernd so aus, dass Sie eine Botschaft hätten, wie man es ja von aufrechten Regisseuren gewohnt ist. Dann schaut man genauer hin und stellt fest, da ist nichts. Jenseits der Ästhetik der Filme befindet sich ein Vakuum.

Das sehe ich auch so. Aber nicht hier ein Spaß, dort ein Spaß, kein Larifari, sondern ein paranoides System. Der Paranoide oder auch der manisch Depressive handeln nach eigenen Gesetzen. Damit will ich nicht sagen, dass ich paranoid bin. Aber von Adelheid Strobl komme ich auf unterirdische Menschenfabriken oder solchen Quatsch. Ein paranoides System hat eine ehrliche Grundlage, es glaubt an sich und ist in sich geschlossen, aber es liefert keine Botschaft, auch wenn es so wirkt.

Das Erhabene und das Ekelhafte liegen im Fernsehen nur einen Knopfdruck auseinander. Beim Zapping durch die Kanäle erlebt man, dass es keinerlei ästhetische oder moralische Grenzen mehr gibt, hinter die man sich zurückziehen könnte. Die CDU hat, indem sie das Privatfernsehen durchgesetzt hat, eine totale Entgrenzung bewirkt.

Von dem Fernsehen, das ich als Kind erlebt habe, ging noch nicht dieser Verwesungsgeruch aus. Ben, Hoss und Joe Cartwright aus »Bonanza«, »Die bezaubernde Jeannie«, die Tiere waren Fury und Flipper. Alles hat noch sehr offen gewirkt, auch wenn mal versehentlich der Falsche erschossen wurde.

Sie haben auch mal an der »Lindenstraße« mitgewirkt.

Ich habe vor TERROR 2000 sechs Filme für insgesamt 540 000 Mark gemacht, inklusive Fördermittel. Da verschuldet man sich. Es gab dann mal ein Treffen mit Geißendörfer, weil dem jemand von mir erzählt hatte, und der sagte, du kannst bei mir als Aufnahmeleiter anfangen. Ich hatte einen Jahresvertrag, bin aber nur ein halbes Jahr geblieben. Es war die Hölle. Ein verlogener Haufen …

Kann man da nicht eine Menge lernen?

Ja, wie man es nicht machen soll. Wie man Schauspieler nicht liebt …

Die »Lindenstraßen«-Darsteller gehören doch zu den populärsten Leuten im Land.

Die Leute an sich sind klasse, und völlig abgebrüht. Wenn abends die Marie-Luise Marjan nach den Dreharbeiten die Bluse auszieht und auf dem Tisch tanzt, dann merkt man schon, dass die Lindenstraße nicht ihre Welt ist. Ich könnte mir vorstellen, selbst eine Familienserie zu machen, dann aber nicht mit diesem falschen Realismus, sondern mit einem Realismus, bei dem die Bilder an den Wänden wackeln. Aber der Geißendörfer hat so eine Sozi-Haltung, der kriegt ja regelrecht Wutanfälle vor lauter Gerechtigkeit.

Auch da würden Sie der Spur von Fassbinder folgen, mit dem Sie gelegentlich verglichen worden sind. Das fordern Sie geschickt heraus, indem Sie Fassbinder-Schauspieler wie Margit Carstensen oder Udo Kier beschäftigen.

Ich nehme auch Alfred Edel und bin nicht der Kluge. Den Udo Kier habe ich rein zufällig kennengelernt. Fassbinder, da haben mir einige Filme gefallen, zum Beispiel »Veronika Voss«, andere habe ich nur mühsam durchgehalten.

Gibt es einen gemeinsamen Nenner der jüngeren Hoffnungsträger des deutschen Films, also Schlingensief, Gröning, Buck, Karmakar, Klein et cetera? Reden Sie miteinander?

Mit Karmakar telefoniere ich manchmal, Monika Treut kenne ich schon ziemlich lange, Gröning habe ich auch mal kennengelernt. Vor ein paar Jahren war ich in Oberhausen, da wurde dort irgendein Jubiläum gefeiert, und die Idee ging um: ein neues Manifest. Auf keinen Fall, habe ich gesagt. Was ist denn der deutsche Film? Wer ist denn der deutsche Film? Jede Menge Funktionärskappen. Wenn du nach New York fliegst von deinem ersparten Geld, dann kannst du sie in den Bars sitzen sehen, wie sie Champagner trinken.

Diesen pubertären Luxus leiste ich mir

Anlass: »Kühnen '94«
Mit Christiane Voss
In: taz 7.2.1994
Berlin, 1994

Welche Bedeutung und Funktion hat Theater heute für dich? Und warum arbeitest du am Theater?

Es ist mir angeboten worden, deshalb bin ich da. Und Theaterbedeutung ist mir nicht ganz klar. Es gibt ja Theater für die Hummerfresserfraktion, fürs Feuilleton und für die Diskussionsfreudigen. An der Volksbühne gibt es eine neue Klientel, die daran gewöhnt ist, Reize sehr schnell aufzunehmen und für sich (!) zu verarbeiten. Ich selbst habe mit Theater eigentlich nichts zu tun. Vielleicht habe ich es zwanzigmal besucht und mich dabei meistens total gelangweilt. Ich bin auch nicht hier, um klassisches Theater zu machen. Spaß macht mir eher eine neue Form der Oper, Rhythmisierungen. Ich versuche zu bearbeiten, was mich wirklich interessiert. Dabei bin ich auf Symbolfiguren des intellektuellen Betriebes wie Erich Fried, Rosa Luxemburg, Petra Kelly etc. gestoßen, die nur noch Medienerfindung und keine Figuren mehr sind und deshalb nur noch in ihrer Macht als Potenzen wahrgenommen werden.

Warum bist du nicht beim Film geblieben? Dort musst du dich nicht auseinandersetzen mit einer Tradition, die dir nichts sagt.

Das ist ja das Interessante, dass diese Traditionen gar nicht mehr so aufgehen. Bei traditionsbewussten Leuten ist meine neue Inszenierung KÜHNEN '94 ja total durchgefallen. Da war von Hinz bis Kunz klar, dass es sich dabei nur um pubertäre Scheiße handelt. Andererseits gibt es offenbar auch Interessenten, denn das Stück ist immer ausverkauft. Ich denke, diesen pubertären Luxus leiste ich mir einfach. Das Reizvolle an Theater ist auch, dass es auch während der Vorstellung live reagieren kann auf das, was passiert.

Worum geht es deiner Ansicht nach in KÜHNEN '94*?*

Also, Michael Kühnen selbst interessiert mich überhaupt nicht, weil mich Museumswärter nicht interessieren. Reaktion und das reaktionäre Denken sind das Thema, nicht der Faschismus oder was dafür ausgegeben wird. Plötzlich zeigen die Leute von ihren Fenstern aus auf die Skinheads und schreien »Faschist«.

Die Richterskala der moralischen Bewertung schlägt aus bei Mölln und Solingen. Dann werden Katastrophen ausgerufen, Erdbeben. Aber alle, die damit zu tun haben, scheinen sich angesichts der Katastrophen nur noch zu stabilisieren. Dieses ganze Drumherum um eine solche Potenz wie Kühnen fokussiere ich, dem setze ich mich und den Zuschauern aus.

Als Zuschauerin hatte ich den Eindruck, ein aufgeklärt katholisch-moralisches Bürgersöhnchen holt angesichts der bösen Wirkungen der Medien zum trotzigen Rundumschlag aus. Man weiß nur nicht genau, wovon man eigentlich »befreit« werden soll.

Das freut mich. Es geht nämlich nicht um Aufklärung oder Befreiung. Sondern ich sage ja: Selbstprovokation. Ich biedere mich doch nicht an, wie leider in der letzten Aufführung, wo ich »Provokation« und »Tabuverletzung« die ganze Zeit plärre und damit aber nur bestimmte Feuilletonisten im Publikum angesprochen habe. Ich habe nichts am Hut mit Tabus.

Aber natürlich. Wenn du deine Figuren nackt, entgleist oder »Heil Hitler« schreiend über die Bühne jagst, hat das etwas mit Tabuverletzungen zu tun.

Nein, was soll denn das sein, ein Tabu? Tabu hat sich eine Firma in den Siebzigerjahren genannt, die Pornofilme hergestellt hat. Das ist ein uralter Begriff, der überhaupt nichts bringt. Mit Selbstprovokation meine ich das Ausloten dessen, worum es einem geht und warum man etwas tut. Unsere Wahrnehmungen sind doch so von Snobismus und Gleichgültigkeit geprägt, dass wir uns existenzielle Fragen eben nur da stellen, wo wir konkret berührt werden. Etwa nach einem Autounfall oder eben dann, wenn wir uns herausgefordert fühlen. Dann kommen plötzlich alle ins Schleudern, und das hat nichts mit Bubi, Mamasöhnchen oder Herrn Schlingensief im Besonderen zu tun.

Du arbeitest ganz bewusst mit Reizfiguren, die inhaltlich besetzt sind wie Alice Schwarzer, Mutter Teresa, Herrn Frey, Leni Riefenstahl etc. Was sind denn deine Kriterien der willkürlich wirkenden Zusammensetzung?

Jedenfalls sollen nicht einzelne Personen wie Petra Kelly oder Mutter Teresa fertiggemacht werden. Ich gucke viel Fernsehen und lese viel Zeitungen. Dort begegne ich am laufenden Band solchen Potenzen oder Kräften wie Petra Kelly und dem Dalai Lama, auf die ich reagiere. Das sind Synonyme oder Indikatoren der offiziellen Bewertungslandschaft, wie sie von den Medien gemacht werden. Das heißt, Orientierungsfiguren, die für klare Positionen und Bewertungen einstehen, nach denen alle schreien.

Und worin unterscheidest du dich dann, wenn du völlig aus dem Kontext gerissen wiederholst, was du aus den Medien kennst?

Ich kriege keine Tantiemen, wenn ich das mache, und auch keine Senderechte. Außerdem ist Theater im Unterschied zum Fernsehen zum Anfassen und live, das heißt, es wirkt unmittelbarer.

Ist das deine Medienkritik? Überzogen zu zeigen, was man so alles sehen kann im Fernsehen?

Eine kritische Position gibt es in dem Sinne nicht, dass ich dir jetzt etwas auf den Tisch knalle und sage, dass ich mich da- oder dagegen wende. Es gibt keine klare Botschaft! Wer das für sich in Anspruch nimmt, der lügt.

Also eher eine Bestandsaufnahme?

Nein, auch nicht. Ganz trivial gehe ich von dem aus, was mich – auch als Kleinbürger – betrifft, wovon ich merke, es setzt etwas in mir in Gang. Also Katastrophen beispielsweise setzen Ideen frei, die ich dann in den Proben immer wieder so lange bearbeite, bis der Funkenschlag sich beruhigt hat. Reibung und Bewegung interessieren mich daran.

Wenn du Faschisten nur als debile Mutanten zeigst, ist das konkret inhaltlich banalisierend und entpolitisierend.

Die Figuren aus dem Bonengel-Film »Beruf Neonazi«, die in meinem Stück vorkommen, Althans und Zündel, sind für mich auch keine politisch ernst zu nehmenden Figuren. Der eine läuft in KZ-Uniform herum, der andere wie Ludwig im wehenden Mantel, das finde ich einfach lächerlich.

Es gibt andere und ultrarechte Parteien, in denen ganz konkret politisch gearbeitet wird. Darüber hinaus sind Anschläge auf Menschen täglich überall in Deutschland Realität. Das ist doch nicht lächerlich.

Es bleiben für mich lächerliche Persönlichkeiten. Außerdem halte ich auch die Täter-Opfer-Debatte für verfehlt.

Das zeigt sich auch am neuesten Fall der Behinderten, die sich selbst das Hakenkreuz ins Gesicht geschnitten hat. Plötzlich gehen alle betroffen auf die Barrikaden, während sich niemand rührt, wenn achtzig andere Menschen zusammengeschlagen werden.

Das ist doch zynisch, ausgerechnet den Fall verallgemeinern zu wollen.

Zynismus vertrete ich nur, wenn Kleinbürger oder auch Linke nach radikalen Lösungen schreien. Der Punkt meiner Arbeit und Ästhetik liegt woanders. Ich gehe aus von konkreten Ängsten des Kleinbürgertums und der daraus resultierenden Obrigkeitshörigkeit, die wir alle abbekommen haben und die mir bis zum Hals steht. Das Kleinbürgertum ist immer das Zünglein an der Waage zwischen rechts und links gewesen, das heißt, die Klientel, die letztlich die Richtung entscheidet. Kultur spielt in diesem Zusammenhang auch eine Rolle, weil sie dafür sorgt, diese Ängste zu bebildern, zu beruhigen oder zu kanalisieren. Darum geht's.

Heißt das, politische Phänomene wie Neofaschismus sind bloß hysterische Projektionen?

Bis zu einem gewissen Grad, ja. Man sollte darüber nachdenken, warum Katastrophen für uns so wichtig sind oder gemacht werden. Wenn Herr Schirinowski beispielsweise in Russland regieren sollte und ein paar Tests fährt, wissen wir angeblich, was es da zu verteidigen gibt. Ich wehre mich dagegen, dass wir diese Katastrophenzustände brauchen, um zu wissen, wer wir sind und wo wir stehen.

Warum sollte man sich dann deinem Katastrophentheater aussetzen?

Na, weil es auch Lust und Spaß macht. Das ist unterhaltend und soll es auch sein.

Das müsste dann aber schon eine masochistische Lust sein, sich mit Vergewaltigungsszenen und kreischenden Debilen zu konfrontieren.

Wieso? Viele Leute finden, dass es interessant und amüsant ist, zu sehen, worüber andere sich aufregen. Das ist zwar von oben herab gedacht. Aber wenn du schon ein Thema festmachen willst, dann geht es eben auch um Rezeptionshaltungen in meinen Stücken. Dabei gehe ich einfach von mir als einem Durchschnittsmenschen aus und verarbeite stellvertretend meine Reaktionen auf die täglichen Katastrophen. Dabei ist mir auch Ironie wichtig. Die wird mir ja ständig abgesprochen.

Im Gegenteil. Das ist gerade mein Problem mit deinen Stücken. Dass du alle Themen und »Ikonen« von rechts nach links derart pauschal ironisierst, bis sie völlig verstellt und sinnentleert sind.

Ich stehe doch nicht über den Dingen, und ich präsentiere sie auch nicht als Konzeptkünstler, sondern pur. Weil ich intuitiv und emotional vorgehe, kommen natürlich auch eigene Obsessionen und Sensationslust mit rein. Etwa wenn es darum geht, eine 160 Kilogramm schwere Frau nackt auf der Bühne zu inszenieren, dann gerate ich auch an eigene Schamgrenzen, die sich dann wiederum als überflüssig erweisen. Aber Sehgewohnheiten zu verändern ist absolut nicht mein Anspruch. Das macht das Fernsehen sowieso schon tausendmal besser. Man müsste schon mit einem Messer in die Augen stechen – dann verändert man vielleicht die Sehgewohnheiten.

Ist KÜHNEN '94 *also eine Art Psychohygiene?*

Nein, ein passender Begriff ist Feldforschung. Ich will ja niemanden reinigen, sondern mit Kräften spielen, die von solchen Phänomenen wie Michael Kühnen ausgehen. Wie im Wellenbad etwa, wo Energien zugespielt, dann wieder zurückgezogen werden. Dass überhaupt Denkprozesse oder emotionale Reaktionen in Bewegung gesetzt werden, setzt natürlich voraus, dass das Publikum nicht schon von vorneherein völlig abgeklärt ist und schon weiß, wie es auf das Stück zu reagieren hat.

Wie würdest du als Zuschauer auf Schlingensief-Theater reagieren?

Ich glaube, ich würde auch an vielen Punkten denken: »Dieser alte Wichser«. Ich könnte wahrscheinlich nicht ertragen, dass jemand so etwas macht, und würde ständig denken, das kann ich besser, oder so.

Wo würdest du dich selbst einordnen?

In keine Schublade. Aber ich bin eindeutig ein Kind der Sechziger, und da stehe ich eigentlich auch heute noch. Flipper, Bonanza, Popkultur, Aktionismus oder im Film so Figuren wie Vlado Kristl, auch Patalas, Gregor usw. – um nur ein paar Namen und Stichworte zu nennen –, damit bin ich aufgewachsen, damit habe ich zu tun. Und die Sechzigerjahre haben ja auch Kultur bis heute geprägt und verändert. Aber ich bin kein Vergangenheitsbewältiger im Sinne der 68er.

Themen wie Zweiter Weltkrieg, sieben Millionen Tote, Faschismus der Dreißigerjahre etc. sollten einem auch in den Neunzigerjahren präsent sein. Aber wenn heute in den Medien von Krieg gesprochen wird, dann denke ich an Sarajevo.

Woran arbeitest du weiter?

AKTION PRIVAT ist der Titel der nächsten Arbeit, und da geht es um eine Frau, die ins Kloster will, dort aber eine Geschichte erzählt, die da eigentlich nicht hingehört. Eine Anarchistin …

Apropos Katholizismus. Der spielt ja offensichtlich eine Rolle für dich.

Na klar. Meinen Katholizismus, den kriege ich doch nicht weg. Ich wäre doch ein total verlogener Hund, wenn ich nach 14 Jahren Messdienerschaft behaupten würde, jetzt den Absprung gemacht zu haben. In der Zeit sind eben auch spannende Sachen passiert. Da gab es einen Chor und eine Bühne, die Rituale und die Institution der Beichte. Die Beichte führt ja auch zur Heuchelei, weil man sich im Unterschied zum Protestanten, der alles mühsam analysieren und ertragen muss, aller Sünden sofort wieder entledigen kann. Man kann sie eben ständig wiederholen.

Und du bist nicht verlogen?

Nein, ich habe vielleicht tausend andere Schwächen, aber die, glaube ich, nicht.

So oder so.

Christoph Schlingensief über Ton in seinen Filmen

Mit Marco Graba und Bernd Klöckener
In: testcard-Beiträge zur Popgeschichte (gekürzt)
Berlin, 1996

Vor vier oder fünf Jahren hast du ein Fernsehinterview gegeben – das lief in der ARD, glaube ich – und zwar kurz nachdem du gerade das KETTENSÄGENMASSAKER *gedreht hattest! Seltsamerweise musstest du dich nicht etwa einer Kritik stellen, die sich auf den Gegenstand, das Thema des Films, bezog, sondern auf die Form der Aggressivität, die mit der Lautstärke transportiert wurde.*

Bei mir ist es ja oft so, dass die Leute behaupten, meine Filme wären zu laut. Ich kann mich an eine Vorführung 1983 erinnern, die Bazon Brock in seinem Haus organisiert hatte, zu der diverse Leute hinkamen, um sich zwei Filme von mir anzuschauen: den Kurzfilm WHAT HAPPENED TO MAGDALENA JUNG? und den neuesten, den TUNGUSKA. Nach 20 Minuten ist dann die Frau vom Bazon Brock in den Nebenraum gegangen, der durch eine große Glasscheibe abgetrennt war, hat sich hingelegt und sich die Schläfen massiert. Ich habe auch von Freunden schon oft verboten bekommen, in Vorführungen – bei Premieren oder auf Festivals – hinten am Lautstärkeregler zu stehen. Ich renne auch meist vorher rein und hantiere am Equalizer herum. Das Filminstitut Düsseldorf zum Beispiel hatte früher eine Lautsprecheranlage, die sehr basslastig war, und da habe ich mir mal erlaubt, vor einer Vorführung einer meiner Filme die Höhen reinzudrehen. Es gab ein Riesentheater mit dem Vorführer, beinahe Handgreiflichkeiten, weil ich das nicht machen durfte; das sei alles fest justiert, und nach ganz genauen Gesichtspunkten eingemessen von der Firma »Kinoton« persönlich – das sei also optimal. Also optimal ist, wenn ich was verstehe oder wenn ich den Eindruck von hohen Tönen habe. Der Gipfel der Scheiße war, dass die hinter der Bühne diese Kinoorgel haben, und dazu gehört eine Trommel, auf der Erbsen liegen, mit der man Regengeräusche machen kann – und durch diese Basslastigkeit machten die dann hinten auch noch mit; das fand ich sogar noch ganz interessant. Aber lange Rede kurzer Sinn: Ich fange immer mit der Lautstärke an; auch in den Mischstudios bewege ich mich meist im fast roten Bereich. Das kommt sehr oft auch durch das Schreien. Manchmal kommt noch die Geschwindigkeit dazu. Ich kann eben mit lauten Eindrücken – genauso wie mit schnellen Bilderfolgen – mehr anfangen. Für mich ist das immer ein universelles Erlebnis: Bilder kann man in meinen Augen durch Lautstärke verstärken. Manche Leute sagen: »Indem man den Ton wegnimmt, kann man mehr verstärken«, und das habe ich jetzt im UNITED TRASH auch versucht. Da gibt es eine Stelle, in der kommt Martha Brenner als Kitten Natividad ins Krankenhaus. In der ersten Mischung, die in Cannes lief, ist da ihr unglaubliches Geplärre zu hören, Sägen und Schreien und dazu diese Krankenhaustöne. In der zweiten Fassung habe ich den ganzen O-Ton weggelassen und eine Tubagruppe untergelegt, die »Edelweiß« spielt. Diese Musik darf ich allerdings nicht mehr verwenden, weil ich da die Rechte angeblich nicht habe.

Wenn man im normalen Kino die Filme vorführen lässt, kann man nicht sicherstellen, dass das entsprechend laut geschieht, d.h. man kann keine Anweisungen geben?

Nein, man hat im Kino keinen Einfluss darauf, die spielen die Filme oft grauenhaft leise. Das Erlebnis wird natürlich im Moment dadurch verbessert, dass Leute wie Lucas mit dem THX-Verfahren Maßstäbe setzen, wohl auch, weil sie sich immer geärgert haben, dass sie da riesige Weltraumabenteuer mit Explosionen und so weiter gemacht haben, und der Ton hörte sich immer so an, als würde nebenan einer 'ne Brötchentüte zerschlagen.

Du hast ja zunächst mit Super-8 gedreht. Hast du es als Verlust empfunden, ohne Geräusche auskommen zu müssen?

Nein, ich habe sogar da schon mit Ton gearbeitet. Ich habe die Filme zunächst ohne Ton gedreht und dann auf den Fernseher projiziert, dazu den Ton laut gestellt und die Helligkeit und den Kontrast weggenommen. Die Mattscheibe reflektiert ja etwas, und wenn es im Raum nicht allzu hell war, sah man dann meinen Film und hörte dazu »Tagesschau« oder meinetwegen »Fuzzy, der Banditenschreck«, »Dick und Doof« – diese Serien also. Es war dann immer witzig, wenn an einer Stelle plötzlich der Ton zu einem Bild – zum Beispiel einer Verfolgungsjagd mit einem Gokart – passte. Das war für mich der erste Versuch, Tonfilme zu machen.

Der Zufall war also bewusst eingeführt.

Ja. Es hat mir unglaublichen Spaß gemacht, dass man dadurch den Film immer wieder anders sah. Durch diese Tonveränderungen kam auch immer wieder ein anderer Film zustande. Das habe ich gemacht, als ich 9 oder 10 war, da hatte ich so einen ganz kleinen Projektor. Dann hab ich einen Eumig-Projektor bekommen – meine Eltern waren sehr großzügig, was diese Dinge anging, weil auch mein Vater fanatischer Filmer war. Der hat meine ganze Jugend mit Doppel-8-Kameras aufgenommen, aber das war nie mit Ton, was ich immer schade fand. Bei meinem Onkel gab es Vorführungen, bei denen er eine Musikkassette laufen ließ, wo er noch raufgesprochen hatte, das scharrte immer so – das gefiel mir überhaupt nicht, das war dann doch nicht perfekt. Mit zehneinhalb habe ich dann DIE SCHULKLASSE gedreht und den Schulkameraden auf dem Gymnasium vorgeführt. Wir fanden das lustig und haben dann im Keller mit Eierkartons so ein Ministudio aufgebaut, wo wir den Film – wie auch früher Filme gemischt wurden – in diesen 15 Minuten an einem Stück durchsynchronisiert haben. Wir haben ihn etwa 10-mal geguckt, dann wurde die Tontaste angeschaltet und dann wurde das durchgesprochen; aber man musste immer sehr aufpassen, dass man nicht rauskam. Der Film ist ganz witzig geworden; den gibt es auch noch. Als Nächstes kam dann Stereoton mit zwei Tonspuren, einer Ausgleichspur für die Geräusche und einer Hauptspur für die Sprache, und einmal hatte ich die Möglichkeit, mit einem synchonisierbaren Uher-Tonbandgerät zu arbeiten. Aber da war noch nichts mit Time-Code und so. Und dann gab es eine Kamera mit einem Aufsatz; die schnurrte natürlich im Hintergrund, wenn der Film lief, aber das wurde dann teilweise verwandt. Ich habe das niemals mehr gemacht, habe aber demnächst wieder vor, einen Film mit einer ungeblimmten Kamera zu drehen, auch wenn es ein Spielfilm ist. Das bekommt dann was ganz Authentisches, was die Mechanik verstärkt, es ist wie etwas Mechanisches. Es wird komischerweise realistischer, obwohl es eigentlich nichts dafür tut.

Und diese Klangspur, die du dann hast einführen können: diente die eher dazu, um die Geräusche, die beim Drehen der Szenen entstanden, aufzunehmen, oder hast du gleich irgendwelche Versatzstücke, vor allem Sounds oder Musik, dazugemischt?

Für mich war immer sehr wichtig, die Atmos drunterzulegen: Vogelgezwitscher, Autogeräusche oder solche Sachen, weil dadurch das Bild und auch die ganze Stimmung homogener wurden. Also wenn man jetzt 20 Einstellungen hatte – wo mal der Kommissar mit kurzen Haaren in den Raum, dann mit langen Haaren wieder aus dem Raum kam, weil wir die zweite Szene 4 Wochen später gedreht hatten –, wurde das durch eine Kelleratmo oder eine Gruselplatte, die man drunterlegte, fast schon relativiert: Das wirkte dann plötzlich wie aus einem Guss. Auch durch die Lichtbestimmung konnte man das später, bei 16 oder 35 Millimeter, noch homogener hinkriegen, aber der Ton war schon sehr wichtig, um solche Sachen zu homogenisieren – besonders, wenn die Sprache wegrutschte, die bei mir auch nie so eine Rolle spielt. Deshalb sind die Leute in meinen Filmen ja selten besonders informativ; die schlagen plötzlich zu oder die schreien, rennen weg oder sonst etwas, dazwischen redet noch ein Off-Sprecher und sagt »Kann ich noch 'ne Tasse Kaffee haben?« – wie bei dem Udo-Kier-Porträt. Da ist der Sprecher von »Aktenzeichen XY«, der da im Hintergrund sagt: »Was ist denn hier los: Die schreien ja nur noch – kann ich noch 'ne Tasse Kaffee haben?«, und da vorn schreien die wieder weiter, und dann kommt noch dieser Video-Ton, wo ich mit Kier auf dem Sofa sitze und eher plärre, ein kleines Mikrofönchen in der Hand habe und Kulturreporter spiele … Die Sprachverständlichkeit war auch immer der Hauptstreitpunkt mit meinen Tonleuten, weil mich das nie interessiert hat. Also wenn da der Alfred Edel in TUNGUSKA reinkommt und sagt: »So ein Ding ist teuer, das werden sie zu ersetzen haben, Rolf!« oder »Lossowitsch, Marsch, schmeißen Sie die Maschine an!«. Da haben viele Leute gefragt: »Was hat der da eben gesagt?«

Unmittelbar nach dieser Szene in TUNGUSKA *führen die Avantgarde-Forscher ja Filme vor, die stumm sind …*

Das stimmt aber nicht ganz!

In der Szene ist es doch so, dass die Forscher die Filme tonlos vorführen und einer der Avantgarde-Forscher, Lossowitsch, vor der Leinwand tanzt und alle gemeinsam »So oder so« skandieren.

Ja genau, aber am Anfang führen sie denselben Film schon einmal vor; und da hörst du »Lucifer Rising« von Kenneth Anger, diese Märchenstimme. Das gehört zu dem Film, der dann später noch einmal läuft, als sie dazu tanzen, nur hörst du da den Ton nicht.

Kann man also sagen, dass du quasi als Ton-Avantgarde-Forscher die fehlende Komponente in deinem Film draufsetzt?

Hm?

Na, die Avantgarde-Forscher sagen ja, dass sie die Sehgewohnheiten verändern wollen. Dann kann man das ja noch auf die Geräuschebene erweitern und sagen, man will Hörgewohnheiten ändern.

Du meinst die Sehgewohnheiten durch die Hörgewohnheiten verändern?

Zum Beispiel.

Mein Vater erblindet gerade. Das eine Auge sieht gar nichts mehr, und das andere hat jetzt so Erscheinungen, Kathedralen und ich weiß nicht was. Und da ärgert mich immer, dass er nicht mehr Momente kriegt, wo der Ton oder die Musik ihm helfen, wo er einfach den Ton mehr nutzt, genauso wie die anderen Sinne. Mich würde freuen, wenn er dieses Auge – wenn es denn schon pausenlos eine eigene Kamera ist, die man nicht mehr kontrollieren kann, und das kann man ja durch den Ton verstärken, sodass da eine andere Dimension hineinkommt – allmählich zugunsten der Töne vergisst. Und ich glaube auch – ich komme ja eher vom Experimentalfilm her, wo mit den Tönen viel mehr experimentiert wurde –, dass man es einem Film immer ansieht, ob es einer wirklich geschafft hat, Bild und Ton gleichwertig zu behandeln, nicht einander untergeordnet, also plötzlich auch Abrisse zu machen und immer weiter damit rumzuhantieren. Ich werde deshalb auch in meinen Filmen als chaotisch eingestuft, weil mich Musik und Geräusche beim Drehbuchschreiben unglaublich nach vorne werfen – das gilt auch für die Theaterstücke. Ich kann auf einer Probe sitzen und wir haben überhaupt keinen Einfall. Wenn ich dann für eine Stunde verschwinde und mir 5 CDs kaufe und Stück für Stück auflege, kommen Ideen und Kurzgeschichten oder kurze Episoden, die ich dann spielen lasse, und dabei läuft die Musik ununterbrochen. Der Tomaschewski, Sophie Rois, Bernhard Schütz und so, die haben alle bis zum Abwinken mitbekommen, dass hinten immer irgendwas gedudelt wird, und darauf aufbauend entstehen die Bilder. Ich gehe nie so vor, dass ich erst mal meine wunderschönen Geschichten baue und sage: »Jetzt leg' mir mal hier eine Musik drunter!« Nein, die Musik ist immer schon vorher da.

Die Tonspur schiebt sich in deinen Filmen oft so in den Vordergrund, dass es gut vorstellbar wäre, deine Filme als Hörspiele laufen zu lassen.

Ich habe auch das Gefühl, dass das geht. Peter W. Jansen hatte vor drei Jahren schon die Idee, ob ich nicht mal Hörspiele machen will, weil er das mit der Tonebene immer so interessant fand. Ich kann mir MENU TOTAL natürlich ohne Ton vorstellen – die Bilder machen mir schon große Freude –, aber ich kann eher den Ton alleine akzeptieren als das Bild allein. Demnächst wird der WDR ROCKY DUTSCHKE – ein Stück, das ich hier an der Volksbühne gemacht habe – als Hörspiel produzieren, und da führe ich dann auch Regie.

Gibt es theoretische oder programmatische Texte der klassischen Avantgarde, die Einfluss auf deine persönliche Stellung zum Verhältnis von Bild und Ton genommen haben?

Nein.

Gibt es vielleicht filmische Vorbilder, die nach deiner Ansicht eine besonders prägnante Verbindung dieser beiden Ebenen eingehen?

Alle Serien. Aber im Wesentlichen habe ich mir das selber so zurechtgebastelt, und deshalb bin ich ja auch eher als Dilettant verschrien, weil ich einfach im Benutzen dieser Dinge aus der Situation das Beste mache. Je beschränkter die Mittel, die Möglichkeiten, desto besser wird es manchmal – für mich. Man muss eben improvisieren und die Musik selber machen und Töne finden und solche Sachen. Das habe ich aber nie irgendwo als Vorbild erlebt … Also ich habe Filme gesehen, von … ich komme jetzt nicht auf den Namen … die in Milch und solchem Zeug eingelegt waren, im Garten, im Sumpf, und dadurch sind die Farben so zerrissen, zersprillt. Dazu wurden Geräusche eingespielt, die durch Schlagen auf den Kehlkopf entstanden waren. Ich saß dann im Publikum und habe mir wirklich den Hals gerieben, das übertrug sich auf mich.

Gibt es Komponisten oder Filmmusiken, die du bevorzugst?

Alban Berg, Penderecki, Messiaen und so einen Japaner, der ganz tolle Musik gemacht hat, der benutzt das Orchester, als wären die irgendwie durchgeknallt, spielen da mit riesigem Aufgebot manchmal los, und dann wird es ganz bedrohlich … also eine sehr filmische Musik. Ich habe mir auch immer sehr viele Film-CDs oder Filmplatten, auch Sampler, gekauft. Alle filmische Musik interessiert mich, aber ich habe nie einen Film erlebt, von dem ich hätte sagen können: »So muss es aber sein«. Ich habe eigentlich nie gelernt, ich habe es immer gemacht, beim Machen gelernt. Beim Nekes konnte ich die Filme angucken, ihn beobachten und dann seine Geräte anfassen … Ich bin auch in Ausstellungen nicht unbedingt beliebt, weil ich sehr viele Sachen anpacke. Ich könnte nie irgendeinen Text durchlesen und alles nur ansehen – also irgendetwas fass ich meistens an.

Dann ist es wohl so, dass der funktionale Einsatz der Musik immer aus der Situation beim Drehen entsteht?

Das beste Beispiel wäre, die beiden Fassungen von UNITED TRASH mal nebeneinanderzusetzen. Bei der ersten Fassung in Cannes sind die Leute mit blauen Ohren rausmarschiert. Und es war wohl auch so, dass man einfach irgendwann abgeschaltet hat – was vielleicht bei der jetzigen Fassung auch noch der Fall ist. Es war aber auch für mich ein Endpunkt. Ich wollte einen Film machen, in dem ich nicht für 5 Pfennig greifbar bin. Durch diese Unzufriedenheit mit mir selber nach der ersten Fassung habe ich diese Töne eben weggenommen und eine völlig neue Musik untergelegt. »Sonoton« in München bieten einem für DM 1,20 pro Sekunde Musiken an, die man nur noch bei der GEMA anmelden muss; und wegen dieser Tubabläser, die ich dann benutzt habe, macht die EMI jetzt Rechte geltend, und deshalb darf ich den Film nicht mehr zeigen. Wenn es übel kommt, wäre ein Betrag zwischen 45- und 75- oder 80 000 Mark fällig – und dabei ist der Film schon gelaufen. Irgendwie ist das alles schon ziemlicher Mist. Also es gibt Platten, auf denen steht: »Clownsmusik«, »Spannungsmusik«, »Einsamkeit« oder »Wüstenatmosphäre, Tendenz: Fata Morgana«, Sachen, wo man denkt: »Was ist das denn Merkwürdiges?« Durch diese kurzen Beschreibungen kann man sich aber etwas vorstellen. Man nimmt die dann runter und hat dann »Einsamkeit«, »Psycho« oder was auch immer. Und weil ich wahrscheinlich unfähig bin, einen Film so zu gestalten, dass er ein Ziel richtig verfolgt – etwa »eine Person durchschaubar zu machen« oder »in ihrem Zerfallsprozess zu betrachten« –, kann sich eben auch eine traurige Sequenz wie bei EGOMANIA ganz schnell durch Helge Schneiders »My Father's Son« oder so was völlig ins Lächerliche verkehren. Ich hatte damals mit Tilda Swinton, die in dem Film die Sally spielt, eine Affäre. Während der Dreharbeiten waren wir auf Sylt, das war erst vier Wochen, nachdem wir uns kennengelernt hatten – es war höllische Liebe angesagt, totales Zerlaufen, und dann war da noch diese Eismeerlandschaft, abgeschlossen vom Festland … Ich erinnere mich, dass wir diese Szene drehten, wo sie und Udo Kier oben auf dem Dachstuhl knutschen. Das tat mir irgendwie weh, aber andrerseits war es auch ein Reiz. Nach den Dreharbeiten haben wir uns zwar noch öfter gesehen, dann aber auseinanderbewegt und es gab eine Trennung ziemlich wüster Natur. Obwohl diese Szene beim Drehen als ausgesprochen intensive gedacht war – die ›leidende Frau‹ und ich weiß nicht was noch für pubertäre Sachen mitschwangen –, habe ich sie, als ich den Film in Berlin zu Ende schnitt, durch die parodistische Musik eigentlich lächerlich gemacht.

Ist die Musik so auch für eine andere Schlüsselszene in diesem Film dazugekommen? Ich meine die, in der Sally (Tilda Swinton) auf dem Boden kniet und scheuert; dazu läuft »Nobody loves you«, ein ziemlich schnulziger amerikanischer Schlager.

Die Musiken sind alle später dazugekommen. Der ganze Film ist aufgebaut auf ein Orgelkonzert von Poulenc. Diese Musik habe ich total bebildert und dazu ein Drehbuch geschrieben. Ich durfte sie aber nicht verwenden, da hat die Sekunde schon damals etwa 500 Mark gekostet. Aber die Musik ist Grundlage für die Bilderwelt des Films gewesen.

Gerade in dieser Szene gibt es so einen ziemlich bemerkenswerten Umschlag: Man hört also dieses Lied »Nobody loves you«, sie schrubbt dazu den Boden, schaut auf – Schnitt – man sieht eine Frau ans Fenster klopfen – Schnitt – Sally starrt verwundert zum Fenster, man hört ein Geräusch, das man für klirrendes Glas halten könnte – Schnitt – man sieht die Frau wieder ans Fenster klopfen – Schnitt. In der nächsten Szene, die auf freiem Feld spielt, wird genau dieses Geräusch mehrfach wiederholt. Zunächst glaubt man also, es handle sich um ein illustratives Filmgeräusch, und erst die folgende Szene macht deutlich, dass es sich eher um »Krach« – um das einfach anders zu benennen – handelt, der atmosphärisch oder als Schockeffekt eingesetzt wird. Wie lässt sich für dich dieser Unterschied fassen?

Ich mache die Sachen ja nicht, um das und das auszudrücken, aber ich kann nicht abstreiten, dass dieses Fensterklirren für mich zunächst etwas wie »Alles zerspringt« hat. Wenn ich da anfange zu interpretieren, komme ich mir blöd vor, aber das hat sicher damit zu tun, dass damit eine Beziehung zerspringt oder da etwas kaputtgeht … Ich würde jederzeit ein Geräusch benutzen, wenn mir die Emotion im Bild nicht genug ausdrückt. Also wenn ich jetzt denke: »Verdammt, der Typ hier, der müsste jetzt manisch werden!«, dann kann es sein, dass ich dem an der Stelle etwa eine Säge unterlege. Wenn der nicht laut genug schreit, dann muss an der Stelle eben irgendwas anderes kommen. – Im KETTENSÄGENMASSAKER gibt es die Szene, wo Clara in diesem Haus ist und ihr ehemaliger Freund unten ankommt mit den ganzen Resten im Gesicht und immer »Clara, Clara« ruft. Dann wird ja die Musik hämmerig und das steigert sich ein bisschen. Sie geht durchs Treppenhaus, kommt zu der Tür, die knallt in dem Moment auf, und der Typ kommt »Clara« schreiend auf sie zugerannt. Da ist es genau so wie in einer guten Geisterbahn. Als ich das MASSAKER mal bei

mir in Mülheim im Kino gezeigt habe, habe ich genau an der Stelle den Lautstärkeregler richtig aufgedreht. Ich kann mich noch erinnern, dass da im Kino ein Mädchen saß mit einem Glas in der Hand, und die hat sich so erschreckt, dass der Inhalt in hohem Bogen auf andere Leute geschwappt ist. Das hat mich stark beeindruckt.
[…]

Um noch mal auf die Musik zurückzukommen: In »Tunguska« kommt die ja nicht von der Konserve, sondern ist zum Teil Musik selbst gemacht …

… vom Jugendorchester Oberhausen zum Beispiel …

… und dann gibt es noch diese Orgelaufnahmen von dir, die im Film rückwärts gespielt werden.

Ich wollte früher Orgel-Unterricht nehmen, und deshalb hatte ich damals den Schlüssel für die Herz-Jesu-Kirche in Oberhausen bekommen. Da habe ich mich dann öfters für zwei Stunden an die Orgel gesetzt und alles Mögliche gespielt, manchmal auch aufgenommen. Das war sehr atonal, wirklich nur: da kommt ein Ton an und da geht einer weg, da kommt eine Melodie, und dann »Spannung« oder so … humpeldipumpel … Für mich war das ein großartiges Orgelkonzert; das war also keine Untersuchung von Geräuschen, sondern ich kam mir wirklich vor, als ob ich ein atonales Meisterwerk spiele. Und die anderen Sachen – dieses »Farben und Klänge, nur die unendliche Enge in der Welt hat uns immer schon bedroht«, wo ich als Pater Hilf da liege und überfahren bin und dieses Keyboard reingeflogen kommt –, das waren Lieder von einer Gruppe, bei der ich mal mitgemacht habe, »Vier Kaiserlein«, die war mal

Vorgruppe von »Freiwillige Selbstkontrolle« von Thomas Meinecke. Wir haben in München zweieinhalb Jahre im selben Haus gewohnt. Der hat mich dann darauf gebracht, selber Musik zu machen. Ich hatte damals einen Synthesizer, so eine Yamaha-Orgel und einen Sequenzer usw. bei mir rumstehen. In der Zeit habe ich auch einmal etwas genommen, und um das als guter Apothekersohn zu legitimieren, habe ich ein Mikrofon aufgestellt und aufgenommen, was ich jetzt an Empfindungen habe. Auf dem Tonband hört man dann am Anfang »Ich merke nichts ... hier ist nichts ... nichts passiert« usw., und dann irgendwann höre ich auf zu reden, du hörst mich nicht mehr, nur so Rumgewusel und Schritte, dann geht diese Orgel an und dann hörst du nur noch, wie ich immer diesen einen Ton drücke – ich weiß nicht wie lange, die Kassette war irgendwann zu Ende, aber es waren mindesten 20 Minuten. Da hat wohl offensichtlich ein einziger Ton zum Glücklichsein gereicht.

Ich wäre gerne der Fehlermann der Nation

Anlass: »Rudi Dutschke«
Mit Sibylle Berg
In: ZEIT Magazin 9.8.1996
Berlin, 1996

Ich fühle mich heute ein bisschen daneben.

Sie sehen auch wirklich nicht gut aus. Da ist so was auf Ihrer Nase.

Das ist ein Pickel.

Haben Sie schlecht geschlafen, oder geht es um mehr?

Gestern ist es wohl spät geworden. Dann gab es irgendwie noch Ärger, und in der Nacht habe ich von Mülheim geträumt. Und aufgewacht bin ich in Berlin.

Das ist wirklich hässlich. Sie ziehen jetzt von Mülheim nach Berlin?

Ja. Ich weiß nicht, ob das so klasse wird. Ich hab' ja jetzt schon Heimweh.

Sie könnten natürlich einfach zu Hause bleiben.

Nein. Es wird Zeit, von Mülheim wegzugehen, ich habe ja einen Vertrag mit der Volksbühne abgeschlossen.

Wofür?

Ich mache ein Stück pro Spielzeit, und wir gründen eine Volksbühnen-Filmproduktion. Das ist schon sehr gut. Die haben mich gern hier. Und ich mag den Frank Castorf sehr. Ein ehrlicher, dekadenter Ossi, brillant im Kopf.

Und was war falsch an der Ruhr?

Es geht einfach nicht mehr, dass ich dasitze und alle Jahre mal die Hand raushalte: Hey, jetzt mach' ich mal wieder einen Film. Nach meinem letzten Film, UNITED TRASH oder so, ich weiß nicht mehr, wie der richtig hieß, war ich in einer Krise. Ich habe mir angeguckt, wie das läuft. Ich habe eine Idee, und dann fange ich an, zwei Jahre zu organisieren. Geld zu besorgen und all das. Ein Riesenaufwand für vier Wochen Erguss. Da stimmt doch das Raum-Zeit-Verhältnis nicht mehr.

Und wenn nach dem Erguss das Euphorie-Aufwand-Verhältnis in den Kinos nicht stimmt …

… ganz doof ist das.

Dabei hatte UNITED TRASH *so wundervolle Szenen, Dinge passierten mit Zwergen, und blutende Darsteller liefen hinter ihren Innereien her.*

Genau. Ich lache mich immer tot, wenn ich meine Filme angucke. In Frankreich haben die Zuschauer gelacht, im Sommer lachen die Japaner. Nur das deutsche Publikum schüttelt den Kopf und versucht, etwas zu verstehen, wo gar nichts zu verstehen ist.

Erzählen Sie uns jetzt was vom humorlosen deutschen Publikum, vom faden deutschen Film?

So einfach ist das ja nicht. Ich sag' nur, dass es hier anstrengend ist. Und der deutsche Film interessiert mich persönlich meistens nicht. Entweder sind das irgendwelche Beiträge, die echt betroffen machen, so unglaubwürdige Menschen, die ein Alkohol-, Liebes- oder Arbeitslosigkeitsproblem haben. Oder Filme nachgespielter Fantasien vorgespielter Fantasien.

Was würde Sie denn mehr interessieren als das Schicksal eines arbeitslosen, liebeskranken Alkoholikers?

Echte Menschen. Ich fand es tausendmal spannender zu sehn, wie eine Putzfrau über Internet Sex hat.

Wollen wir über Sex reden?

Gern.

Gut. Was fällt Ihnen bei dem Wort Kritiker ein?

Das ist ja wirklich total spannend. In diese Dauerprovokateurkiste hat mich vielleicht nicht mal das Publikum reingesteckt, sondern die Kritiker. Denn ich kann ja niemanden provozieren. Das kann nur jeder für sich selbst erledigen.

Kommen wir jetzt zu der alten Kritikernummer …

Doch, da muss ernsthaft drüber gesprochen sein. Ich bin nicht an Lobhudeleien interessiert. Mir sind die am liebsten, die sich eine Sache ansehen, bis zum Ende, und dann sagen: ist irgendwie nicht aufgegangen. Damit kann ich leben. Aber wenn einer sich meine Sachen nicht ansieht oder nur zehn Minuten und schon im Vorfeld weiß, was er darüber zu denken und zu sagen hat, das ist doch Mist. Das ist ein Sich-selber-Produzieren.

Haben Sie ein konkretes Beispiel, oder reden wir jetzt so allgemein?

Da habe ich ein Lieblingsbeispiel. Ein typischer Allesversteher ist Andreas K. In zehn Jahren werden Sie dem die Hand geben: Glückwunsch, Herr K. Sie sind schon 1986 stehen geblieben. Der Wahnsinn ist: Der Mann ist in unserem Alter. Und reproduziert sich nur selber. Da gibt es eine ganze Generation davon. Die formalisierten Humanisten.

Vielleicht ist es nur das Problem unserer Generation, von uns armen Dreißigern, die nichts mehr glauben und nichts mehr wollen. Die betrogen worden sind. Aber von wem eigentlich? Um was?

Es ist doch nichts mehr unmöglich heute – wogegen kämpfen. Wofür? Wir sind zum Platzen satt.

Warum machen Sie dann überhaupt noch etwas? Satte füttern?

Ich muss ja irgendwas machen. Hätten mich meine Eltern abgetrieben, würde sich das Problem nicht stellen. Arbeiten ist eine Art der Suche. Nicht dass das jetzt esoterisch klingt, mit Uterusatmung oder so …

… bei Uterusatmung fallen einem doch sofort Katastrophen ein. Sie haben ein freundschaftliches Verhältnis zu Katastrophen?

Katastrophen sind doch das Einzige, was die Zeitschiene unterbricht …

… die Zeitschiene also …

… auf der wir alle geradeaus fahren. Ungestört. Was spüren tun wir doch nur, wenn diese Schiene unterbrochen wird. Wenn so ein Flugzeug nach ein paar Minuten ins Meer fällt, dann ist das eine klare Unterbrechung der Zeitschiene. Da guckt jeder gern hin und freut sich auch irgendwie, auf der eigenen Zeitschiene unbehelligt weiterzufahren.

Und wenn Sie Katastrophen inszenieren, unterbrechen Sie Ihre Zeitschiene und die der Zuschauer. Ist ein anderes Wort für Zeitschiene Langeweile?

Oder nicht leben, nicht hinterfragen, nicht ehrlich sein.

Wann leben Sie?

Wenn ich mache. Oder wenn ich abends gut trinken gehe.

Für Ihre 35 haben Sie schon ganz ordentlich was gemacht. Fünf Theaterinszenierungen, über zwanzig lange und kurze Filme. Was kommt jetzt? Eine neue Krise?

Jetzt geht das Volksfilmprojekt los. So ganz schnelle Dinger sind das. Wegen des Raum-Zeit-Verhältnisses, Sie verstehen. Am Abend ausdenken, das Ding am nächsten Tag drehen. Dann auch CD-ROM und fertig. Da wollen schon ganz viele mitmachen. Juhnke und solche Leute. Die haben alle große Lust, an einem Fehler teilzuhaben.

Was ist an einem Fehler so interessant?

Ein Fehler hat auch mit der Zeitschiene zu tun. Etwas Ungewöhnliches passiert. Für das man sich vielleicht schämen kann. Den Kopf schütteln. Eine Unterbrechung …

… der Zeitschiene. Verstehe. Wie geht der erste Film?

Das Werk heißt DIE HUNDERT TAGE VON BOTTROP. Wir drehen in einem Reihenhaus, eben in Bottrop. Da soll ein Film gedreht werden. Es passiert nur gar nichts, weil der Regisseur nicht stattfindet. Und da stehen dann hundert Arbeitslose rum und duschen und warten auf den Regisseur. Der kommt ganz zum Schluss und sagt »Action«, und dann ist der Film zu Ende.

Gibt es noch mehr Nackte?

Ja, einige. Die haben Hundehalsbänder um.

Klingt nach einem klasse Fehler.

Ja, nicht? Ich wäre total gern der Fehlermann der Nation.

Sind Sie ein guter Mensch?

Ich glaube schon. Tief drinnen schon. Manchmal weiß ich aber nicht so richtig. Wenn ich mich als Loser fühle, dann nicht. Loser sind keine guten Menschen.

Weil?

Losen heißt aufgeben, sich was vormachen. Nicht ehrlich zu sich sein. Und das ist mal einfach schlecht.

Welches Thema hat Ihr Leben gerade?

Es geht irgendwie um Selbstversuche. Um Sachen zerstören, die bequem sind. So etwas.

Das ist ein bisschen mühsam zu verstehen. Erzählen Sie doch mal von einem Selbstversuch.

In meinem Dutschke-Stück an der Volksbühne spiele ich selbst mit. Da bin ich ganz schön nackt. Das ist ein Selbstversuch. In Aufrichtigkeit. Da kann ich mich auch nicht hinter Zelluloid verstecken. Wenn ich da patze, buhen die Leute. Und ich frag' mich danach: Was hast du da für einen Scheiß gemacht? Sich was fragen …

Manch einer sagt, Ihre Filme und Stücke wären so deprimierend.

Um deprimiert zu sein, muss ich keine Filme machen. Das klappt auch so hervorragend. Alle denken immer, ich mache meine Arbeiten mit so einer Überlegenheitsgeste. Dabei ist das nur Depression.

So eine normale Depression oder was Spezielles?

Nein, ganz normal.

Gibt es irgendwas, was Sie gern machen würden und vermutlich nie machen werden?

Am allerliebsten würde ich ein Stück mit sprechenden Tieren machen.

Ich kenne da ein paar Tiere, aber Sie gucken so gehetzt. Müssen Sie etwas schaffen gehen?

Ja, ich muss los. Sehen Sie Herrn K. noch?

Ich bin Herr K.

Dann geh' ich mal.

Tötet Christoph Schlingensief

Anlass: »Die 120 Tage von Bottrop«
Mit Georg Diez und Anke Dürr
In: Spiegel/Kultur Extra 11/1997
Unterwegs im Zug, 1997

Herr Schlingensief, Sie sind derzeit auf allen Kanälen präsent. Erst haben Sie bei der Kasseler documenta 48 STUNDEN ÜBERLEBEN FÜR DEUTSCHLAND *veranstaltet und sind dabei verhaftet worden, dann machten Sie mit Ihrer Talkshow auf RTL Schlagzeilen, und nach Ihrer* BAHNHOFSMISSION *am Hamburger Schauspielhaus steht nun die Premiere Ihres neuen Films* DIE 120 TAGE VON BOTTROP *an. Warum diese Produktionswut?*

Für mich ist das eine Teststrecke. Wir haben noch etwas mehr als zwei Jahre Zeit bis zur Jahrtausendwende. Ab 2000 wird ja alles anders, dann können die Autos fliegen, und wir ernähren uns von Tabletten. Aber bis dahin kann man's doch machen, einfach mal tun. Ich mache das aus einer totalen Lust heraus.

Keine tieferen Gründe?

Kriminalistisch würde man mich einen Überzeugungstäter nennen. Ich bin ein Moralist, kein Moralapostel. Ich habe keinen Fahrplan für meine Moral, aber ich weiß, dass ich ein paar Grundnahrungsmittel in meinen Empfindungen brauche – Liebe, Heimat, Wärme, Angst, Depression, Manie. Die spreche ich auch allen anderen zu.

Auch den Zuschauern und Kritikern, die in Ihnen gern den kruden Wirrkopf sehen?

Ich habe im Moment ein ganz gutes Gefühl bei dem, was ich mache, so einen Punkt von Wahrheit. Beim Theater habe ich gemerkt, dass man als Mensch haftbar sein kann: dass man auf der Bühne steht und die Zuschauer wirklich Pfeile auf einen abschießen, bis man anfängt zu bluten. Das Schlimmste ist, wenn die Zuschauer noch nicht einmal merken, dass sie am Ende selbst durch das Blut rauswaten.

Ist das eine Lust am Leiden?

Was heißt Lust am Leiden? Man hat mir einen Weg aufgezwungen, indem meine Eltern gesagt haben, wir wollen ein Kind. Jetzt laufe ich hier durch die Gegend, und das kann ich nur ertragen, wenn ich Erfahrungen sammle. Ich kann nur jedem zurufen, das Recht einzuklagen, eigene Erfahrungen zu machen und sich nicht funktionalisieren zu lassen. Ich will nicht funktionieren; ich habe ein paarmal versucht, das zu verhindern, und habe gemerkt, dass ich dann an der Welt keinen Spaß mehr habe. Ich empfinde Lust daran, wenn ich Dinge betrachte, die eher akausal angeordnet sind, und es nicht darum geht zu sagen: »Aha, verstehe.«

Kausalität ist Ihnen nicht geheuer?

Der Schauspieler Alfred Edel hat zu mir bei jeder Geschichte, die ich ihm vorgeschlagen habe, gesagt: »Ist das akausal?«

»Ja, wie, Alfred, was meinst du denn?«, habe ich ihn gefragt. Und er hat geantwortet: »Ja, wenn die akausal ist, die Story, dann ist sie gut.« Das war kein Dadaismus oder Surrealismus, das war einfach eine Großzügigkeit im Herzen. Alfred Edel hat es geschafft, eine Kupferkanne mit einem Blumenstrauß zu assoziieren. Wer das kann, der ist großzügig im Herzen. Einfach sagen zu können: Es geschieht gerade etwas. Es ist zwar nicht ganz mein Ding, aber da ist gerade irgendwas im Aufbruch, und es sind Risse zu spüren.

Geht es Ihnen mit dem, was in Ihren Filmen oder Theaterinszenierungen andauernd »gerade geschieht«, vor allem darum, Verwirrung zu stiften?

Es geht darum, glücklich zu sein.

Und Verwirrung zu stiften macht Sie glücklich?

Die 68er, nicht nur Fritz Teufel, sondern auch Rudi Dutschke und die Kommune 1, haben Systeme auch dadurch infrage gestellt, dass sie sie beim Wort genommen haben. Das ist ein Glücksfall, wenn so was gelingt. Mir hat mal die damalige Wiener Kulturstadträtin Ursula Pasterk kurz vor der Premiere von BEGNADETE NAZIS – 1. GROSSDEUTSCHES GERMANIA-STECHEN ein Fax geschickt mit dem österreichischen Pornografiegesetz und Erläuterungen dazu. Ich solle das bitte lesen und die Kenntnisnahme schriftlich bestätigen. Da stehen so absurde Sachen drin wie beispielsweise, dass ein Mann, der nachts vor zwei jungen Mädchen in einer menschenleeren Straße masturbiert, sich nicht strafbar macht. Erst wenn jemand dazukommt, wird das Ganze offenbar öffentlich und damit strafbar. Da habe ich der Pasterk dazu geschrieben, wunderbar, sie solle einfach wegbleiben, denn dann wäre nach diesem Paragrafen ja alles okay.

Zu Ihren Vorbildern gehört außer Dutschke auch Rainer Werner Fassbinder. Ihren neuen Film, DIE 120 TAGE VON BOTTROP, *bezeichnen Sie als den »letzten Neuen Deutschen Film« …*

… es ist eine Hommage an Fassbinder, an die ganze Zeit. Auch an den Snobismus, die Exzentrik dieser Leute, an ihr Machen, Machen, Weitermachen. Der Werner Herzog, der für »Fitzcarraldo« das Schiff über den Berg tragen lässt, und ich weiß nicht was. Es ist ein lustiger Film geworden, aber teilweise auch traurig. Und voller Sehnsucht, dadurch, dass die Fassbinder-Schauspieler Margit Carstensen, Irm Hermann und Volker Spengler mitspielen. Sie wollen ein Remake von Pasolinis »120 Tage von Sodom« drehen, auf dem Potsdamer Platz, dem größten Studio Europas. Dazu wird ein junger Regisseur engagiert, der Sönke Buckmann heißt und aussieht wie Fassbinder. Der wird gespielt von Mario Garzaner, diesem behinderten Jungen aus Graz, der ja schon öfter bei mir mitgemacht hat.

Es ist also nicht nur eine Hommage an die gute alte Zeit, sondern auch ein Treffen unter Freunden?

Innerhalb von zwei Wochen hatte ich alle beisammen, einfach durch das Stichwort vom »Letzten Neuen Deutschen Film«. Udo Kier ist dabei, von der Volksbühne Sophie Rois und Bernhard Schütz vom Berliner Ensemble, der Bochumer Intendant Leander Haußmann und Roland Emmerich aus Hollywood. Und sie warten alle auf Helmut Berger. Margit klopft immer an der Tür und fragt: »Was ist denn nun mit dem Helmut Berger? Kommt er, oder kommt er nicht?«

Klingt ziemlich gaga.

Eine alte Baronin spielt Leni Riefenstahl, die ruft immer: »Lichtwechsel 33, das blaue Licht, das blaue Licht.« Und dann kommt wieder der kleine Sönke und sagt zu Irm: »Wer unten offen ist, sollte oben zu sein.« Und Margit: »Was ist denn das für ein Text? Das ist aber nicht Pasolini.« »Nein«, sagt er, »den hat mir Christoph gegeben.« Es geht also immer um das Medium und dann wieder um die Sehnsucht, dass der Helmut kommt.

Angeblich dauerten die Dreharbeiten nur fünf Tage.

Ich will ein Kino der Handgreiflichkeit. Das ist es, was ich auch beim Theater suche. Fünf Tage Drehzeit plus zwei Reservetage – da kann man nicht mehr lange überlegen und sagen: »Margit, komm doch in vier Tagen mal durch diese Tür und sieh wie ein Schrank aus.« Und dann kommt sie durch die Tür und sieht aus wie ein Tisch. Da kann man dann nicht sagen, das ist falsch, sondern man muss handeln, machen, aufgrund des Buches und aufgrund der Situation. Das läuft wieder gegen alles, was versucht, im ersten Moment verstanden zu werden. Da gibt es nichts zu verstehen. Da gibt es was zu erleben, und es gibt eine Lust.

Und was kommt nach dem letzten Neuen Deutschen Film?

Wenn man mir das Vier Jahreszeiten gibt, dann will ich Hotelbesitzer werden und das ein halbes Jahr leiten. Oder ich werde Busunternehmer, so einer, der mit Mikrofon in der Hand mit den Leuten durch die Gegend fährt und ihnen die Welt zeigt. Ich bin nicht gern auf der Welt, und wenn ich schon da bin, dann möchte ich zumindest ein paar Sachen erlebt haben.

Was spricht dagegen, auf der Welt zu sein?

Die Grundlage von dem, was ich mache, ist einmal die Angst, nicht nur sich selbst zu verlieren, sondern auch den Auftrag, zu überleben, zu verlieren. Und außerdem würde ich gern durchschlafen. Mein Gottesbegriff ist ein anderer – aus dem bärtigen Mann ist ein universelles Nichts geworden. Das ist warm und Heimat. Ich komme auf die Welt und muss eine Strecke durchfunktionieren. Das will ich aber nicht, und deshalb möchte ich gern durchschlafen, und am Ende will ich wieder ins absolute Nichts. Ich will nicht wiedergeboren werden.

Den Zeitpunkt Ihrer Rückkehr ins Nichts könnten Sie theoretisch selbst bestimmen.

Das habe ich auch schon mal probiert, aber es hat sich nicht ausgezahlt. Es ging irgendwie in die Hose, und ich habe auch eine Riesenangst davor. Ich fürchte mich vor Verletzungen.

Sonst sind Sie nicht so sensibel. Eine Ihrer Parolen, mit denen Sie in der letzten Zeit für Schlagzeilen sorgten, heißt »Tötet Helmut Kohl!«.

Wenn ich sage »Tötet Helmut Kohl«, bewahre ich ihn davor, weil ich das Bild ausspreche. Bei meiner Festnahme in Kassel haben ein paar Zuschauer gerufen »Tötet Christoph Schlingensief!«. Das fand ich gut, damit haben sie mich bewahrt.

Wie das?

Das Bild ist nur eine Vorstellung. Was nicht heißt, dass ich es einlösen muss, sondern nur, dass es in diese Richtung laufen könnte. Das Ganze muss immer die Möglichkeit haben, sich selbst zu zerstören. Nicht ich zerstöre das Bild; es zerstört sich selbst im Kopf des Betrachters.

Woher kommen diese Bilder im Kopf?

Man hat da schon immer eigene Bilder drin, die man langsam ansammelt. Mein Vater beispielsweise, Apotheker, alte Schule, setzt sich zur Ruhe. Und weil er die »Frankfurter Allgemeine« so verehrt, macht er seine Grauer-Star-Operation. Das eine Auge geht gleich platt, da ist sofort eine Embolie drin, schon morgens nach der Operation. Das andere Auge wird gelasert, dann kommt eine Netzhautablösung, dann kommt ein Silikonring drum, dann kommt der graue Star, dann wieder ein Nach-Star, dann wird der grüne Star gelasert, daraufhin setzen Glaskörpertrübungen ein – und jetzt hat er noch 20 Prozent Einschaltquote und einen Experimentalfilmprojektor im Auge. Mein Vater sieht alles. Manchmal steht er bei Verwandten in der Diele und schreit: »Ihr könnt euch gar nicht vorstellen, was ich sehe, da ist Moos, da ist eine Kathedrale.« Ganz depressiv.

Sie meinen, bei ihm ist genau deshalb so viel schiefgelaufen mit den Augen, weil er auf keinen Fall blind werden wollte?

Nein. Sondern, weil er das Leben sehr klar gesehen, aber nicht unbedingt immer ertragen hat.

Deshalb werde ich auch im Flugzeug umkommen. Ich habe Flugangst und hasse es, dass da jemand die Türe zumacht. Das kann ich nicht ertragen, weil ich nicht eingreifen kann. Ich weiß, dass ich in dem Moment, wo das Flugzeug abstürzt, das Ding nicht selbst in die Hand nehmen und sagen kann: Ich klettere raus und mache euch die Turbine wieder gerade.

Dabei haben Sie einmal gesagt, durch Konzentration könne man bestimmte Katastrophen verhindern.

Und uns allen fehlt diese Konzentration. Es gibt da so eine komische Sekte, die sagt, wenn 6000 Menschen auf Knien durch die Gegend hüpfen, wird die Welt gerettet. Ich würde mitmachen, wenn dadurch wirklich die Welt gerettet wird.

Wie würde diese Welt denn aussehen?

Alle Leute stellen erst mal diese Frage. Ich würde es einfach probieren und dann gucken, was passiert. Vielleicht gibt's dann den Kaffee umsonst.

Christoph Schlingensief, Exhibitionist, 36

Helden der Popkultur

Anlass: »Talk 2000«
Mit Jörg Burger
In: ZEITmagazin 12.9.1997
Berlin, 1997

In Film und Theater sind Sie als Berufsrabauke bekannt, jetzt moderieren Sie eine Talkshow bei RTL. Was hat Ihnen das Fernsehpublikum denn getan?

Gar nichts. Aber ich freue mich, dass ich ein neues Medium gefunden habe, in dem ich Fehler machen darf. Als Regisseur an der Berliner Volksbühne habe ich gelernt, dass das eine große Lust sein kann. Ich bin vor der Kamera natürlich höllisch überfordert, denn ich bereite mich nicht vor. Aber ich finde, dass Talkmaster sonst viel zu gut wegkommen. Deshalb lasse ich mich auch mal verprügeln und enthülle private Dinge. Zum Beispiel, dass ich gerade meine Freundin verlassen habe.

Sie brüsten sich auch: »Ich will beweisen, dass jeder Depp Talkmaster werden kann.« Leider kommen Sie Jahre zu spät.

Ja, aber so elegant wie Herr Fliege habe ich die Peinlichkeiten dann doch nicht durchgestanden. Ich bin froh, dass alle zehn Folgen aufgezeichnet sind, denn ich habe mir ganz schön die Hosen ausgezogen.

In Filmen und Theaterstücken beschäftigen Sie sich mit deutschen Obsessionen, mit Hitler, Rechtsradikalismus, Wiedervereinigung. Da konnte die Talkshow nicht ausbleiben.

Stimmt. Alle Pädophilen, Schizophrenen, Geschiedenen und Arbeitslosen in Deutschland sind nur deshalb so leise geworden, weil sie über ihre Leiden öffentlich sprechen dürfen. Die Themen werden weggeredet, zur Volksberuhigung. Mir macht es Spaß, sie wieder hervorzuzerren.

Sie haben Ihre Gäste ganz schön reingelegt: Gotthilf Fischer, Hildegard Knef und Helmut Berger wären doch nie gekommen, wenn sie gewusst hätten, dass sie vor wackelnder Kamera auf einer Drehbühne sitzen müssen.

Ich dachte nicht, dass die überhaupt kommen würden. Die meisten kannten nicht mal meinen Namen. Ich hatte ihnen lediglich einen Brief geschrieben, dass ich mich freuen würde, sie in meiner neuen Talkshow bei RTL begrüßen zu dürfen.

Schon bei der Aufzeichnung der ersten Sendung jubelten Sie: Wir haben 4,8 Millionen Zuschauer! Erwarten Sie am Samstag um Mitternacht so viel Begeisterung?

Ja, alle Arbeitslosen werden zusehen. Und meine hundert Fans.

Eigentlich braucht man sich über Ihre Fernsehkarriere nicht zu wundern: Ihrem Theater- und Filmpublikum ist Kultur doch so egal wie Fernsehguckern. Die Leute wollen vor allem Witz und Klamauk.

Das wäre mir zu wenig. Ich sehe meine Talkshow nicht als Persiflage, sondern als Happening. Viele Achtundsechziger sagen zwar, das kennen wir schon, aber junge Leute freuen sich. Und ich kann meine exhibitionischen Triebe ausleben. Wenn ich das nicht dürfte, spränge ich vor den nächsten Zug.

Wer inszeniert wen?

Christoph Schlingensief über die Provokation als Selbstprovokation und warum er den »letzten« Neuen Deutschen Film drehte

Anlass: »Die 120 Tage von Bottrop«
Mit Axel Henrici und Oliver Fuchs
In: Freitag 7.11.97
Berlin, 1997

Sind Sie ein ernsthafter Mensch?

Ich kann schon verdammt ernst sein. Wenn ich von mir sprechen soll: Ich nehm Johanniskraut-Kapseln ... Na ja. Ich bin immer extrem schnell in so einer depressiven Querlage. Und ich bin unheimlich gerne manisch. Die Grundlage, wenn ich etwas mache, ist natürlich Angst. Das sind kleinbürgerliche Ängste – zum Beispiel: Hast du genug Geld? Wird der Schauspieler kommen? Ich wollte den Film DIE 120 TAGE VON BOTTROP nach dem dritten Tag abbrechen, weil ich da 85 000 Mark Schulden hatte. Eigentlich ist eine Höllenangst vor den Sachen da, und dann wird das manchmal ins Absurde oder Lächerliche gezogen, damit ich in irgendeiner Form Widerstand bieten kann. Und das weiß ich auch vom Theater: Wenn ich da rumhantiere und schreie, schon bevor der Zuschauer ruft »Mein Gott, ist das langweilig hier«, gibt's a) 'nen Lacher, und b) ist die Gefahr von Langeweile gebannt. Das habe ich von Alfred Edel gelernt.

Sie sind gerade 37 geworden. Wie nahe sind Ihnen die Leute, die heute 20 bis 25 Jahre alt sind? Gibt es so etwas wie eine generationsspezifische Reaktion auf Ihre Sachen?

Beim Theater ist es so, dass ich viel Zulauf habe zwischen 16 und 25. Wo ich mir dann auch immer sage: »Kellertheater«, »Living Theatre« – das hab ich ja auch nur erzählt bekommen. Aber ich habe das Recht darauf, es zu machen. Und das ist für die Jungen ganz toll. Da haben die wieder Freude und sagen: »Das haben wir nicht erlebt, das machen wir jetzt mal selber. Vielleicht sind wir nicht so gut wie die, aber wir wissen ja gar nicht, wie gut die waren.« Der Linksfaschist sagt dann eben gleich: »Na ja. Das kenn ich noch von früher.«

Waren Sie Punk?

Nee, ich war kein Punk. Ich habe damals 1980/81 in einem Haus im Münchener Westend gewohnt, wo Thomas Meinecke von der Münchener Gruppe »Freiwillige Selbstkontrolle« auch gewohnt hat. Dadurch gab's den Kontakt zu diesem Magazin »Mode und Verzweiflung«, wo ich dann auch was dafür geschrieben habe. Ich hab dann durch die angefangen, Nietzsche zu lesen und Schopenhauer. Das war so der Anfang.

Das war 1981 – wo waren Sie '77, als Schleyer erschossen wurde? Oder anders gefragt: Sie haben was gemacht über Dutschke? Warum haben Sie nie ein Projekt gemacht über Meinhof und Baader?

Ich hab ein Drehbuch, das würde ich gerne machen, und zwar nächstes Jahr im Juni/Juli – das habe ich gerade jemandem erzählt, der sich Produzent nennt. Und da meinte der, ja, das Thema wär ja dann schon durch. Das ist so absurd! Es geht um eine RAF-Terroristin – die soll auch von Margit Carstensen gespielt werden –, die mit der Portokasse der RAF ein Behindertenheim eröffnet hat und die Behinderten danach auswählt: »Der sieht aus wie Andreas Baader, und die sieht aus wie Ulrike Meinhof«. Und die hat im Keller von dem Behindertenheim die Kreissparkasse von Königs Wusterhausen originalgetreu nachgebaut und übt mit den Behinderten da den Guerillakampf – für die Kulturrevolution.

Die Autorenfilmer haben ja mit »Deutschland im Herbst« sehr schnell auf die damaligen Ereignisse reagiert. Wie ist in diesem Zusammenhang Ihre Ankündigung zu verstehen, mit den 120 TAGEN VON BOTTROP sähen wir nun den letzten Neuen Deutschen Film? Was kommt danach?

Ich wollte noch mal so 'nen Film machen, der auf diese Zeit eingeht – aber als wirklich chaotisches Denken. Du siehst Elemente aus verschiedenen Filmen – aber nicht im blöden Zitaten-Dschungel, sondern auch in dir selber. Da füllt sich was auf, und da kippt was. Ich glaube, dass du einfach auf die Verwirklichung deiner eigenen Bilder aus bist. Und das bezweifele ich am Film, den wir im Moment haben. Da besteht komischerweise bei diesen Leuten kein Bedürfnis – und das merkst du nach fünf Minuten. Ich glaube, dass da ganz viel versäumt wird, wenn man an den Filmhochschulen sich immer nur an diesem roten Faden orientiert, den das haben soll. Wenn's nur noch Filme gäb wie meine, dann würd' ich die ja auch nicht so machen. Ich muss andererseits aber auch sagen: ich könnte keinen Film machen, der funktioniert. Das ist der letzte Neue Deutsche Film, der für meine Begriffe das Anliegen hat zu handeln. Und der auch das volle Risiko trägt, dass man nachher sagt, »jetzt ist's aber wieder keine Geschichte« oder »warum schreien die jetzt schon wieder so?«. Wo auch wirklich der Schnitt von Bettina Böhler ganz maßgeblich beteiligt ist, wo die Materialien aufeinanderstoßen: Hi-8, Digitalbild, nachbearbeitete Schwarzteile mit Kratzern. Das ist eine Überprüfung von Materialien eigentlich!

Der einzige Schritt, den ich jetzt gehen könnte, wäre so wie jetzt in Hamburg. Ich hab da eigentlich im Leben inszeniert. Ich bin da rumgetobt, und das wurde alles parallel mitgedreht. Vom Besuch bei Scientology bis zum Hochamt am Hauptbahnhof. Das hat alles Live-Charakter, da gibt es keine Klappe. Und da hat keiner gerufen: »Ruhe bitte, noch mal auf Anfang«. Es war absolut 1:1.

Sie sind ja gerade von Ihrer Hamburger Bahnhofsmission zurückgekehrt. Wie kam es zu dieser Art »Inszenierung«?

Ich hatte von Frank Baumbauer, dem Intendanten des Hamburger Schauspielhauses, das Angebot, was in Hamburg zu inszenieren. Und da haben wir dann überlegt, was könnte das denn sein? Und zunächst hatten wir auch ein Stück ins Auge gefasst. Aber dann kam diese documenta-Aktion: permanent kommen Leute rein, und die Öffnungszeiten sind abgeschafft. Du bist einfach in dem Raum und weißt gar nicht: ist das jetzt gerade dran – oder ist das jetzt schon zu Ende ...? Wir haben uns Marmelade aufs Brot geschmiert und die Leute gucken so in den Katalog, was das bedeutet. Diese Umfunktionierung und Transformation von solchen Sachen hat mir so viel Spaß gemacht, dass ich mir gesagt habe, man kann eigentlich gar nicht »Vorhang auf!«

machen und sagen »um Viertel nach acht geht's los«. Ja, und dann hab ich Baumbauer gesagt, also ich kann nichts im großen Haus machen, wir machen jetzt alles im Umfeld. Und dann hieß es, das geht nicht. Dann bin ich hingefahren, um abzusagen. Und als ich da war, kriegte ich dann von Baumbauer das Angebot »ja wir haben da diese Polizeiwache – vielleicht interessiert Sie das?«. Und da bin ich dann rüber und dachte mir: in Kassel von der Polizei festgenommen, und jetzt in Hamburg 'ne eigene Polizeiwache aufmachen ... Genau in dem Moment, wo ich abgesagt hatte, waren die ausgezogen. Baumbauer kannte den Vermieter und ich sagte, ja prima, dann machen wir das da.

Was erlebt man so als Polizist?

Einmal hat mich der Staatsanwalt angerufen und gesagt, Sie haben das und das gemacht – und ich sag: »Ja, ich hab das Video dazu! Zu Ihrem Drehbuch hab ich das Video. Wollen Sie's mal sehen?« Und dann guckt er sich's an und sagt dann plötzlich: »Wieso haben Sie denn da Handschellen an?« Der Polizeipräsident hat eine Presseerklärung herausgegeben, in der zehn – auf dem Video – nachweisbare Fehler drin sind. Das heißt: wer inszeniert wen? Wir müssen eigentlich den Leuten zu ihrem Drehbuch schon den Film liefern. Das Missverständnis war, dass das 'ne Sozialstation würde oder 'ne Fixerstube nachher. Und das ist es eben nicht! Aufgabenstellung war eigentlich, dem Leben das Theater und dem Theater das Leben eventuell mal wieder vorzuführen.

Wie haben die Leute reagiert?

Es gibt bestimmt viele, die das noch nicht verstanden haben. Aber ich glaube, der Prozess als solcher war da. Und das ist ein Prozess des »Punkt, Punkt, Punkt« – wie bei meiner Inszenierung ROCKY DUTSCHKE. Und dieser Prozess ist eben aufzufüllen durch den, der daran teilnimmt! Was aus den drei Pünktchen wird. Und da ist der Prozess dann in Funktion zu stellen. Aber durch die Person selber … Deshalb provoziere ich ja auch nicht – und glaube, dass es ein Irrtum ist, das zu behaupten: denn die Provokation, die mir vorschwebt, ist die Selbstprovokation. Deshalb bin ich auch Sohn eines Apothekers.

Sie haben sich immer mit der Oberfläche beziehungsweise der Repräsentation von öffentlichen Figuren – Hitler, Dutschke, Kühnen, Kohl – beschäftigt. Mittlerweile haben Sie aber eine richtige Schlingensief-Interpretations-Maschine in Gang gesetzt und sind selbst zur Medienfigur geworden. Was folgt für Sie daraus?

Ich kann das im Moment gar nicht einschätzen. Ich weigere mich auch fast, darüber nachzudenken. Dieser Satz taucht ja auch öfter auf: ich will nicht funktionieren. Damit meine ich aber nicht dieses blöde »ich will mich jetzt hier danebenbenehmen«. Ich übernehme zwangsläufig eine Funktion. Ich werde eingeladen vom Schauspielhaus, weil sie gerne mal wieder die Jeans rausholen wollen. Aber nicht funktionieren heißt für mich: Ich weiß nicht, was überhaupt funktioniert. Ich bin im Moment an einem Punkt, wo ich eine große Lust habe zu machen. Das ist eigentlich das Hauptmotiv: machen, machen, machen. Und dieses »Machen« ist auch in sich schon bestraft, dadurch dass ich erst nach dem Ereignis reflektieren kann. Das ist eine permanente Überforderung. Der setze ich mich aus. Und dadurch werde ich sicher für manche Leute ein Medienereignis, weil sie sagen: Wieso tobt er jetzt da rum, wo er nix zu suchen hat? Zu handeln, wenn man einfach handeln will: das finde ich das Größte, was es gibt.

Die Bilder, die man in sich trägt, sind nicht unbedingt bewusst, die schreien aber nach einer Auffüllung. Und wenn sie aufgefüllt sind, dann verwirklicht sich eigentlich auch dein Leben.

Wie stelle ich fest, was die eigenen Bilder sind?

In dem Moment, wo man wirklich mal macht – und ich hab das jetzt ja zwei Jahre gemacht –, merkst du, dass du plötzlich in dem dich treibenden Fluss Aktionen machst, die dann zwar wieder als Kalkül oder Konzept verbunden sind, aber das einzig wahre Element daran ist das Serielle: nämlich dass du dich in konventionellen oder konditionierten Formen bewegst. Und dann gibt's plötzlich – zack – 'n Moment, der war nicht vorgesehen, da bist du reingerutscht. Da stehe ich da als Polizist und gröle: ich kann für die innere Sicherheit nicht mehr garantieren, die Polizei ist überfordert, wir können Sie nicht mehr schützen. Dann kommt die wahre Polizei, stellt sich daneben und fragt: sind Sie Polizist? Zeigen Sie mir Ihren Dienstausweis. Die Polizei hat mich gefragt, ob ich Polizist bin …!

Was haben Sie geantwortet?

Ich hab geantwortet, das müssen Sie für sich herausfinden. Das ist Ihr Erkenntnisprozess, den Sie gerade durchmachen.

Der Überzeugungstäter

Anlass: Documenta, »Die 120 Tage von Bottrop« und »Talk 2000«
Mit Carla Mühlens
In: marie claire 12/1997
Berlin, 1997

Nehmen wir eine Glückskala von 1 bis 10, wo ordnen Sie sich ein?

Das ist bei mir sehr unterschiedlich. Im Moment habe ich keine depressiven Zustände, aber es gibt immer Tendenzen zum Absturz. Ich möchte statt der Glückskala lieber die Angstskala benutzen. Jetzt wäre ich gerade zwischen drei und vier.

Und wovor haben Sie Angst?

Vor Verletzungen, Krankheiten. Außerdem bin ich hypochondrisch veranlagt …

Sozio- und psychopathisch, sagen Ihre Kritiker. Sie werden auch Fassbinder im Benettonformat oder Moralist mit Kettensäge genannt. Was gefällt Ihnen am besten?

Mit den Begriffen habe ich nichts zu tun. Mit Absicht bin ich ein Moralist, aber kein Moralapostel. Ich denke, ich bin Kleinbürger – der Apothekersohn aus Oberhausen.

Wie gefällt Ihren Eltern Ihre TV-Show?

Mmmmmh. Meine Mutter hat angerufen und geheult. »Kannst du nicht aufhören, ständig Schwanz, Wichsen, Ficken zu sagen?« Aber ich tue nie etwas gegen meine Eltern, um zu provozieren. Ich bin Überzeugungstäter. Manche Sendungen haben meinen Eltern auch gefallen, wegen der Promis. Die Knef fanden sie toll, und dass ihr Sohn mit solchen Leuten reden darf.

Manchmal schlafen Sie in Ihrer Sendung auch einfach ein, verlassen den Raum, reden über Ihr Haarwuchsmittel oder bringen Gäste fast zum Heulen. Ist das ein Konzept?

Es gibt kein Konzept, das ist alles echt. Helge Schneider und ich, wir haben eine Krankheit: Koprolalie – das zwanghafte Aussprechen von unflätigen Wörtern. Es gibt Menschen, die plötzlich Fotze rufen, mitten im Gespräch. Bei uns ist es der Zwang, alles auszusprechen, was wir im Kopf haben.

Haben Sie schon mal daran gedacht, eine Psychotherapie zu machen?

Habe ich abgebrochen – das ist nichts für mich. Ich weiß, was ich an Obsessionen habe, und die sind nicht zu knapp, aber ich habe keine Ambitionen, sie abzustellen. Ich kann sie ja im Zaum halten. Ich habe Spaß an Sauereien. Und ich gucke mir Katastrophen-Videos und Fotos von Schwerverletzten an, weil ich dadurch Kraft kriege.

Das müssen Sie mir erklären.

Ich glaube, Katastrophen sind dazu da, damit ich merke, dass ich noch lebe. Wenn die Zeitlinie von jemandem unterbrochen wird, aber meine geht weiter, dann kann ich mich daran orientieren. Deshalb ziehen uns Katastrophen ja so an. Zum Beispiel, wenn Lady Di gegen den Brückenpfeiler knallt. Da haben 2,5 Milliarden Menschen geheult. Und dabei war das ein Hundekuchen oder eine Sachertorte oder was auch immer, was da gegen den Brückenpfeiler geknallt ist.

Was soll denn das bedeuten?

Mir ist das ein Rätsel, was da passiert ist: Eine Frau, die vom »Ritz« zum »Ritz« und vom »Ritz« zum »Ritz« fährt – und dann ist sie weg, und alle trauern. Ich meine, wie viele Leute gehen von einer Mülltonne zur nächsten, und wenn sie tot umfallen, bemerkt es kein Mensch.

Mit Ihrer Talkshow wollten Sie beweisen, dass »jeder Depp talken« kann. Und?

Ich glaube, dass das Projekt sehr aufrichtig geworden ist. Die Leute sagen wegen der chaotischen Umstände Sachen, die sie sonst nicht sagen. Aber dass jeder Depp Talkmaster werden kann – so wie ich mir Talkmaster vorstelle, kann das vielleicht doch nicht jeder.

Was mögen Sie an den TV-Talkern nicht?

Diese elegante Art. Dieses Immer-aus-der-Situation-Herauskommen, mit einem Kärtchen in der Hand – wie Meiser oder Schreinemakers. Eine Lücke, einen Fehler, einen

Absturz erlebt man bei denen selten. Aber das verlange ich vom Fernsehen. Und vom Theater. Seit ich an der Volksbühne spiele, sage ich: Wir müssen nicht funktionieren, wir müssen die Fehlerquote erhöhen. Seitdem ist das Ding rammelvoll.

Was denken Sie über Harald Schmidt?

Dass er funktioniert, sagt viel über diese Zeit aus: Es gibt eine Sehnsucht nach Brüchen und eine Sehnsucht, überlegen durchs Leben zu gehen. Nebenbei macht Schmidt Politik, weil er für die Oberen den Hofnarren gibt, sie lächerlich macht und so das System stabilisiert. Ich mag ihn sehr.

Und Roger Willemsen?

Er möchte so gern mit allen gut Freund sein. Man ist so wahnsinnig belesen und sympathisch studentisch-philologisch unterwegs. Als ich in seiner Sendung war, hat mich nur beeindruckt, dass hinter der Dekoration zwei alte Frauen in Kitteln und komischen Strümpfen Stullen schmierten. Das fand ich gut.

Angenommen, Sie würden weiter Talkshows machen, wen laden Sie ein?

Kohl, Hannelore, Schäuble, Herzog, Weizsäcker, Schröder, Hillu.

Helmut Kohl – was fällt Ihnen zu dem ein?

Ich glaube, er kann ganz schwer allein sein, deshalb dankt er nicht ab. Er muss das Gefühl haben, dass der Saumagen gut zubereitet wird und dass der Schäuble ein bisschen kleiner ist als er. Er ist innerlich vereinsamt, deshalb frisst er so viel, und im Bett klappt's auch nicht mehr.

Ist das jetzt ein Anfall von Koprolalie?

In den Medien wird doch auch alles ausgesprochen und alles geplant. Und deshalb kriegen wir nichts auf die Reihe. Beim Film zum Beispiel muss man heute die Idee haben, um sie in drei Jahren zu verwirklichen, ein Albtraum. Man sollte einfach handeln. In der Beziehung, im Leben, im Urlaub. Mehr Emotion. Es kann so viel Lust bedeuten zu handeln. Man muss nicht immer die Frage stellen, wird das die Welt verändern?

Reden wir über andere deutsche Ikonen: Michael Schumacher.

Das ist so ziemlich das Unangenehmste, was ich mir vorstellen kann. Ich finde seinen Beruf absolut plemplem, und was er von sich gibt, ist das Allerletzte. In dieser Familie herrscht so 'n komischer progressiver Pantoffel-Aktivismus, mit zwischen den Zehen pulen und dran schnuppern.

Boris Becker?

Der hat was. Weil es in seiner Karriere auf und ab ging, und weil er ein Kind zustande gekriegt hat.

Horst Tappert alias Derrick?

Ich möchte nicht wissen, wie der privat lebt. Das ist entweder die totale Einsamkeit oder das totale Glück. Die Serie finde ich großartig – diese Dialoge! »Erschossen?« »Ja, erschossen.« »Erschossen?!« »Was, erschossen?« »Erschossen, ja, erschossen.« »Erschossen …« »Harry, hol den Wagen.«

Heino?

Das ewige Missverständnis. Ist es ein Mensch, ist es ein Alien? Ist er für Schlesien, ist er gegen Schlesien? Ist er doof, ist er nicht doof? Den würde ich zur Talkshow einladen – als Überraschungsgast für Kohl.

Was für eine Beziehung haben Sie zu Kritikern?

Kritiker, die mich nicht mögen, sind für meine Begriffe Menschen, die gegen das Leben sind. Also gegen das universelle, akausale Denken und Handeln. Die disqualifiziere ich sofort. Zurzeit lese ich sowieso keine Kritiken. Weil ich Angst habe, dass ich verstehe, was ich verstehen soll.

Was bringt Sie zum Weinen?

Wenn ich mir vorstelle, dass meine ehemalige Freundin irgendwo allein sitzt und weint.

Wie lange waren Sie zusammen?

Sechseinhalb Jahre. Aber irgendwie endete es in einer Vorwurfsdepression. Da muss man sich fragen, wie inszeniert man das Leben? Besorgt man seiner Frau einen Liebhaber und beschwört den Skandal herauf? Das wäre spannender. Warum muss man selbst den Fehltritt machen? Jetzt habe ich eine Freundin in Paris, da sieht man sich nicht besonders oft. Und sie ist sehr direkt, sie nimmt mich ran.

Reden wir weiter über Frauen. Zum Beispiel Alice Schwarzer.

Finde ich gut. Emanzipation ist für mich allerdings überhaupt kein Thema. Vielleicht, weil ich viele schwule Freunde habe.

Pippi Langstrumpf?

War ich im Karneval. Mit zehn oder elf Jahren.

In der Pubertät haben Sie sich in Frauenklamotten auf die Straße getraut?

Vielleicht war ich auch neun. Ich wurde früher oft für ein Mädchen gehalten. Auch als ich zwölf war, wurde ich am Kiosk immer gefragt: »Na, Kleine, was willst du?«

Neues Stichwort – Kate Moss?

Sie erfüllt das Pädophilen-Schema. Die hat was Vermufftes, die macht mich nicht an.

Audrey Hepburn?

Audrey Hepburn ist super. Nee, Katharine Hepburn ist super. In »Leoparden küsst man nicht« – großartig. Und Jean Seberg in »Außer Atem« ist mein Hit.

Können Sie uns die Top Five der für Sie wichtigsten Menschen nennen?

… gibt's keinen.

Okay, dann die Top Five der wichtigsten Situationen Ihres Lebens!

Geplatzter Blinddarm, sechs Wochen Intensivstation. Da war ich 20. Leute sterben sehen, die Angst, der Kampf. Dann die Trennung von der ersten Freundin. Sie ging fremd. Ich habe sie ertappt. Und jeder Film war eine wichtige Situation.

Früher waren Sie Messdiener, sind Sie heute noch in der Kirche?

Ja. Ich glaube an Gott, Jesus, Maria, den heiligen Christophorus. Aber das sind Bilderspielchen. Trotzdem ist da etwas. Im Moment definiere ich Gott als das universelle Nichts, das universelle Nichts ist auch alles und deshalb ist es für mich Heimat.

Was machen Sie Weihnachten?

Was alle Kleinbürger machen. Weihnachten bin ich bei meinen Eltern.

Trash für Millionen: Benjamin von Stuckrad-Barre traf Christoph Schlingensief

Anlass: »CHANCE 2000 – Wähle dich selbst«
Mit: Benjamin von Stuckrad-Barre
In: Rolling Stone, August 1998
Berlin, 1998

Das Klischee vom wohlbehütet aufgewachsenen Apothekersohn, dessen Schreckensinszenierungen auf Bühne, Leinwand und Bahnhofsterrain gerade auch deshalb so verwirren, weil er ja so nett aussieht, wird ihm noch ewig anhängen, denn auch mit 37 sieht Christoph Schlingensief selbst nach wochenlangem, erschöpfendem Wahlkampf aus wie ein netter Student, der einem im Supermarkt die aus der Tüte gepurzelten Orangen einsammelt. Die Bühne, auf der Schlingensief sein neuestes Stück CHANCE 2000 – WÄHLE DICH SELBST! präsentiert, ist in den Grenzen von 1989 ziemlich groß: 80 Millionen Statisten sind am Start, und der Mehrakter mit offenem Ende, zum Mitmachen für alle, schlägt Wellen bis nach Österreich. Dort wollte Schlingensief am 2. August mit seinen mantragleich dauerzitierten »sechs Millionen bislang unsichtbaren Arbeitslosen« baden gehen, in genau dem See, an dessen Gestaden der bisherige Kanzler dann just zu urlauben gedenkt. Aufstand in Österreich, ins Fäustchen lachen in Berlin.

Du wirkst in der letzten Zeit oft ein wenig erleuchtet. Heute eher so ein bisschen erloschen.

Ach, ich habe Hunger, ich habe heute erst ein Hörnchen gegessen, und gleich geht schon die Sonne unter. Und im Moment ist alles durcheinander, wir sind fast pleite. *(seufzt)* Es herrscht eine große Hysterie, auch wegen dem Sammeln der Unterschriften, außerdem wird gerade entschieden, ob wir als Partei überhaupt zugelassen werden. Da müssen Langfristigkeit des Projekts und auch dessen Ernsthaftigkeit von uns als CHANCE 2000 glaubhaft gemacht werden – nicht so einfach.

Die Ernsthaftigkeit wirst du unbedingt bestätigen, aber tatsächlich auch die Langfristigkeit? Endet nicht das Kunstwerk, die Partei, am Tag der Wahl?

Nein. Wir sind die einzige Partei, der es nicht um Machterhalt geht, sondern darum, erst mal Macht zu erlangen.

Um sie dann zu erhalten.

Erst mal ist das ein klarer Vorteil: Wir haben gar nichts und wir sind gar nichts. Wir müssen also was vorlegen. Und das bedarf dieser ganzen Formalebene, dieser Genehmigungen und so.

Wenn ihr also nicht in den Bundestag einzieht, was ja durchaus auch passieren kann, dann geht es trotzdem weiter?

Eine Landtagswahl würden wir sicherlich noch mitmachen, das sollte man einfach auch mal probieren. Aber wir sammeln jetzt erst mal Argumente, indem wir nicht die APO imitieren und gleich vorauseilend gehorsam in die außerparlamentarische Opposition gehen, sondern indem wir 90er-jahre-mäßig gleich reingehen ins System. Vielleicht sind wir auch nachher darin gefangen, kommen nicht mehr heraus, oder wir sammeln nur Argumente und sind dann die APO 2.

Bei all dem Chaos – hat der Vorsitzende Schlingensief noch den Überblick?

Nö, den hatte ich nie. Aber ich habe schon ein großes Verlangen danach, vor Ort zu sein oder auch nur abends im Internet nachzulesen, was die Landesverbände so machen. Da gibt es natürlich latente Ängste eines Vorsitzenden – »Was macht der da jetzt für 'nen Scheiß!« Gestern kam aus München der Vorschlag, den Wolfgangsee umzubenennen in »Helmut-See«, und da dachte ich gleich: superbillig, blöd usw. Aber da kann man nichts machen, alle machen überall irgendwas, Hauptsache Aktion! Ich finde es faszinierend, wie das Geflecht anfängt zu wuchern …

… und unübersichtlich wird. Weißt du, was deine Partei übermorgen Abend in Schweinfurt macht?

Nö, keine Ahnung.

Da ist »Filmabend mit Wahlprogramm«.

Ahja.

Es ist ja ohne Weiteres möglich, in eurem, letztlich deinem Namen unheimlichen Blödsinn zu veranstalten. Es gibt ja nicht mal ein verbindliches Partei-Programm.

Es gibt bloß die Auflage, so frei damit umzugehen, dass diese Freiheit eben Inhalt wird, dieses Vakuum. Wenn jemand anfängt, sich auf ein Ziel festzulegen, wird es ja scheiße. Das muss ja dann scheitern.

So ein offenes Forum ist natürlich auch ein Sammelbecken für Idioten.

Oh ja. Für mich ist es gerade sehr spannend, all die Landesverbände zu besuchen: Die müssen Unterschriften sammeln, und ich muß mich als Wahlhelfer auf deren spezifische Eigenheiten und Regeln einlassen. In Mecklenburg-Vorpommern läuft es zum Beispiel miserabel, die Leute sprechen kaum, die sind alle alkoholkrank, habe ich den Eindruck. Die gucken und hängen rum, da passiert nichts.

Und dann mischst du das auf?

Ich brülle ins Mikrofon, mache mich zum Affen, egal, Hauptsache, wir kriegen die Unterschriften zusammen. Eben nicht nur der Event, der lustige Abend, die tolle Filmnacht und sonst was Verrücktes, und das war's dann. Sondern den Leuten klarzumachen, dass es erst mal nur um die verbissene Einhaltung einer Formalie geht, bevor man dann überhaupt inhaltlich und kreativ werden kann. Es geht schlicht darum, 20 Minuten lang Leute zu agitieren, egal wie. Mit Programmen wie »Die obszöne Amöbe ist geboren, Sie können sich selber wählen, Schluss mit der Politik« …

Da wird man dann ja wohl verrückt, so als Marktschreier.

Ja, absolut, ich bin die Versuchsratte im Freilandversuch. An mir kann man jetzt beobachten, ob man sich als künftiger Bundeskanzler (*grinst*) oder als Politiker schlechthin verändert. Und man verändert sich, das spüre ich: Ich rede anders, wenn ich 20 Minuten lang da in jeder Art und Weise versucht habe, mitzureißen, irgendwie, einfach am Stück rede, ja! (*Die Augen leuchten*) Textstrecke erzeugen, Emotionen erkämpfen.

Dann wächst also mit dem steigenden Druck dein Verständnis für hirnkranke Politikdarsteller.

Jaaaaa. Meine Einstellungen ändern sich grundlegend. Ich kann heute einen Behinderten anbrüllen, das ging am Anfang des Projekts noch nicht.

Was brüllst du da?

Ich sage dem meine Meinung, er soll die Schnauze halten, ich will es nicht mehr. Sein Kapital, seine Behinderung sieht man permanent, aber was ist mit meiner, vielleicht nicht gleich sichtbaren Behinderung? Und man nimmt die Leute ja dann ernster, wenn man sie alle auf die gleiche Weise behandelt, ohne Rücksichten.

Was hat sich noch geändert?

Theater etwa kriegt in meinem Kopf einen ganz anderen Stellenwert, Politiker sind für mich in einer Inszenierung gefangen. Als ich in der letzten Woche zu einem Wahlkampftermin fuhr, erfuhr ich plötzlich per Telefon, dass der Vater meiner Freundin verunglückt ist. Da sind wir sofort nach Frankfurt geflogen, ins Krankenhaus. Meine Freundin und ihre Mutter redeten mit ihm, obwohl er schon tot war! Sie haben trotzdem auf ihn eingeredet. Seit dem Beginn dieses Projekts habe ich nicht mehr heulen können. Ich war immer einerseits emotional aufgewühlt und andererseits überaus selbstbeherrscht, habe mich zur Ordnung gerufen. Und in diesem Moment, angesichts von 15 Hirntoten auf einer Station, da brach alles zusammen und aus mir heraus. Da kriegte ich plötzlich mit, dass das hier (*rupft sich am engkarierten Waldarbeiterhemd*) eine Hülle ist, ein Kostüm. Und dass die Paranoia dir ins Ohr schreit: »Zieh das aus!« Und so ist es bei den Politikern: Hintze an der Zapfsäule, Waigel beim Verkünden irgendwelcher Zahlen – die schreien innerlich. Aber das hören die selbst nicht mehr. Das setzt sich dann in Polypen im Darm fest oder so was.

Huch.

Ja, da bin ich ja irgendwie esoterisch – die Rechnungen bleiben offen, sind nicht zu begleichen, das ist meine Erkenntnis. Bei allem, was du verdrängst, wo du schadest, Macht erhalten wirst. Und dafür muss man irgendwann geradestehen.

Klingt nach Jüngstem Tag.

Nicht ganz oben, nee nee, das passiert hier unten, das machen wir.

Wir, das Volk?

Ja. Ich denke mal so an Darmkrebs in der katholischen Kirche, da ist die Rechnung, da will sie bezahlt werden, aber der Preis ist zu hoch. Und jetzt wollen wir eben sagen, dass Leute wie Schröder Hülle sind. Der hat doch sehr gute Leute in seinem Stab, und die überlegen doch jetzt schon, da bin ich ganz sicher, was ist, wenn das Kind von Frau Köpf am 10. September Selbstmord begeht. Oder was ist, wenn seine Mutter plötzlich stirbt oder ihre. Da sehe ich schon zwei Psychologen mit einem Quix auf diese Nachricht warten, die dann da hinrasen und die Frau zur Seite führen, in den Nebenraum – »Legen Sie sich da mal hin!« –, und anfangen, die zu betreuen. Und er kommt rein und redet dann genauso wie am Rednerpult. Filme und Artikel interessieren sich immer nur für den »Weg zur Macht«. Viel interessanter ist doch, wie es sich anfühlt da oben, wie man damit umgeht.

CHANCE 2000 unterscheidet zwei Systeme: Das vorherrschende, zu kippende, ist System 1. Und die Protagonisten dieses Umsturzes und potenziellen Nachfolger, ihr, das ist System 2. Wenn System 2 dann erst mal im System 1 Platz genommen hätte, wie ginge es dann weiter?

Als Bundestagsabgeordneter wäre es natürlich reizvoll, dann wieder Theater zu machen. Einfach zu sagen: »Was soll das jetzt sein, wollt ihr mich zwingen?« Oder irgendjemandem seine Redezeit schenken, einem Arbeitslosen, der da einfach redet, und ich stehe daneben und schlafe oder so.

Auf dem Weg dahin muss freilich System 2 gegenwärtig erst mal die Spielregeln von System 1 befolgen. Um überhaupt mitspielen zu dürfen, bemerkt zu werden, also den ganzen Formularterror erdulden. Das Feld von ziemlich weit hinten aufrollen.

Das ist zum Kotzen, aber so ist es.

Sich selbst wählen ist ja antiparlamentarisch, schafft das Parlament ab, den Gedanken des Volksvertreters.

Klar. Unser erster Parteitag war noch so wie Stammtisch, fürs Volk sprechen. Plötzlich waren da lauter Menschen, die irgendwas vertraten: Frauenrechte, Internet, Sport – bloß sich selbst nicht. Das ist dieser Irrglaube, dieses Klassensprechersyndrom: für andere sprechen. Ich selbst finde drei Themen, die ich mir an den Hals hänge, schon ziemlich viel. Mehr kann ich nicht. Ich kann nicht für die Einäugigen in Thüringen reden.

Ist Staat dann nur noch …

… Verwaltung, ja. Müll abholen, Trinkwasserversorgung aufrechterhalten, Bäume pflanzen, so was. Und die Globalisierung außer Kraft setzen. Da sind Leute, die zehn Themen vertreten, weltweit, ist mir ein Rätsel, wie das glaubhaft sein soll. So wie man Kapital im Globalisierungsprozess verschwinden lässt, so lässt eine Person mit zehn Themen tatsächlich die Themen verschwinden. Die sind dann weg.

Angenommen, der Abgeordnete Schlingensief begegnet dem Abgeordneten Peter Hintze in der Bundestagskantine. Was passiert da?

Ich drücke ihm eine Mark in die Hand und sage: Hier, aber lass mich bitte in Ruhe, mach nur weiter, mach einfach, du wirst schon sehen, aber lass uns in Ruhe.

Wenn ein Arbeitsloser sich vom System 1 lossagt, dann hat der ja einfach nächste Woche nichts mehr zu essen und darf sich nicht mehr beim Roten Kreuz alte Jacketts abholen, muss aus seiner Sozialwohnung ausziehen. Arbeitslossein ist ja nicht eine Haltung, sondern eine Notsituation, ein Ausgeliefertsein, angewiesen auf staatliche Zuwendung.

Das Weltkapital reicht für eine Mindestversorgung, meinetwegen 1000 Mark pro Person und Monat. So. 1000 Mark, egal, wer man ist. Und wer will, kann ja mehr verdienen, sich was ausdenken. Unsere zwei Hauptbegriffe sind Entglobalisierung und Transparenz.

Und Arbeitslosigkeit soll »ab Beruf anerkannt« werden, so steht's im Schlingensief'schen Manifest (»Wähle Dich selbst«, KiWi-Tachenbuch 518, 1998).

Es gibt einfach keine Möglichkeit mehr zur Vollbeschäftigung. Man kann das so hinbiegen, mit Arbeitsbeschaffungsmaßnahmen, morgen um 8 Uhr geht jeder auf die Straße und putzt mit einer Zahnbürste den Rinnstein, alle haben zu tun, kriegen dafür 13 Mark, klar, das geht. Komischerweise glauben die Leute dann ja wirklich an eine Trendwende, an einen Aufschwung, trotz so billiger Tricks. Das ist eine Inszenierung, eine Täuschungsmaschine.

»Erst reden, dann handeln« verlangt dagegen CHANCE 2000. Ist mit dieser Methode mehr drin, als das Scheitern aufzuführen, zu zeigen?

Vollhaftung, jawohl. Wir sind ja auch gar nicht so weit weg von Marktwirtschaft.

Am Ende der intendierten allgemeinen Überforderung, meisterhaft vorgeführt in TALK 2000, steht dann – was?

Gegenwärtig läuft doch alles hinaus auf eine völlig verschanzte träge Masse mit lauter Krebsgeschwüren, offenen Rechnungen, wo ein Funke reicht, dass das irgendwann bald implodiert oder explodiert, nach innen oder außen, ist egal. Sicher frage ich mich nach einer Möglichkeit, sinnvoll zu existieren, nicht nur in einer Funktionalisierung oder Degradierung, sondern sinnvoll zu existieren. Aber da sagen wir nun: Geh ins Risiko, mach was – und wenn du scheiterst, hast du es immerhin probiert. Das ist die einzige Möglichkeit.

Zum Wolfgangsee-Baden am 2. August verabreden sich dann im Internet Menschen mit »Gitarre, Zelt und jeder Menge guter Laune«. Ist das dann nicht schon dicht an der Klassenfahrt mit der Ausrede »Politik«?

Natürlich sind da auch Leute, die merkwürdiges Zeug verzapfen. Ich glaube, dass sich da im Moment all die verbünden, die wissen oder ahnen, dass sie wirklich an einem irreparablen Schaden leiden.

Wenn man sich so umsieht, müssten das ja viele bis alle sein.

Ja, und wenn man sie persönlich darauf anspricht, sehen das auch alle gleich ein, aber diese Lebenslüge, die sie sich aufgebaut haben, die ist erst mal übermächtig. Eine Flasche Bier, die man sich abendlich aus dem Kühlschrank holt, um damit Barbara Eligmann anzugucken – das reicht schon aus, um zu verhindern, dass die Leute einsehen: Ich bin schwer krank. Die Eligmann ist sowieso auch schon tot, gerade weil sie formal das blühende Leben darstellt. Leute, die ihren Tod ahnen, entwickeln eine letzte Hyperaktivität.

Also stirbst du bald?

Ja, ich bin kurz davor, das habe ich öfter gedacht in der letzten Zeit.

Deinem Freund Helge Schneider, dem du im Umgang mit Erwartungen sehr ähnelst, wird in wirklich jeder Betrachtung bescheinigt, »aber ein sehr guter Musiker« zu sein. Ist analog Schlingensiefs unbestreitbares Talent, ein sehr guter Dramaturg zu sein, jemand, der perfekt inszeniert, mindestens sich selbst?

Ich habe ein Talent, sehr gut zu diagnostizieren. Ich habe bei Freunden alles Mögliche, bis hin zum Pfeifferschen Drüsenfieber, richtig erkannt, auch wenn Ärzte das zunächst übersehen haben. Krankheitsbilder lesen, das kann ich. Ich würde das aber als Arzt wahrscheinlich so falsch bekämpfen, dass der Patient dann an was anderem sterben würde. Ach, eigentlich gibt es nichts, was ich wirklich gut kann. Und die Leute merken das auch, die sind sich nicht sicher. Teilweise ist es ja auch so, dass gerade in dieser Medieninstallation …

Ui, die Medien. Was dir gerade beispiellos gelingt, ist eine Verwässerung der Grenze zwischen Kunst und Realität. Das fing an mit der »Bahnhofsmission« in Hamburg …

Das war schon bei der Documenta so, bei meiner Verhaftung nach dem vermeintlichen »Mordaufruf« gegen Kohl. Ach ja, alle finden uns klasse, aber Geld gibt keiner, außer Joop. Wir sitzen da jetzt mit minus 70 000!

Wer wird das Konto am Ende ausgleichen?

Ich bin der Vorsitzende und für die ganze Sache haftbar. Es steckt auch schon Geld von mir drin. Bei meiner gewachsenen Bekanntheit ist ja das Problem, dass das nicht gleichzeitig mehr Geld für mich bedeutet. Man hat mir zwar Werbung angeboten für Hustenschleimlöser, was ich toll fand – »letzte Chance für meine Bronchien« oder so. Aber das hat dann der Konzern doch bleiben lassen, weil sie mittels einer Umfrage rausgekriegt hatten, dass ich »inzwischen zu politisch« bin. Dann gibt es noch »NIL«-Zigaretten, aber das ist dann so im Stile Leander Haußmann, das ist dann nicht so doll. Aber wenn die akzeptieren, dass ich mit einer Gasmaske dastehe, fotografiert von Jim Rakete, und Werner Brecht sitzt vor mir und raucht und hat Asche auf dem Bauch, dann mal gucken. Wenn die dann unser Konto ausgleichen und mit dem Foto werben, da bin ich dabei. Aber die wollen eher »was Verrücktes, was Witziges«, und das ist natürlich nix.

Können da nicht die Vereinsmitglieder Biolek und Joop einspringen?

Biolek ist für meine Eltern, die immer noch für mich eine wichtige Rolle spielen, ein seriöser älterer Herr, der wahrscheinlich homosexuell ist, das haben sie mal gehört. Der will natürlich nichts mit einer Partei zu tun haben, sondern nur mit dem Verein, was okay ist, aber richtig Geld hat er noch nicht überwiesen. Und der Joop ist halt terroristisch veranlagt, der hat als Einziger richtig Geld reingesteckt. Der will auch wirklich was. Am besten ist er eigentlich, wenn er gar nicht unbedingt den Ehrgeiz hat, alles zu verstehen. Er hat einfach Spaß, an dem Prozess teilzunehmen, denn er sieht es im Grunde auch so, dass er eigentlich Helmut Kohl ist.

Joop ist Kohl?

Ja, auch Joop hat sehr viel geschafft, hat Geld ohne Ende, aber er hat nicht unbedingt dieses Gefühl von Glück oder auch nur Teilhabe, Reibung. Der kann (*reißt ein leeres Schnapsglas vom Tisch*) dieses Glas nehmen, »Joop!« draufschreiben, schon kostet das Glas 85 Mark oder so. Aber das wäre es halt nicht. Mit Joop ist es alles sehr indifferent, manchmal frage ich mich auch, was macht der denn nun schon wieder, was hat der schon für 'ne Scheiße gelabert: Die Models sollen in den Bundestag einziehen, die Süßmuth soll eine Briefmarke rausbringen, damit sie endlich auch mal von hinten geleckt wird, solche Sätze sagt er, aber ich finde diesen Moment klasse, wo einfach was passiert. Und die Super-Prominenten sind sehr wichtig. Wolfgang Joop sagt: »Arbeitslosigkeit muss als Beruf anerkannt werden – weg mit den Politikern.« Irre. Da bleiben alle stehen. Wir brüllen ja alles Mögliche durchs Megafon.

Das ist dann also wieder gaga.

Irritation, und einfach nur die Tatsache, dass wir die Unterschriften brauchen. Jedes Mittel ist dazu recht. Natürlich gibt es auch bei uns schon Gruppierungen, die dann anfangen zu diskutieren und lange rumzureden. Sich selbst verschanzen und Fluchtmodelle entwerfen, Rechtfertigung für die eigene Lahmarschigkeit. Da habe ich keine Lust zu, das bringt mir nichts.

Gerhard Schröder sagt, und nach der WM sagen es auch alle Fußballfans: Das Land will den Wechsel. Sind G. Schröder und G. Netzer, womöglich G. Horn gar, der Wechsel?

Nein, Schröder ist ja eigentlich noch schlimmer als Kohl. Der redet nämlich plötzlich so superchip. Der ist nur auf der Suche nach dem Superchip, und der Superchip, der macht das dann. Bis zum Superchip ist alles Innovation. Und das ist eine völlige Fehlinterpretation von Innovation. Innovation heißt Wurschteln. Natürlich würde ich gerne Jack Lang von Deutschland werden, da würde ich natürlich auch reihenweise Theater schließen. In jeder Stadt gäbe es zwar weiterhin ein Theater nach alter Schule mit schöner Sprechausbildung und dass auch der Kostümnäher genug zu tun hat, aber das richtige Geld würde ich in Innovationsbühnen stecken. Meinetwegen acht Bühnen pro Haus mit acht Einaktern pro Abend, warum nicht? Das ist schon inflationär, klar, aber immerhin tausendmal wertvoller als diese ganze Täuschung. Irritation ist die Wahrheit.

Und Schröders Wechselwahn ist bloß die Illusion von Bewegung?

Ja, ich unterstütze natürlich Kohl. Denn der Vorteil dabei ist: Die Leute sollen es gefälligst selber mal wollen, mal bewusst den Abgrund angucken oder über ihre Krankheit sprechen, nicht immer auf wen anders übertragen, auf einen Superchip oder so. Wir brauchen jetzt ein Bild des totalen Stillstandes in Deutschland. Eine stillstehende Bundesrepublik. Wo plötzlich am Wahlabend 0,05% nur noch die FDP gewählt haben. Und da stehen dann die Politiker und werden ganz hibbelig und fragen immer, wo denn die Prozente bleiben. Die kommen aber nicht mehr, warum geht denn diese Säule nicht hoch, keine Sitze, was ist da los – das wäre das Beste, sich auseinandersetzen mit der Frage: was nun?

Du bist 37 Jahre alt. Kannst du dich nach nun 16 Jahren Kohl an Helmut Schmidt erinnern?

Bei Schmidt kann ich mich immer nur an extremen Hyperernst und Seriosität erinnern. Und wie er einmal bei Wolfgang Korruhn im Fernsehen saß und Korruhn ihn immer fragte, ob er sich denn auch immer im Griff habe, nie ausraste, sich gar nicht verändert habe durch das Amt – und da hat Schmidt immer nur geschnupft und gesagt, alles bestens, da könne der Korruhn alle fragen, Königin Elisabeth und den Papst, die könnten das alle bestätigen, alles im Griff, keine Veränderung, volle Kontrolle. Da dachte ich, das sei eine Satire, aber es war schon ernst.

Aha. Und nun der direkte Vergleich ...

Bei Kohl haben wir ja eine Deformation, die als Krankheitsbild tatsächlich schon Blasen wirft. Ich finde schon, dass wir einen Bundeskanzler haben, der unsere Krankheit sehr gut darstellt, von daher ist das kein schlechtes theatralisches Element, das Kostüm stimmt, und das ist ja schon mal viel wert. Schröders Kostüm, das er für den Superchip braucht, ist noch nicht so hundertprozentig, und die Köpf passt da gleich gar nicht.

CHANCE 2000 *ist C. Schlingensief – ziemliche Ämterhäufung. Aber manchmal hat man das Gefühl, du reißt Projekte nur an, schlägst Schneisen, die andere dann bewässern sollen.*

Ich bin zwar stolz auf diese Partei, die ich nun mal gegründet habe, aber ich bin nicht so mit der geschwollenen Brust unterwegs, ich bin eher so ein Leptosome.

Also ein dünnes Hemd.

Genau. Aber voll bei der Sache.

Du willst in die Grenzbereiche. Heulen auf der Bühne, sich spüren, sich bemerkbar machen, »Mehr Emotion« war ein Schlachtruf. Die Leute bei Meiser und Arabella – spüren die sich? Immerhin sind diese Sendungen ein Forum für viele, eigentlich auch eine Art CHANCE 2000.

Aber der Moderator ist fehl am Platze. Oder er muss so debil sein, so asynchron ...

Wie du es probiert hast in TALK 2000*?*

Meinetwegen – einfach auch mal heulen, aufstehen, weggehen, nichts sagen. So wie der zweite Bundestag, den ich auf jeden Fall fordere. Auf der einen Seite sind da alle Darsteller, Politiker und machen da einen am Pult klar, und versuchen darzustellen, was ja eigentlich gar nicht da ist, beschimpfen sich und so, meinetwegen. Aber man braucht eben den zweiten Bundestag – für das Volk. Das wird parallel live übertragen, auf 150 Kanälen von Leo Kirch vielleicht. Da gibt es weder Moderation noch Organisation, da kommt man einfach hin, kann da auch essen, da gibt es auch zehn Mikrofone, und da gibt es einfach einen Blick in die Wahrheit. Die Moderatoren machen ja die Sendungen kaputt, das ist so traurig und langweilig. Und Täuschung – aber nicht Aufklärung, das ist einfach gar nichts, null, null, null.

Genau wie Musicals. Aber da gehen die Leute hin, und zwar ohne masochistischen »Heute mal Kultur«-Zwang, das ist ein Bedürfnis. Somit eventuell ein gutes Medium, Leute zu erreichen, oder?

Man erreicht ja die Leute da auch nicht. Du erreichst sie nur, wenn du im Flugzeug eine Lautsprecherdurchsage machst: »Die Triebwerke sind ausgefallen, das war's.« Dann rasen wir einfach mal fünf Minuten nach unten, und in den fünf Minuten passiert es. Danach kann man ja auch wieder anschalten und schön landen, aber dieser kurze Moment, der ist es. Mich reizt das Ende der vorgetäuschten Kontrolle: Eine Busreise, die Leute steigen ein, und mit denen fährt man in den Wald, erzählt ihnen irgendwas, und um halb drei nachts sitzen sie plötzlich im Wald, kommen nicht mehr zum Hotel, und ich erzähle immer noch irgendwas durchs Mikrofon (*lacht sich kaputt*). Das sind die Momente, die mir eine Peinlichkeit einräumen, in denen ich auch Angst kriege. Die Haftung plötzlich. Wann setzt die ein?

Ist die Love-Parade eine politische Veranstaltung?

Weiß nicht. Mir ist nur aufgefallen, dass in der Stadt ganz viele Leute vom Dorf waren.

Mobilisiert eine Masse, gebt ihr eine Stimme, macht gute Stimmung – klingt nach G. Horn, trifft aber auch auf Schlingensief zu. Der freiwillige Rückzug ins Private ist aber bei Horn ja ein reaktionärer Akt.

Die »Bunte« hat mich gefragt, ob Guildo Horn gesellschaftsfähig ist. Da habe ich gesagt: »Es kommt immer ganz auf die Anstalt an.« Aber die Anstalt ist unergiebig. Für mich ist es ja wichtig, dass die Leute nicht nur sagen, wir haben einen tollen Abend gehabt und alle gesungen und der auf der Bühne hat sich ausgezogen, das fände ich grauenhaft. Mein Wahlversprechen ist auch nur, dass ich die Menschen bitterlich enttäuschen werde, das sage ich allen. Das beste

Programm bist du selbst. Und CHANCE 2000 als angstfreie Projektionsfläche ist natürlich auf Angst gebaut: Angst, sich zu äußern, Angst, kritisiert zu werden und so weiter. Aber man macht's trotzdem …

Und die Leute projizieren also allerlei in dich, den Parteivorsitzenden, den Anführer, hinein – Sehnsucht nach …

… nach einer Lösung, klar. Wenn ich sage: »Kommt, wir gehen alle da hin«, und alle kommen mit, dann rufe ich aber schnell: »Haha, da wo wir jetzt alle hinlaufen, da geht aber gleich eine Bombe los!« Und dann rast keiner mehr. Das sabotiere ich also, allerdings nicht pädagogisch, sondern einfach für mich als Erkenntnisprozess. Ich sage, ich gehe einen Weg, und den kann man mitgehen, aber ich fordere alle auf, ihn jederzeit zu unterbrechen.

Du übernimmst keine Verantwortung?

Für mich total. Aber für andere? Ich werde einen Teufel tun. Beispiel Wolfgangsee: Ich habe kein Geld, da hinterher ein Klärwerk hinzubauen, oder für eine Million Müllmänner nach dem großen Badespaß. Da kann jeder für sich hinfahren. Und ich werde auch da sein, natürlich. Außerdem hat ein Parteimitglied ausgerechnet, dass selbst sechs Millionen Arbeitslose nicht ausreichten, um den Pegel um zwei Meter ansteigen zu lassen. Da bräuchte man noch ziemlich genau 60 Millionen Arbeitslose aus Russland, aber dann auch 100 Millionen Schnorchel, damit die Arbeitslosen, die unten stehen, nicht ertrinken.

Das hat der also ausgerechnet.

Aufs Komma, unter Einbeziehung der Durchschnittstemperatur Anfang August.

Ist Radikalität 1998 eventuell: unzynisch sein?

Zynismus ist natürlich auch eine Krankheit, nämlich Desinteresse an allem. Es ist schon sehr anstrengend, heutzutage nicht zynisch zu sein. Aber manchmal muss man es auch sein, damit man noch halbwegs alles abarbeiten kann und es loswird.

Du hast für »ZAK« gearbeitet, für die Zeitschrift »Mode und Verzweiflung« mit Thomas Meinecke, für das Theater, hast sogenannte Underground-Filme gedreht – alles Formen der außerparlamentarischen Opposition. Und jetzt willst du mittenrein. Hat alles andere nichts genützt?

Man war einfach in einem eng abgesteckten Bereich, in dem man wunderbar so tun konnte, als würde man sich für die Welt interessieren. Das ist aber eine schlechte Therapieveranstaltung: Jetzt kommt wieder ein Stück von dem und dann kommt wieder der – als würde man immer dieselben Medikamente verabreichen. Die Entmündigung ist einfach langweilig.

Bei der »Lindenstraße« hast du mal als Aufnahmeleiter gearbeitet. Der WDR hält diese Serie für politisch hochgradig wirkungsvoll, weil da Müll getrennt wird, Nazis doof gefunden werden, Homosexuelle aber nicht, und sogar mal das Licht ausgeschaltet wurde gegen Atomstrom. Wenn ich jetzt deine Definition richtig verstanden habe, ist die »Lindenstraße« nichts weiter als schlecht getarnte Bewahrung von System 1.

»Lindenstraße« ist das Letzte. Ich habe das gehasst. Und Geißendörfer, das Arschloch, hat, wenn in der Kantine einer mal erzählt hat, er kenne einen Ausländer, der aber wirklich ein Schwein sei, dann kriegte also dieser Sozialdemokrat gleich 'nen Anfall, und sein Hundetuch ist fast verbrannt am Hals.

Dein Vater ist blind. Der sieht also nicht, dass du eigentlich nett ausschaust …

Mein Vater hat große Traurigkeit in sich und hält mich dann mal unter eine Lampe, und dann dreht er mich, kann aber trotzdem nix sehen. Er ist verzweifelt. Aber meine Eltern haben sich immer gegenseitig beschützt. Mein Vater hat meiner Mutter von meinen Filmen immer nur die Landschaftsaufnahmen gezeigt.

Bei der Premiere deines zweiten Films hast du Angstblocker geschluckt. Ist das zu empfehlen fürs ganze Land?

Komischerweise macht man dann nichts mehr, man nimmt es und ist zufrieden, aber passiv. Ins Trinkwasser muss etwas anderes, etwas, das den Stuhl blutig macht, und Ärzte, die sagen, Sie haben nur noch 24 Stunden, machen Sie jetzt, was Sie wollen. Blut in den Stuhl und die Ärzte aufstacheln, das wäre gut.

Die Story zur Story:

Es war der Beginn einer wunderbaren Freundschaft: Benjamin von Stuckrad-Barre befragte Chistoph Schlingensief. Später trafen sich die beiden einmal auf Sylt, dann lud Schlingensief den Autor zu einer Reise nach Burkina

Faso ein, wo er den Bau eines »Festspielhauses Afrika« plante. Als der Aktionskünstler, Theaterregisseur und Filmemacher im Jahr 2008 seine Krebskrankheit publik machte, verbat er sich gut gemeinte Anrufe, Postkarten und Aufmunterungen. Nachdem Schlingensiefs Buch »So schön wie hier kanns im Himmel gar nicht sein!« erschienen war, schrieb Stuckrad für die »Welt am Sonntag« eine zarte Betrachtung über die verfrühten Nachrufe und die Kunst des Erinnerns – eine Hommage an den unsentimentalen Freund, der so gern gelebt hat.

Das war nicht abzusehen

Anlass: »Bitte liebt Österreich!«
Mit Karin Cerny
In: Falter 25/2000
Wien, 2000

Revolutionen sind im 21. Jahrhundert nicht mehr möglich. Damit meine ich aber nicht, dass man gar nicht anzufangen braucht, sondern ich glaube, man hat in zu großen Bildern gedacht – Völker kämpfen gegeneinander, und ich kämpfe für den Erhalt meines Volkes. Als spürbares Ergebnis zeigt sich gerade, dass sich eine permanente Schizophrenie breitmacht. Ich glaube, da tut sich gerade etwas. Obwohl ich noch nicht so genau sagen kann, was. Auch hier in Wien habe ich gemerkt: Widerstand löst sich auf, Widersprüchlichkeit löst das Ganze ab.

Was hat Ihre Aktion ausgelöst?

Es entstand ein Bewusstsein dafür, dass das hier einen starken Realismus hat. Dafür, was das eigentlich bedeutet, dass Leute im Container am Flughafen warten. Das war nicht abzusehen, und das kann man auch nicht planen. Man tut Österreich oft ab, indem man sagt: Das ist ein Deppendorf. Aber das ist nicht der Fall. In Berlin tun immer alle, als wäre alles klar: Det is so und det is so. Aber je länger ich dort lebe, umso stärker bemerke ich auch da ein permanentes Misstrauen und einen gnadenlosen Selbsthass, der aber nicht wahrgenommen wird.

Man vertraue darauf, dass alles nicht so heiß gegessen wird, wie es gekocht wurde, hat der Autor Burghart Schmidt in seinem Statement zum Auszug gerade gesagt, Sie versuchen das Gegenteil: Es einmal genauso heiß anzurichten, wie es zubereitet wurde – indem Sie die FPÖ mit ihren ausländerfeindlichen Parolen beim Wort nehmen. Es wurde in dieser Woche deutlich, dass die Kunst in Österreich seltsamerweise eher beim Wort genommen wird als die Politik.

Es heißt ja oft, dass die Politik kunstvoller und die Kunst politischer sein soll. Ich habe im Moment das Gefühl, dass die Kunst zwar politisch, dass die Politik aber niemals kunstvoll sein kann. Die Politik muss immer die Massen im Auge behalten. Als Partei muss man gucken, dass es die Werte aller angeht. Eine Veränderung findet aber nicht mehr statt, indem ich jetzt eine Gegenpartei gründe und mich auf dasselbe Spiel einlasse, sondern es findet eine Selbstveränderung statt. Auch bei mir.

Man hat im Unterschied zu anderen Aktionen von Ihnen auch deutlich gemerkt, wie ruhig Sie diesmal waren. War das schwierig?

Es war spannend. Und es war eben nicht diese Haltung: Da kommt ein Dummkopf. Diese Menschen sind mir sehr nah. Ich weiß doch auch nicht, wo's langgeht. Die Leute, die sich da draußen geprügelt haben, die Ewiggestrigen, die wissen immer, was richtig und was falsch ist. Ich glaube aber, ein Großteil der Leute war unsicher und ängstlich. Und das ist etwas, das ich sehr sympathisch finde.

Haben Sie das Gefühl, dass die Österreicher dünnhäutiger sind?

Ja. Aber ich bin nicht hierher gegangen, um das auszunutzen. Ich habe schon in Graz eine Verwandtschaft zu dieser Ängstlichkeit gefunden. Wenn ich jetzt hier bliebe und weitermachen würde, würde ich ziemlich wahnsinnig. Also vielleicht nicht wahnsinnig, aber ich käme nicht zum Nachdenken. In Berlin kann ich besser analysieren. Werner Schwab finde ich zum Beispiel sehr interessant: Was in diesen Texten für ein Schmerz und für ein Leid steckt! Auch bei den Wiener Aktionisten.

Sie fühlen sich dem Aktionismus verwandt?

Eigentlich ja. Was Nitsch macht, das hat eine spezifische Leidenssensibilität. Die Wiener Aktionisten zeigen radikalste Formen, wo man in Berlin sagen würde: Da mach ich mir die Finger gar nicht mit dreckig. Sie machen es aber nicht nur der Provokation wegen, sondern weil sie genau diesen Zwiespalt als Kraftquelle entdeckt haben.

Welchen Zwiespalt?

Dass man, sagen wir mal, nicht ohne Bedenken Tiere schlachten kann. Die haben das aus einer inneren Schizophrenie heraus gemacht. Das ist peinlich, ich entblöße mich, ich zerstöre mich, ich vernichte mich gerade. Das war auch meine Bereitschaft. Die Berliner, die sind in den Sechzigerjahren demonstrieren gegangen, und vorne stand Rudi Dutschke: Das war erste Reihe und Formation und geradeaus durch. Da kam es nicht zu einem wirklich peinlichen Moment.

Und was war der peinlichste Moment dieser Aktion?

Als das Transparent bei der Eröffnung frei gemacht wurde. Das war schon extrem unangenehm und obszön: Da stehen Touristen, Ausländer, Sympathisanten und wohlwollende Theaterleute, die plötzlich losjubeln, wenn ein Transparent entrollt wird, auf dem »Ausländer raus« steht. Das Obszöne ist mannigfaltig und liegt im Widerspruch. Es geht darum, das Widersprüchliche zugeben zu können. Ich hab bei Sloterdijk über den Unterschied zwischen dem Zyniker und dem Kyniker gelesen. Der Kyniker ist mir näher. Deshalb kann ich mir Stefan Raab auch nicht anschauen.

Sie möchten die Dinge nicht von einem gesicherten Standpunkt aus betrachten, sondern mit vollem Risiko in die Sache reingehen?

Das ist wahrscheinlich hochromantisch und melancholisch. Wenn ich das mache, ist es für alle Seiten, auch für mich, hochgradig offen. Damit kann ich mein Leben nicht unbedingt stabilisieren. Ein Zyniker ist im Grundtenor gesellschaftsstabilisierend. Ein Kyniker ist das nicht. Ein Kyniker ist eigentlich unzuverlässig. Extrem unzuverlässig. Hier gab es ja auch nächtliche Anrufe von der Festivalleitung – so unter dem Motto: Ich glaube, du drehst gerade durch. Sag mal, was hast du jetzt vor? Ist das dein Ernst. Ich glaube, dass auch Peter Pilz oder Daniel Cohn-Bendit oder auch Gregor Gysi latent unsicher waren, ob der Kyniker Schlingensief nicht plötzlich sagt: Jetzt habt ihr mal einen der Uraltväter gehört. Das ist nicht zynisch, das ist einfach kynisch. Das ist eine gefährliche Situation. Auch für die Person selbst.

Was war der schönste Moment?

Das Schönste war, als die Kinder der Revolution am Donnerstag die Bastille stürmten. Und wir uns dann entschlossen haben: Wir machen trotzdem weiter. Ich glaube, das war auch ein kynischer Moment, weil gar nichts mehr klar war. Ist das jetzt das Schlussbild gewesen? Waren das unsere Freunde? Waren das unsere Feinde? Wie geht es den Asylbewerbern? Fahren die jetzt alle weg? Brauche ich jetzt wirklich Schauspieler, die Asylbewerber spielen?

Also der Moment der größten Verunsicherung.

Ja. Wir waren dann da bei den Festwochen und haben schrumpelige Würstchen gegessen, und ich habe einen totalen Lachanfall gekriegt. Ich wusste gar nicht mehr, was ist denn das jetzt? Also: völlige Verwirrung. Das war, glaube ich, das größte Glück. Es war faszinierend unklar.

Sie haben das am nächsten Tag als Filmriss beschrieben.

Ja. Wir haben die Leute am nächsten Morgen gefragt, welcher Anschlussfehler da passiert ist. Ich erzählte: Gestern Nacht hatten wir »Indianer stürmen das Cowboy-Fort«. Ein bombastisches Bild. Und jetzt läuft alles wieder normal weiter. Die Asylbewerber sind wieder da. Aber es gibt einen Fehler im Bild. Was ist das? Dann haben die rumüberlegt. Und einer rief: Das Schild ist kaputt! Da habe ich gesagt: Ja genau, das ist der Anschlussfehler. Das Schild ist kaputt, und deshalb wird es auch wieder repariert.

Sie haben sich also entschlossen, alles einfach weiterlaufen zu lassen?

Ja, das meine ich mit der Stärke des Bildes. Man muss nicht mehr überlegen: Mein Gott, was machen wir jetzt bloß, was inszenieren wir? Ich bin ja Katholik – das darf man in Berlin gar nicht laut sagen –, aber ich denke, manchmal fügt sich was.

Sehen wir Sie im Sommer bei den Salzburger Festspielen?

Ich glaube, es würde reichen, wenn ich dort einen Container aufstelle und »Ausländer raus« draufschreibe. Den Rest kann auch Frank Baumbauer machen, da muss ich gar nicht hinfahren. Aber ich würde jetzt gerne das Buch zum Container machen. Ich glaube, das wäre ein richtig tolles Kunstbuch. Der Gedanke muss jetzt sein: Wir sind eine Container-Bewegung.

Jeder ist sein eigener Container?

Genau. Jeder sitzt in seinem Container, beobachtet sich und übt Widerstand gegen sich selbst.

Der Mann, der wie eine Kuh sein will

Anlass: »Schlingensiefs Ausländer raus. Bitte liebt Österreich«
Mit Timur Diehn und Martin Fensch
In: jetzt, Süddeutsche Zeitung, im Oktober 2000
Berlin, 2000

Was ist Unterhaltung für Sie?

Viele glauben, sie werden unterhalten, wenn sie vor der Glotze sitzen, ein gutes Bier trinken und die Zeit totschlagen. Für mich ist Unterhaltung das genaue Gegenteil: Todesangst ist ein gutes Beispiel. Da dauert die Stunde 21 Tage, bei einer Entführung auf den Philippinen – endlos. Und Krankheit! Es gibt nichts Dramatischeres als einen Befund. Wie bei Luis Buñuel im Film: Was sagen Sie, Herr Doktor? Na ja, Sie haben Lungenkrebs. Was? Ja, ja, nur noch drei Monate zu leben, Zigarette? Ja, danke! Dann noch rauchen, das ist Unterhaltung.

Klingt ziemlich radikal.

Warum? Was ist daran radikal? Wenn mir einer gegenübersitzt und mir in die Fresse haut, dann ist das vielleicht radikal, aber überhaupt nicht unterhaltsam. Es sei denn, man empfindet Schmerz als Unterhaltung. Beim heutigen Fernsehprogramm ist es aber so gar nicht mehr schmerzhaft und deshalb auch kaum noch Unterhaltung.

Sie sind Filmemacher, Theaterregisseur, Politiker, Talkmaster. Muss ein Entertainer alles können, um eine gute Show zu liefern?

Nein, muss er nicht. Ganz im Gegenteil: Eigentlich muss er nur eine Sache können: Da sein. Und wenn das auch nicht klappt, dann sollte er zumindest von seinem Verschwinden reden.

Gehört Provokation zum Entertainment?

Als ich sieben war, liefen Rudi Dutschke und die ganzen Studenten-Revoluzzer über den Fernsehbildschirm, das hat mich schon fasziniert. Bühnen, Straßen, Plätze besetzen und dann genau das Gegenteil von dem machen, was sie alle von dir erwarten. Ein Jahr später habe ich meine ersten Drehbücher geschrieben.

Heute marschiert ja keiner mehr.

Damals gab es überall auf der Welt Revolutionäre: Dutschke, Ché, Castro. Die hatten Millionen Anhänger. Politik wurde plötzlich spannend und interessant. Gute Unterhaltung eben. Heute gibt es überall auf der Welt Gottschalks. Die haben auch Millionen Anhänger; nur, die werfen die Bierpulle nicht, sondern trinken sie aus, das ist der kleine Unterschied zu 68.

Das klingt so, als seien Sie frustriert?

Frustration ist, wenn einem nichts mehr einfällt. Ich habe die Überzeugung, dass die Gesellschaft beschlossen hat, nicht mehr gestört werden zu wollen. Und so was spornt doch enorm an, oder?

Und was sollen wir jetzt tun?

Eignet euch die Sendemittel an. Versteht euch als Produktion. Wir müssen wie die Kühe sein: Vorne Gras fressen, unten Milch geben, hinten Dünger rauswerfen – eine völlig autonome Produktionsweise, dann kann uns keiner an den Karren fahren. Beuys sagt: Kunst gleich Kapital. Ich sage: Kuh gleich Kapital.

Mit Ihrer Partei hat es ja nicht so gut geklappt.

Nach Helmut Kohls Geldkoffern ist klar, dass wir mit unserer Partei gar nicht so falschlagen. CHANCE 2000 ist als Gedanke noch immer da und geht sicher eines Tages weiter. Dann aber mit härteren Bandagen, wir waren zu freundlich zu diesen Spaß-Parteien im Bundestag. Die Leute haben mir teilweise zugejubelt, bis es eklig wurde. Das Motto hieß aber: Wähle Dich selbst – und nicht: Jubel mir zu!

Woher kommt Ihr Drang, sich mitteilen zu müssen?

Ich habe nie ein Hehl daraus gemacht, dass ich egozentrisch bin und mich gerne auf Bühnen und vor Kameras rumtreibe. Aber meine besten Auftritte waren meist im privaten Rahmen oder im Kaufhaus. Die meisten Leute, die einem Egozentrik vorwerfen, sind zu feige, es selber zu tun. Dabei ist das gar nicht so schwer. Bei unserer Aktion gegen Jörg Haider im Juni AUSLÄNDER RAUS hat es endlich funktioniert. Da haben die anderen geschrien und einander die Köpfe eingeschlagen, und ich saß rum und habe mir die Gutmenschen von morgen angeschaut. Die Frage, ob man sich mitteilt, soll sich jeder jeden Tag auf der Straße stellen, wenn wieder ein Ausländer gejagt wird und man nichts dagegen tut. Sich darzustellen oder ins Leben einzugreifen ist Sport. Der eine schießt ein Tor, der andere wird vorher umgehauen. Der bekommt dann den Raab der Woche.

Ist Stefan Raab eigentlich lustig?

Das Lachen von Raab ist einfach nur zynisch. Zynismus ist immer staatstragend, das Fernsehsystem erlaubt sich dann so Gags: Da machen wir mit, da sind wir ausnahmsweise ganz witzig. Jeder lacht, und danach gehen alle nach Hause, und das war es dann, alles bleibt, wie es ist.

Man könnte meinen, das Fernsehen wird perverser und langweiliger zugleich.

Alles wird berechenbar gemacht. Sie können nur noch Unterhaltung machen, wenn Sie ihr Versprechen einlösen, dass es nachher auch zur Pointe kommt. Nur dann ist die Sendung gelungen. Bei Big Brother zum Beispiel sahen siebeneinhalb Millionen zu, weil die genau wussten, dass Frau Feldbusch irgendwann aufs Klo gehen wird. Das ist dann die Pointe. Dabei ist Frau Feldbusch um sieben Uhr morgens viel interessanter mit ihrem verquollenen Gesicht, wenn sie richtig normal aussieht.

Sie haben schon einmal eine Talkshow gemacht. Was sind das für Leute, die unbedingt in solche Shows wollen?

Es sind nur noch die ganz Abgebrühten da und die, die wirklich noch ein Hühnchen zu rupfen haben. Oder die Machtgeilen.

Was hat eine Talkshow mit Macht zu tun?

Wenn die aus dem Studio kommen, merken sie sofort, dass die Leute anders auf sie reagieren. Die spüren dann eine Macht, die letztlich nur auf Selbsttäuschung beruht. Ich kenne da eine Frau, die angeblich von Aliens entführt wurde und jetzt von ihnen den Auftrag erhalten hat, ihre Umgebung auszuspionieren. Wenn man die in einer Show gesehen hat und danach im Supermarkt trifft, denkt man sofort: Mal sehen, ob sie es aufschreibt, wenn ich eine Pizza in meinen Wagen lege. Und egal ob du's machst oder nicht: Sie spürt deine Reaktion, und genau das gibt ihr den Kick.

Klingt ja wahnsinnig neurotisch.

Aber es ist existenziell. Wenn du auf der Bühne wirken willst, musst du deinen wirklich wichtigen Fragen nachstellen, die innere Paranoia kennenlernen. Wie ein Torero auf dem Weg in die Arena. Da schreit die Paranoia ja auch: Bleib stehen, was tust du da? Oder: Ras doch los! Letztlich sind diese Selbstzweifel permanent anwesend. Auch in ganz normalen Situationen. Jeder hat schon mal in den Spiegel geguckt und gedacht: Was für ein Idiot ich bin. Genau diese Zweifel sind die einzigen Antriebsmittel, über die wir wirklich verfügen. Wenn man das alles aus seinem Leben einfach wegdrückt, interessiert irgendwann nur noch das Eigentum – mein Haus, meine Frau, meine Jacht.

Ihr Rat für Nachwuchsentertainer?

Dreistigkeit und ein gutes Gedächtnis sind die wichtigsten Waffen, um vor der Kamera zu bestehen. In einer Talkrunde musst du dem Talkmaster die Show möglichst schnell aus der Hand nehmen. Das heißt jetzt aber nicht, dass du hinterher nicht auch als Vollidiot beschimpft wirst. Das sind furchtbare Erfahrungen, die man da machen kann. Ich kann nur raten: Zieh es durch bis zu dem Punkt, an dem du dich richtig klar mit dir ausgesprochen hast.

Es geht also nicht darum, sich anderen mitzuteilen.

Letztlich sprechen wir immer nur mit uns selbst. Wenn du deinen Lieblingsmoderator genau beobachtest, merkst du, hoppla, der spricht ja auch nur mit sich selber. Die Frage ist nur: Unterhält er sich dabei oder nicht?

Halleluja, die Show

Anlass: »U 3000«
Mit Christopher Wurmdobler
In: Falter 50/2000
Wien, 2000

Herr Schlingensief, die Show U3000 ist bereits zweimal on air gegangen, ist man bei MTV schon sehr böse auf Sie?

Sagen wir so: MTV ist gereizt.

Gibt es Quoten?

Die Zuschauerzahl war sehr hoch, Genaues wollte man mir nicht sagen. Mit den Reaktionen der Öffentlichkeit bin ich extrem zufrieden. Und genau das habe ich jetzt als Druckmittel in der Hand. Die nächsten Folgen werden nämlich gerade geschnitten. Ich darf den Schneideraum nicht mehr betreten und sollte sogar entfernt werden. Dann habe ich jedoch damit gedroht, meinen Namen zurückzuziehen. Jetzt habe ich mich in die Produktion eingekauft und muss 1400 Mark pro Schneidetag aus meiner eigenen Tasche bezahlen. Der Vorwurf lautete, ich würde der Produktion schaden.

Inwiefern schaden?

Ich würde U3000 gerne querschneiden, mit Textblöcken, Verweisen und Zitaten …

Ähnlich wie Alexander Kluge das in seinen TV-Sendungen macht?

Sagen wir in der Tradition Kluges, aber weiterentwickelt.

Und MTV will das nicht?

Das ist ein ständiger Kampf mit dem Programmdirektor von MTV. Ich habe zum Beispiel an einer Stelle die Hose runtergelassen, der Programmdirektor will das mit Heavy Metal unterlegen.

Für Ihre Begriffe wurden die ersten Folgen der Show zu sanft geschnitten. Um den schnellen MTV-Schnitt zu konterkarieren, verändern Sie Ihr Outfit durchgehend.

Wir haben dauernd neue Tricks und Ideen ausprobiert, wie ich mich markieren konnte, um nicht anschlussfähig zu werden. Ich habe mich sukzessive bemalt, damit man mich nicht schneiden konnte, ohne einen seltsamen Sprung zu haben. Zu Silvester werden wir übrigens die eigentliche erste Folge von U3000 mit Roberto Blanco als Referenzfolge zeigen. Genauso linear, wie es geplant war. Ich war da korrekt gekleidet, die Spiele und die Spielkarten stimmen. Der Schauspieler Bernhard Schütz und ich sind als Rudi Dutschkes verkleidet, Rolf Zacher gibt sich als 68er-Experte aus, und dazwischen rennen fünf Jakob-Sisters-Klons herum. Aber das Tollste ist, dass wir wirken, als stünden wir unter Drogen, wenn wir das Dutschke-Attentat nachstellen.

Wenn U3000 so gute Presse hat und Quote bringt, kommt da MTV nicht in die unangenehme Situation, einerseits den Schlingensief-Wahnsinn zu haben, andererseits aber viele Zuschauer und prima Kritiken?

Die Quote rechtfertigt viel Scheiß im Fernsehen. Vor fünf Jahren war das noch viel schlimmer. Heute ist das eher so, dass die Leute, die wissen, dass sie damals Scheiße gebaut haben, jetzt alles möglichst schick bringen wollen. Gestern habe ich im ORF in den Nachrichten Wolfgang Schüssel gesehen. Es gab eine Liveschaltung zum EU-Gipfel nach Nizza, und nachdem sich dieser neue »ZiB«-Moderator von dem österreichischen Bundeskanzler verabschiedet hat, sagte Schüssel: »Wir werden Sie weiterhin auf dem Laufenden halten.« Mittlerweile nimmt der ja eine Art Reporterrolle ein. Aber eigentlich spielt die Quote gar keine Rolle mehr. MTV hat vielmehr große Angst davor, dass es plötzlich heißt: »Der Schweinesender«.

Sie haben in U3000 ja nicht unbedingt nur MTV-kompatible Gäste. Wissen Leute wie Maria und Margot Hellwig oder Christian Anders eigentlich, was sie erwartet, wenn sie zu Ihnen in die U-Bahn steigen?

Das wurde bisher noch gar nicht publiziert: Die Hellwigs hatten ja bis zuletzt mittels einstweiliger Verfügung versucht, die Sendung zu blockieren. Und die Berliner Verkehrsbetriebe kommen jetzt mit einer Schadensersatzforderung, weil angeblich ihr Ruf durch einen Mann mit fünf Möhren im Hintern bei mir in der Sendung beschädigt wurde. Dabei war das doch nur ein Matthew-Barney-Zitat. Roberto Blanco hat sich am Ende bekreuzigt. Auf die Frage »Was soll mit den Arbeitslosen passieren?« hat er geantwortet, man solle alles dafür tun, damit die Arbeitslosen wieder arbeiten. Aber es geht ja nicht darum, zu zeigen, dass irgendwelche Schlagersänger blöd sind. Ich bin ihr ganz persönliches Arschloch! Der Moderator muss durch die Hölle gehen.

Das sagen Sie auch in der Show immer wieder.

Ich bin da drin ja super peinlich. Meine Eltern haben den Kontakt zu mir abgebrochen, in Mülheim an der Ruhr sind die total am Ende. Natürlich bekomme ich auch Post von Nazis, die mich beschimpfen – und diesmal ist das nicht Österreich, sondern Deutschland.

Besteht nicht trotzdem die Gefahr, dass man mit einer Show auf MTV womöglich eher weniger Menschen erreicht, dass das weniger Kontroversen hervorruft als zum Beispiel Ihre Container-Aktion BITTE LIEBT ÖSTERREICH *diesen Sommer in Wien?*

Man darf auf keinen Fall den Fehler machen, zu sagen: »Jetzt kommt MTV dran.« Ich bin ja nicht auf dem Weg zum Henker-Kongress. Aber wenn ich, wie zurzeit, 200 E-Mails am Tag bekomme, von Kids, die die Sendung gesehen haben und schreiben »Revolution super«, dann darf man das nicht unterschätzen. Mein Dramaturg schmunzelt natürlich an bestimmten Stellen in der Sendung und kennt die Zitate – viele Kids kennen das eben alles noch nicht.

Wird es eine weitere Staffel der Show auf MTV geben?

Nach den acht Folgen ist man bei MTV sicher froh, dass es vorbei ist.

Lassen Sie uns über das Fest reden

Anlass: Weihnachten
Mit Mareen Linnartz
In: Frankfurter Rundschau/Magazin 23.12.2000
Berlin, 2000

Herr Schlingensief, wie würden Sie einem Menschen, der in der Sahara lebt, Weihnachten erklären?

Gar nicht. Weihnachten ist nämlich eine der wenigen Sachen, die es überall auf der Welt gibt. Und gerade in Afrika habe ich unheimlich viele Weihnachtsbäume gesehen, manche einfach aus Sperrholz geschnitzt, also nicht mit Nadeln wie bei uns. In Namibia, wo ja viele Deutsche leben, da stand hinter der Wursttheke ein Schwarzer mit weißem Nikolausbart und im Hintergrund hörte man »Leise rieselt der Schnee«.

Gut, wie erklären Sie einem Außerirdischen Weihnachten?

Dem würde ich sagen: Weihnachten ist das Fest der Liebeskranken.

Fest der Liebeskranken?

Ja, ein Fest, an dem die große Sehnsucht ausbricht. An dem viele alleine zu Hause sitzen und alle anderen angeblich so glücklich sind. An dem im Fernsehen Filme laufen, die im Sommer gedreht werden und in denen Familien einträchtig unterm Weihnachtsbaum sitzen. Eine große Inszenierung. Ein hochgradig verlogener Akt. Die Heuchelei bei der Bescherung ist spätestens am nächsten Tag wieder vorbei.

Sie finden Weihnachten also richtig schlimm.

Ich mag Weihnachten, obwohl ich es nicht mag. Das klingt vielleicht paradox.

Das stimmt.

Aber ich habe ganz eindeutig auch eine Sehnsucht nach diesem Fest. Vielleicht, weil es meinen Eltern so wichtig ist. Wenn ich da bin, legen sie eine Platte auf, da singt jemand »Weihnachten, Weihnachten, komm' ich nach Haus«. Da werden die immer ganz sentimental.

Sie feiern Weihnachten noch bei Ihren Eltern?

Ja. Ich bin 40 Jahre alt, Einzelkind, und ich habe noch nie ein Weihnachtsfest ohne meine Eltern verbracht. Noch nie. Dieses Jahr könnte sich das ändern.

Warum?

Wir haben jetzt ziemliche Verständigungsprobleme. Wegen meiner U3000-Sendung auf MTV, in der ich mich eben nicht gerade wie ein 40-Jähriger benehme – sehr laut, peinlich und wohl nestbeschmutzend. Vielleicht ist es auch besser so. Die Illusion eines friedlichen Weihnachtsfests hält uns gefangen. Nur: Manchmal ist es sinnvoller, seinem Gegenüber diese Illusion zu lassen.

Aber dieses Jahr nehmen Sie Ihren Eltern die Illusion und verbringen erstmals Heiligabend ohne sie?!

Vielleicht. Obwohl das eigentlich immer unmöglich erschien. Ich bin ja auch gerne bei ihnen. Mein Vater ist jetzt 78 und sieht sehr schlecht, meine Mutter hat ein Platinknie und kann nicht mehr so gut laufen. Da schleicht sich auch ein bisschen Traurigkeit ein. Denn ich weiß nicht, wie viele Weihnachtsfeste ich noch mit ihnen feiere.

Wie dürfen wir uns ein Weihnachtsfest bei Schlingensiefs vorstellen?

Sehr kleinbürgerlich. Meine Mutter liest aus der Bibel vor, im Hintergrund laufen Heintje-Platten. Irgendwann wird die Glastür zum Wohnzimmer zugehängt und meine Mutter schmückt den Weihnachtsbaum. Ich muss in der Küche sitzen bleiben, weil ich den Baum nicht sehen darf.

Klingt, als wären Sie bei Ihren Eltern immer noch der kleine Junge.

Bin ich auch. Bei uns sieht es auch immer noch aus wie in den 70ern: Tisch, Besteck, Möbel, alles von damals. Wie in meiner Kindheit. Fehlt nur noch, dass meine Eltern mir beim Essen Schieberchen und Löffelchen geben.

Feiern Sie Weihnachten immer gleich?

Es ist schon sehr ritualisiert bei uns. Jedes Jahr gibt es zum Beispiel das obligatorische Foto, das auch jedes Jahr gleich aussieht: Ich versuche, demonstrativ zu lächeln, meine Mutter steht in der Mitte und will auf keinen Fall lächeln, und mein Vater steht links und starrt ins Leere. Aber ein paar Dinge haben sich schon geändert: Wir haben jetzt seit einem Jahr einen Plastikbaum. Früher hat meine Mutter immer noch eine Krippe gebastelt und üppigst dekoriert. Und echte Kerzen gibt es auch nicht mehr. Das war immer spannend, weil ja das Risiko da war: Brennt es oder brennt es nicht. Es hat aber nie gebrannt.

Haben Sie sich das manchmal gewünscht?

Immer. Damit etwas passiert. Einmal, da hat es gebrannt. Allerdings nicht an Weihnachten, sondern am 70. Geburtstag meines Vaters. Wir haben in einem Hotelzimmer gefeiert, mit meiner Patentante, seiner Schwester und dem Onkel, und irgendwann kam meine Mutter aus dem Badezimmer, mit 70 Kerzen, in der Mitte eine Lebenskerze. Das wurde plötzlich so ein Feuerball, und dann brannte Klopapier, das mein Onkel geholt hatte, um die Lebenskerze zu retten. Meine Mutter ließ das Tablett fallen, und mein Vater, damals schon sehgeschädigt, redete von Sternen. Wir hatten danach einen Schaden von 3000 Mark. Obwohl meine Mutter und meine Patentante noch mit Zeitungspapier und Bügeleisen versuchten, die Wachsflecken aus dem Teppich zu bügeln.

Zurück zu Weihnachten: Was gibt es bei Ihnen zu essen?

Entweder Sauerbraten, Fondue oder Hasenrücken. Dazu immer Rotwein, obwohl meine Eltern eigentlich gar keinen Rotwein trinken. Und zum Nachtisch Griesmehlpudding mit Weinschaumsoße. Was lustig ist: Jedes Weihnachten sagt meine Mutter, wenn sie das Essen serviert: »Ich glaube es ist versalzen.« Und jedes Weihnachten muss ich sagen: »Mama, es ist überhaupt nicht versalzen.« Ist es auch nicht. Meine Mutter kann wunderbar kochen.

Warum glauben Sie, ist für viele das Essen an Weihnachten so wichtig?

Weil es viel mit vertrauten Gerüchen zu tun hat, die angenehme Erinnerungen wecken. Wobei es bei uns nicht optimal ist. Mein Vater fangt nämlich bei dem ersten Kloß, der auf seinem Teller ist, zu essen an, während meine Mutter noch serviert. Das hat überhaupt nichts Entspanntes. Ich sage: »Papa, jetzt warte doch mal, die Mama sitzt noch gar nicht.« Und der isst ungerührt weiter.

Die schönste Erinnerung, die Sie an Weihnachten haben?

Wir hatten eine Ferienwohnung im Sauerland, und da feierten wir einmal Weihnachten. Um vier Uhr nachmittags war Bescherung, um sechs sind wir zu einer Kirche gewandert, die war ganz abgelegen. Die Bauern der Gegend waren da und sangen »Großer Gott, wir loben dich«. Die hatten Nebel vor dem Mund, so kalt war es. Als wir nach der Messe rauskamen, hatte es geschneit. Richtig viel, mit Schneeverwehungen. Großartig. Das war Weihnachten, wie ich es mir immer vorgestellt hatte.

Und was war das schlimmste Weihnachtsgeschenk, das Sie je bekommen haben?

Als ich sieben war, hat meine Mutter mal ein Vierteljahr für mich im Keller eine Eisenbahn gebaut, mit allem, mit Spurwechsel und Gleisen und Bergen und kleinen Figürchen. Das habe ich dann zu Weihnachten bekommen. Ich habe die Eisenbahn angeguckt, ein bisschen am Trafo gedreht. Nach einer Stunde hat sie mich nicht mehr interessiert. Ich habe die nie wieder angefasst.

Warum nicht?

Das war mir zu fertig. Da gab es nichts mehr für mich zu machen. Das mag ich bis heute nicht.

Grenzenlos

Anlass: »Ausländer raus!« und »U 3000«
Mit Doris Knecht
In: Tagesanzeiger/Das Magazin 01/2001
Zürich, 2001

Herr Schlingensief, waren Sie je beim Psychiater?

Nein. Doch! Stimmt gar nicht, ich war mal! Und zwar nachdem mich meine erste große Liebe verlassen hat – damit bin ich nicht fertiggeworden. Ich hab dann, als meine Eltern im Urlaub waren, nachts aus der Apotheke Valium geholt. Und die nahm ich schon, während meine Eltern im Urlaub waren, aber als nichts besser wurde, hab ich sie, als meine Eltern schon zurück waren, alle genommen. Ich bin irgendwann im Krankenhaus aufgewacht und musste dann einige Verhöre über mich ergehen lassen. Und ich durfte nur unter der Bedingung raus, dass ich dann zu so einem Psychotherapeuten gehe.

Und wie war das?

Ich war einmal dort und musste mir dann so Schmetterlingsbilder angucken. Das fand ich total primitiv. Da hatte ich mir mehr erwartet, und ich bin dann nicht mehr hingegangen.

Haben Sie später je daran gedacht, es noch mal mit einer Psychotherapie zu versuchen?

Nö. Warum denn? Da kenn ich Leute, die sitzen in der Regierung und hätten das viel dringender nötig.

Wurde Ihnen je empfohlen, professionelle Hilfe in Anspruch zu nehmen?

Ja. Die Frau Heidemarie Unterreiner, Kultursprecherin der Wiener FPÖ, hat mich in einer TV-Runde als verhaltensgestört bezeichnet. Da wollte sie sicher von der eigenen Zwangseinweisung ablenken. Die steht nämlich kurz bevor.

Bevor Sie vergangenen Mai Ihre AUSLÄNDER RAUS – BITTE LIEBT ÖSTERREICH-*Aktion machten, war den Leuten nicht mehr klar, warum Sie tun, was Sie tun. Aber die Wien-Aktion war für jeden ganz klar verständlich. Auch Ihnen?*

Matthias Lilienthal, der Dramaturg der Aktion, der ist unglaublich skeptisch. Aber er produziert damit in mir sehr gute Antikörper! Der betonte immer wieder, dass er nicht glaubt, dass das klappt, dass er sicher ist, dass der Intendant der Wiener Festwochen, Luc Bondy, einen Rückzieher machen wird, dass das nicht sein wird und dieses nicht. Ich kann mich erinnern, dass ich im Vorfeld wahnsinnig davon überzeugt war, dass man das machen muss. Ich habe gewusst, dass das unbedingt passieren musste. Das war viel klarer als all die Dinge, die ich nach meiner Partei CHANCE 2000 gemacht hatte. Wir haben zum Beispiel versucht, Flüchtlinge aus Kosovo nach Berlin an die Volksbühne zu schaffen. Das war zu viel für viele Leute. Die wollten lieber weiterschlafen. Wir haben uns deshalb auf Deutschlandsuche gemacht und behauptet, dass wir Deutschland suchen, weil es wohl abhandengekommen ist. Die Leute sind fast ausgeflippt. Können Sie mir das erklären? Mittlerweile ist klar, dass wir gar nicht so falschlagen. Deutschland hat sich selber verloren. Und das deutsche Theater macht fleißig mit, diesen Umstand zu vertuschen.

Sind Sie manchmal selber erstaunt, welche Dimensionen eine Aktion wie die Deutschlandsuche oder die Wien-Aktion annehmen kann?

Natürlich bin ich erstaunt. Es ist sogar sehr wichtig, erstaunt zu sein, sonst sollte man es gar nicht erst versuchen. Wenn man vorher alles schon weiß, dann hat man die Kraft der Kunst nicht verstanden oder man gehört zu denen, die die Evolution erheblich behindern. Wir wären doch alle nicht auf die Welt gekommen, wenn man schon vor 100 Jahren hätte klonen können. Uns hätte man auf den Müll geworfen. Der Container in Wien war unberechenbar. Nicht statisch! Der hat sich entwickelt und somit Gegenbewegungen erzeugt. Das ist das größte Glück, wenn sich Dinge von selber bewegen und im besten Falle sogar gegen ihre Erzeuger wenden.

Herr Schlingensief, mit Ihrer Aktion AUSLÄNDER RAUS *in Wien haben Sie brachial ein österreichisches Tabu angegriffen – die Ausländerfeindlichkeit. Konnte das nur ein Deutscher wie Sie machen?*

Es ist sehr leicht zu sagen: In Österreich wohnt der Nazi, und wir in Deutschland sind Nazi-frei. Wir haben hier die Brandstifter und die Friedensstifter, und beide sind gefährlich. Die Friedensstifter sorgen mit großen Fotos – 200 000 Menschen gehen gegen Rechtsradikale auf die Straße –

dafür, dass wir endlich wissen, wie toll Deutschland ist. Die Reden sind langweilig, die ganze Veranstaltung ist ein Pups, aber Deutschland ist wieder Nazi-frei. Und am selben Abend wird in Brandenburg schon wieder einer durch die Glasscheibe gehetzt.

War die Containeraktion nur in Österreich möglich, wo man noch mehr auf Theater reagiert, oder ginge das auch in Deutschland oder in der Schweiz?

In Deutschland, das sind meine Erfahrungen seit unserer »Deutschlandsuche«, gäbe es extremen Superärger, wenn ich irgendwo in den »befreiten Zonen« – das sind Zonen, in denen Rechtsextreme nach ihren Gesetzen leben und durchsetzen wollen, wer deutsch ist und wer nicht – so was machen würde. Da sind die Österreicher noch etwas höflicher beziehungsweise hinterhältiger. Ich kriege nach der U3000-Show jetzt E-Mails ... Nicht aus Österreich, sondern aus Deutschland: Ich werde Judensau geschimpft, meine Eltern werden angerufen. Deutschland ist da schon entschlossener.

Das unterscheidet Ihre Aktionen von den gut gemeinten – Sie sind nicht bereit, die Absolution zu erteilen.

Für mich ist und war niemals klar, was gut und was schlecht sein soll oder was das bedeutet. Da gibt es schon zu viele dieser Allwisser, die sich mit ihrem Urteil gleich mit dem Gewehr aufbauen. In Wien bin ich morgens kaum aus dem Bett gekommen, weil ich dachte: Das Ding ist kaputt. Ich weiß ja auch nicht mehr weiter. Da tut sich sicher nichts mehr. Aber jedes Mal, wenn ich hingekommen bin, waren da schon wieder schlagende Verbindungen oder sich prügelnde ÖVPler und FPÖler. Das war alles sehr überraschend. Aber für mich gilt immer der Satz: Wer mich zum Freund hat, braucht keine Feinde mehr. Den meine ich nicht im sarkastischen Sinn. Man denkt immer: Das macht er nur aus Eitelkeit. Aber es gibt in meiner Arbeit eine ganz wichtige Bedingung und die heißt: Greif nicht nur andere an, sondern vor allem greif dich selber und deine Arbeit an! Meine eigenen Filme habe ich nachts zerschnitten oder mit völlig falscher Musik unterlegt, also das Gegenteil von dem, wo ich intuitiv gesagt hätte: Damit kommst du gut durch, Christoph. Ich würde auch im Kriegsfall im Schützengraben auf Stelzen herumlaufen, einfach, weil ich denke, das müsste man mal ausprobieren. Vielleicht wird man dann weniger getroffen. Das sind so Sachen, die in der Arbeit immer drin waren. Jetzt sind zwei Dinge klar: Diese Themen sind nicht völkergebunden, und das Zweite ist: Wenn ich etwas mache, dann kann ich nicht ausschließen, dass ich dabei zugrunde gehe.

Wie?

Das ist auch in meiner MTV-Show U3000 passiert – ich hatte da Todesängste. Wenn meine Freundin nachts nicht da gewesen wäre … Manchmal hätte ich den Balkon am liebsten von außen angekuckt. Weil ich nicht mehr wusste: Ist das jetzt eine Totaldemontage, zerstöre ich mich hier? Oder ist das eine Konservierung? Was ist das eigentlich? Aber es musste so sein. Das geht dann nicht anders. Das ist Überzeugungstat und Selbstbeschmutzung.

Herr Schlingensief, die Bilder, die Sie dem Publikum vorsetzen, wirken wie ein Manifest der Resignation vor der Sinnlosigkeit inhaltlicher Auseinander-

setzung. In Österreich haben Sie damit eine politische Debatte ausgelöst. Geht das in Deutschland nicht mehr?

Den Österreichern geht es noch immer sehr um Anerkennung ihres pseudogemütlichen Daseins. Die Deutschen haben fast alles auf den Begriff Geldpolitik reduziert. Man ist nur noch anwesend, wenn man möglichst viel von diesem Geld besitzt. Wenn Sie an diesen letzten Götzen rangehen, dann können Sie auch in Deutschland etwas auslösen. Ich habe dazu letztes Jahr ein Bild gemacht mit dem Titel: »Rettet die Marktwirtschaft und schmeißt das Geld weg«. Da wollte ich 100 000 Mark vom Reichstag werfen. Das wurde sofort unterbunden. Eine mittelschwere Katastrophe für Deutschland. Wenn man Bilder zur Inflation und solchen Themen entwirft und da einen Kontext eröffnet, dann reagiert die Deutsche Bank. Aber die Zeit für derartige Bilder ist eigentlich vorbei.

Kann die Kunst keine politischen Debatten mehr anzetteln?

Zumindest nicht in ihrem arroganten Getto. Man darf nicht denken, dass man im Kunstgetto Sprengmaterial entwickeln kann. Das Sprengmaterial liegt bereits vor, es liegt nur woanders. Und diesem Material muss man sich nähern. Dazu muss man aber sein Getto und einige Abmachungen verlassen, was nicht so leicht ist. Es ist viel spannender, vorhandene Bomben zu nutzen, als sie auf einer Leinwand zu malen. Damit rechnet der Feind nur selten. Allerdings birgt es die Gefahr, dass man irgendwann mit in die Luft geht.

Wollen Sie mit Ihrer MTV-Show U3000 das Fernsehen vorführen?

Meine Erklärungen zielen nicht darauf ab, den wissenden Menschen zu geben, der den Leuten erklärt, wo es langzugehen hat. Das müssen sie selbst herausfinden – mit Vollhaftung beider Seiten! Ich will U3000 nicht als pädagogische Veranstaltung sehen. Aber es ist bemerkenswert, wie es von jungen Leuten aufgenommen wird: Ein 18-Jähriger rief mich an und sagte, er sei traurig und angewidert über die Szene, in der ein indischer Computerexperte auf dem Boden herumkriecht und nach Geldscheinen sucht, die ich verstreut habe. In vielen Beiträgen auf der Homepage (www.U3000.de) oder in E-Mails steht die Frage: »Kann mir jemand erklären, was ich da gesehen habe?« Ich kenne keine Fernsehsendung, die das in den letzten Jahren geschafft hat. Ich glaube, dass das gerade in dieser unausgesprochenen, indifferenten Wahrheit beim Betrachter tatsächlich etwas auslöst.

Wie geht es Ihnen selbst, wenn Sie den Inder herumkriechen lassen?

Ich habe in der Sendung – nicht nur wegen der Produktion oder wegen MTV, sondern wegen dieser gesamten Umstände – einen unglaublichen Hass entwickelt. Zwei Freunde, die dabei waren, haben nachher den Kontakt mit mir abgebrochen, weil sie sagten, ich sei so was von unausstehlich gewesen, und sie fänden es unmenschlich, wie ich mit den Leuten umgesprungen sei. Aber ich bin froh, dass ich es so gemacht habe. Wäre ich hingegangen, um den »kritischen« Moderator zu spielen, der hier eine Frage stellt, da was vorliest und dann den Gast Maria Hellwig umarmt – das wäre extrem nach hinten losgegangen.

Warum?

Weil man auf beiden Seiten Feinde hat. Die angeblich Linken, die den kritischen Diskurs mit Widerstand verwechseln, und die Rechten, die es volkstümlich wollen. Beide Seiten hängen mit so einem Gutmenschdenken drin und glauben immer, ihr Standpunkt sei sowieso schon mal der bessere – und so müssen wir nur gucken, wer den nicht hat, dann wissen wir schon, wer doof ist. Das ist genau die Arroganz, die das Ganze uneffektiv werden lässt. Nein, man muss sich schon selber, bei dem, was man da macht, richtig hassen. Und ich kann garantieren, dass ich das mehr als genug gemacht habe.

Mit den Skins zur SVP

Anlass: »Hamlet«
Mit Daniel Arnet und Judith Wyder
In: Facts 16/2001
Zürich, 2001

Herr Schlingensief, Sie sehen zerzaust aus. Sind Sie eben erst aufgestanden?

Nein, ich komme gerade von der Probe. Zudem wasche ich meine Haare nicht so oft wie andere Regisseure. Meine Haare sind eine Art Barometer: Stehen sie hoch, kann es Spannung geben. Liegen sie an, wird gegrübelt.

Das heißt: So wie die Haare stehen, so geht es Christoph Schlingensief?

Meine Freunde schauen mir wirklich auf die Haare. Bei meinem Vater kann man das nicht mehr sehen, weil er keine Haare mehr auf dem Kopf hat. Da muss man immer nachfragen, wie es ihm geht.

Nachfragen muss man auch bei den Skinheads, die in Ihrer HAMLET-Inszenierung am Zürcher Schauspielhaus auftreten werden. Muss man sich vor rassistischen Übergriffen fürchten?

Von welcher Seite meinen Sie? Wenn Skins die Wände besprayen, dann kann ich nichts machen. Ich begreife mich selber nicht als Rassisten, ich falle auch keine Leute an.

Die Schweizerische Volkspartei hat im Zürcher Gemeinderat angefragt, was unternommen wird, damit es in Ihrer HAMLET-Inszenierung nicht zu »antisemitischen oder rassistischen Provokationen« komme.

Ja, das war eine große Dummheit der SVP. Ich habe hier einen ganzen Ordner nur über die SVP: »Die Europa-Politik der SVP«, »Die sieben Geheimnisse der SVP«, »Albisgüetli-Rede«. Sehr interessant. Wenn die mir Rassismus vorwerfen, dann ist das ein billiger Ablenkungsversuch von ihren eigenen Inhalten.

Die SVP will Sie mit dieser Interpellation provozieren. Sie hat Ihre Tricks abgeschaut.

Wenn die Partei von mir lernen will, dann bekommt die auch eine Belohnung dafür. Das ist eine Aufforderung zum Tanz.

Ein Pas de deux mit der SVP?

Wir tanzen gemeinsam, wenn auch in andere Richtungen.

Und nicht immer im Takt.

Auf alle Fälle nicht.

Und sie treten sich auf die Füße.

Die SVP hat zu wenig Gespür, um zu merken, dass ihre Politik nur billiges Theater ist. Sie warnt vor Rassismus auf der Bühne und bemerkt gar nicht, dass sie Rassismus auf der Straße zeigt. Sie vergisst, dass sie in der Realität Theater spielt, und das ist unverzeihlich.

Provozieren will offenbar jeder: Politiker, Regisseure, Popstars, Werber. Es ist heute trendig, zu provozieren.

Vielleicht hier in der Schweiz. Seit 1968 ist Provokation schon lange kein ernst zu nehmendes Thema mehr. Was die Modekette Benetton in ihrer Werbung gemacht hat, war ein billiges Zitat. Die Kondom-Werbung war auch immunisierend; was der Papst macht, indem er sagt, man solle trotz höchster Aidsrate in Afrika keine Kondome verwenden, ist Dummheit. Das ist ein grundlegendes Übel der Gesellschaft, dass sie auf »Provokation« angewiesen ist, um sich selber zu überprüfen und auf sicher zu gehen, dass sie noch in Bewegung ist. Provokation ist für mich ein langweiliges Medium.

Das sagen ausgerechnet Sie!

Ja, das sage ich! Ich bin Sohn eines Apothekers, und da habe ich gelernt, dass man sich mit Miniportionen Gift selber heilen kann. Also mit Selbstprovokation. Selbstprovokation ist ehrlich und gefährlich. Wer sich selbst provoziert, stellt sich selber die Frage, ob er noch da ist oder nicht und wie viel Reiz das Leben noch bringt.

Selbstprovokateur Schlingensief: Das ganze Theater nur für Sie selber?

Ich arbeite immer im Team, aber das Prinzip der Selbstprovokation ist genau das, was ich in die Marktwirtschaft einführen will. Ich will, dass man nicht wie ein Kleinaktionär vor der Börse sitzt und sagt: »Ach, jetzt bin ich überrascht, dass alles crasht.« Die Börse ist nämlich nur ein Ding für Selbstzweifler. Jetzt muss man den Selbstzweifel als Produktivkraft benutzen, genauso wie den Schmerz.

Sie können Schmerz produktiv umsetzen. Doch die meisten ziehen sich ins Schneckenhaus zurück.

Ich sage ja nicht, dass ich in der Lage bin, Gesellschaftssysteme zu verändern. Ich bin in der Lage, Schwachstellen zu erkennen. Wenn Schmerz Bestandteil der Marktwirtschaft ist, muss man ihn einführen, und das kann man am besten, wenn man der Marktwirtschaft sagt: »Wenn du schon Schmerz produzierst, dann benutze ihn, mache Geld daraus.«

Aber Sie sind mit diesem Rezept nicht reich geworden.

Ich habe auf meinem Konto minus 15 000 Mark. Das liegt daran, dass ich in meine Projekte investiert habe und mich nicht an ihnen bereichern wollte. Es wäre großartig, mal einen reichen Sponsor zu finden, der uns unterstützen würde, und nicht nur die Börse.

Seit wann beschäftigt Sie die Marktwirtschaft?

1976 sah ich mit meinem Vater im Lions Club Joseph Beuys. Er sprach über Marktwirtschaft, und am Ende sagte er: »Dieses Gesellschaftssystem ist in sieben Jahren komplett zerstört.« Vor zwei Jahren fragte ich meinen Vater, ob er sich noch daran erinnere. Er hat sich den Termin jedes Jahr im Kalender nachgetragen, sieben Jahre lang. Mein Vater hatte offenbar einen Zweifel – »Es könnte ja sein.« Und dieser Zweifel ist interessant.

Aber an Beuys zweifeln Sie nicht.

Wenn ich mich Beuys als Jünger verschreiben würde, würde ich mich fragen, ob ich nicht zu befangen wäre und noch etwas Eigenes produzieren könnte. Den Jüngern Jesu Christi ist das passiert.

Sie glauben an Gott?

Ich bin Katholik, besuche aber keine Gottesdienste.

Aber Sie sind nicht ausgetreten?

Nein, ich zahle weiter. Mir hat es geholfen, in Kirchen zu gehen, wenn es mir dreckig ging. Ich brauche diese Möglichkeiten. Im Theater habe ich kein Abonnement, aber ich zahle mein Abonnement in der Kirche. Ich war zwölf Jahre Messdiener, da kann man ganz schwer Abschied nehmen.

Die Kirche als Jugendtrauma?

Ich habe heute noch Flugängste und muss immer vor dem Fliegen beten. Meine Freundin ist übrigens auch katholisch. Als ich das erfahren habe, habe ich mich gefreut. Ich war mal mit einer Protestantin zusammen, die war sehr puritanisch und wollte mir immer erklären, wie man Socken wäscht.

Macht Ihnen das HAMLET*-Projekt auch Angst?*

Im »Hamlet« steckt eine permanente Angst. Ich suche natürlich im Stoff nach Parallelen zu meinem Leben. Deshalb fasziniert mich der HAMLET-Stoff so sehr. Die Angst von Hamlet kommt aus dieser Unentschiedenheit: Auf der einen Seite will er jemanden anklagen, auf der anderen Seite kann er es nicht so recht. In vielen steckt ein bisschen Hamlet. Viele können nicht mehr handeln, weil man sie zu sehr verletzt hat.

Bringen Sie mit Ihren Neonazis als Schauspieltruppe die Angst auf die Bühne?

Es sind Skins, die aussteigen wollen. Wenn die dann wieder in ihren Kreisen auftauchen, kriegen sie Probleme. Das macht mir ein bisschen Angst. Denen müssen wir eine neue Identität verschaffen. Ach, da kommt ja Karl Dall.

Wie bitte?

Schauen Sie den Herrn dort, der gerade zur Tür hereinkommt. Der sieht so aus wie Dall in hundert Jahren. Der könnte den Geist spielen.

Wirklich?

Nein, aber er sieht so aus.

Fragen Sie ihn doch.

Hallo! (*Christoph Schlingensief steht auf und verhandelt im Foyer mit dem Mann. Nach einer Weile kommt er zurück.*)

Und?

Ein Taxichauffeur. Er will nicht.

Schade. Fanden Sie die Neonazis auch einfach so zwischen Tür und Angel?

Die Neonazis werde ich aus Deutschland herholen. Ich kann mich allerdings mit dem Raus-Projekt der Bundesregierung, die pro aussteigewilligem Neonazi 15 000 Mark aufwendet, nicht voll identifizieren. Denn wenn man die Skins darauf reduziert und sagt, das sind so Wesen, die außer Rand und Band sind und nur noch »Heil Hitler!« rufen wollen, dann fehlt mir der emotionale Kontakt zu diesen Leuten.

Wieso behaupten Sie bei öffentlichen Auftritten, dass es in der Schweiz keine Neonazis gebe?

Das muss ich ja erst mal behaupten. Dazu importiere ich Nazis. Sie sollen in einer nazifreien Zone aufwachen, wo es gar keine Probleme gibt. Wo es auch kein Nazigold gibt.

Das klingt zynisch.

Ich bin zynisch: zu romantisch, zu glaubwürdig, zu glaubhaft, zu unglaubwürdig, zu blöd – alles mit »zu« wie in dem Wort Zukunft. Hier kann sogar der Flick sein Museum eröffnen, ohne etwas an die Zwangsarbeiter von damals zu zahlen. Dann denke ich: Was für eine wunderbare Gegend! Die Schweizer sind schon freundlich. Aber ich würde ihnen zutrauen, dass sie in zwei Minuten umschwenken und mir voll in die Fresse hauen.

Misstrauen Sie den Schweizern?

Nicht allen, das darf man nicht pauschalisieren. Die Schweiz ist ein Zufluchtsort, gleichzeitig ist sie die Geldwaschanlage Nummer eins.

Was machen die Neonazis hier, wenn sie nicht auf der Bühne stehen?

Ich will mit den Skins zur SVP gehen, mit ihnen in einem guten Restaurant essen. Wir werden in Schulen fahren und in Einkaufszonen Flugblätter verteilen. Ich werde ein Verbot der SVP fordern und eine staatsanwaltliche Untersuchung des ZSC. Immerhin sitzen da etliche SVPler im Vorstand. Wir werden die 14- bis 16-Jährigen auffordern, aus der rechten Szene auszusteigen. Da kommt Marktwirtschaft rein. Wir werden Medikamente anbieten, Psychopharmaka, die man bestellen kann. Prozac für die Nazis und für die, die aussteigen wollen, damit sie mit den Schmerzen besser fertigwerden.

Dann wird der Prozac-Konsum in den nächsten Monaten steigen.

Sicher. Wir sind hochgradig marktwirtschaftlich organisiert. Ich habe selber Management-Vorträge gehalten und Management-Training betrieben. Hier bei dieser monströsen Schiffbauhalle – fragen Sie mich nicht, was hinter der Kulisse für Probleme zu bewältigen sind. Das ist nach außen alles wunderbar, aber so ein Tanker muss auch organisiert werden, und da bin ich dann gerne wieder als Management-Trainer dabei.

Sie lehren den Zürcher Theaterdirektor Marthaler Management?

Nein, ich mache der Direktionsetage nur manchmal Vorschläge, wenn ich sehe, was an unserer Produktion besser sein könnte. Das ist ein ganz normaler Vorgang.

Welche Vorschläge konkret?

Dass sie einen Chefmanager anstellen sollen. Und sie sollen an die Börse gehen.

Ihr eigener Marktwert ist in letzter Zeit ja auch gestiegen …

Ja, jetzt klopfen auch renommierte Theater an, zum Glück auch aus dem Ausland. Noch schöner wäre es, weitere Projekte finanziell etwas ungebundener zu organisieren und nicht in Apparaten der Kulturdinosaurier zu verschwinden.

Gerade eben wurde Ihr Stück zum Theatertreffen nach Berlin eingeladen. Jetzt gehören Sie auch zu den Dinosauriern.

Mir wäre das alternative Theater-Festival in Frankfurt unangenehmer, weil ich selber noch die Reise zahlen müsste. Nach der Pressemeldung über die Einladung nach Berlin kam es zu Irritationen, weil noch niemals ein Stück von der superkonservativen Jury eingeladen wurde, ohne dass sie es vorher gesehen hat. Ihr Pech.

Sie machten Filme, wurden beinahe Politiker, jetzt sind Sie am Theater. Wollen Sie überall mitmischen?

Eine Vereinnahmung von nur einer Seite wäre für mich tödlich. Das ist ein Riesenglück, eine FAZ-Kolumne zu schreiben und bei Suhrkamp ein Buch zu machen, am Theater weiterzuarbeiten, Filme zu planen, ein Hörspiel zu machen.

FAZ, Suhrkamp, Schauspielhaus: Sie stützen sich auf etablierte Säulen.

Das ist schwerer, als bei gleich gesinnten Menschen zu arbeiten. Ich brauche Spannungsfelder. Als ich bei Castorf anfing, konnte ich meine ersten beiden Stücke nur machen, weil ich auf die Bühne hochgefahren bin und geschrien habe: »Castorf zensiert mein Stück!« Er wollte nämlich, dass ich einen grauenhaften Aktionsfilm von 1962, in dem eine Katze bei lebendigem Leib geschlachtet wird, aus dem Stück rausnehme – seine Frau hatte gekotzt.

Filmer, Politiker, Regisseur: Irgendwann wird Schlingensief auf eine Rolle fixiert. Und dann ist er tot.

Ich war öfter tot, als Sie glauben. Tot sein hält jung! Zum Beispiel bei meiner Partei CHANCE 2000. Da hieß es: »Mach du mal, wir sitzen hier und rufen ›Christoph! Christoph!‹.« Das war ein ziemlich toter Punkt. Seitdem versuche ich, Aktionen zu machen, die auch ohne mich möglich sind. So wie in Wien bei der »Big Brother«-Aktion AUSLÄNDER RAUS!.

Da ließen Sie sich auch vertreten.

Zum Teil, ja.

Durch ein Double.

Ja.

Wie ein Star.

Sie sprachen hier auch mit meinem Double.

Ich möchte in schlechter Erinnerung bleiben

Anlass: »Quiz 3000«
Fragebogen von Moritz Rinke
In: Tagesspiegel/ Beilage »Spielzeit«, Nr. 3/2002
Berlin, 2002

1. *Was war heute Morgen Ihr erster Gedanke?*

Was macht der Dramatiker Moritz Rinke eigentlich hauptberuflich?

2. *In welcher Rolle finden Sie sich wieder, oder welche Figur ist Ihnen am nächsten?*

Im Moment Günther Jauch.

3. *Wenn Sie sich eine Wahlverwandtschaft wünschen könnten: Wen hätten Sie dann als Mutter? Vater? Geschwister? Kinder?*

Mutter: Heide Simonis. Vater: Alfred Edel. Geschwister? Harald Schmidt.
Kinder: Die wahren Grand-Prix-Siegerinnen Nathalie + Zarah.

4. *Aus welcher Aufführung sind Sie anders herausgekommen, als Sie hineingegangen sind?*

Wahrscheinlich QUIZ 3000 und »Puntila« von Einar Schleef.

5. *Was wäre für Sie die Erfüllung eines künstlerischen Traums?*

QUIZ 3000.

6. *Von welcher Ihrer Arbeiten würden Sie sich heute distanzieren?*

QUIZ 3000.

7. *Könnten Sie sich in einen Künstler oder eine Künstlerin verlieben, dessen/deren Werke Sie überhaupt nicht mögen? Warum?*

Nur in ebensolche.

8. *Haben Sie Freunde, die sich nicht für Ihre Arbeit interessieren? Und über was reden Sie mit diesen?*

Über gemeinsame Feinde.

9. *Was kann Sie wirklich überraschen?*

www.induratio.de

10. *Was an einer Frau oder einem Mann hat Sie am häufigsten verführt?*

Der Mund, der Arsch, der Nacken.

11. *Die erotischste Frau? Der erotischste Mann?*

Meine Freundin. Mein Freund.

12. *Was halten Sie persönlich für bedeutender – Sex oder Kunst? (Ende des Erotik-Blocks)*

Im besten Falle Kunst, wenn sie aus dem Bett kommt.

13. *Was können Sie überhaupt nicht?*

Siegen.

14. *Welche Position würden Sie in einer Fußballmannschaft einnehmen (gilt auch für Damen)?*

Kabinenanimateur.

15. *Haben Sie einen Tick? Und welchen?*

Glücklich sein.

16. *Was lesen Sie gerade?*

Das erste Buch von Andreas Schäfer.

17. *Welche drei Filme sind die besten?*

»Der diskrete Charme der Bourgeoisie«, »Belle du Jour«, »Der andalusische Hund«.

18. *Welchen gefeierten Kulturmenschen würden Sie als absolutes Antitalent bezeichnen?*

Günther Jauch.

19. *Wen halten Sie für unterschätzt?*

Gerhard Stadelmeier und Sybille Wirsing.

20. *Wen würden Sie heute gerne kennenlernen?*

Otto Muehl, Douglas Gordon, Pippilotti Rist, David Lynch und Leni Riefenstahl.

21. *Was wäre für Sie die berufliche Alternative?*

Chirurg oder Chefarzt.

22. *Wie würden Sie gern in Erinnerung bleiben?*

In schlechter …

Wer wird Millionär, Herr Schlingensief?

Anlass: »Quiz 3000«
Mit Florian Malzacher
In: Journal Frankfurt 10/02
Frankfurt a.M., 2002

Es gibt wohl keinen Artikel über Sie, der ohne »Provokateur«, »Revoluzzer«, »Enfant terrible« oder »Exhibitionist« auskommt. Erschweren solche Klischees Ihre künstlerische Arbeit?

Wenn ein General an die Front fährt und dann in der Kantine auf dem Tisch tanzt, dann überrascht er die Mannschaft. Dann sind die Soldaten verwirrt und vielleicht auch die Armeeleitung, denn damit hat keiner gerechnet. Ich tanze nur ungern auf dem Tisch, weil man da so allein ist. Ich kann nicht bestreiten, dass mich das ziemlich langweilt, wenn Leute wollen, dass ich auf dem Tisch tanze, und jeder ein kleines Provokationspaket mit Neonazis und Hamlet oder einem Container bei mir bestellen will. Wie so ein Großhandelslager für Provokationen. Interessant sind eigentlich mehr die Leute, die gucken, wie das alles zusammenhängt. Ich kann ja immer nur sagen, dass ich – mit einigen Abstrichen – Joseph Beuys und das Bauen einer sozialen Plastik extrem spannend finde. Das ist für Theaterfuzzis oft zu anstrengend. Die wollen ja lieber vor dem Bild ruhig einschlafen und nicht mittendrin aufwachen. Aber auch schlafende Idioten haben in meinen Bildern Platz.

Politisches Engagement spielt bei Ihnen immer eine Rolle. Auf der anderen Seite lässt Kunst einen sehr großen Interpretationsspielraum. Ist das nicht gefährlich, wenn man politisch missverstanden werden kann?

Das ist ja gerade, was mich interessiert: Wir verlassen uns auf Leute, die sich vorne hinstellen. Und wir glauben, dann würden wir an einer Entwicklung teilnehmen. Das ist eben der Irrwitz. Unser Denken wurde mittlerweile stark reduziert. Wir sollen feststehende Gedanken interpretieren und uns möglichst auf eine Interpretation einigen. Das wirklich Spannende ist aber der Sprung zwischen den Gedanken. Dazwischen gibt es nämlich wirklich was zu denken. Wenn man sich jetzt der Anschlag auf die Schule in Erfurt anguckt, dann haben wir endlich wieder einen Supermann: und zwar den Geschichtslehrer. Da ist also einer, der bis jetzt Geschichte und Personen der Zeitgeschichte vermittelt hat – und plötzlich auf dem Schlachtfeld angekommen, wird er selber zur Geschichte und alle drehen durch: Bundesverdienstkreuz, Livesendungen, Tonnen von Papier. Deutschland hat wieder wen! Leider funktioniert das in Deutschland nur im Zusammenhang mit Schlachtfeldern. Deutschland ist an einem Punkt angekommen, wo es außer Kränzeniederlegen eigentlich gar nichts »Historisches« mehr auf die Reihe kriegt. Und deshalb heißt es: killen, stoppen, auslöschen, alles verbieten! Also: Video verbieten, Gewehre verbieten, Fernsehen verbieten und zig Filter einschalten. Das kann zu einer extremen Sehbehinderung führen! Ich sage: Deutsche Bank bitte auch verbieten! Deren Telespiele haben schon mehr Opfer gekostet!

Welche Rolle spielt denn das »Scheitern als Chance«, wie ja das Motto der Partei CHANCE 2000 hieß, um solche Denkmuster zu durchbrechen?

Wir sind alle gescheitert, als wir auf die Welt kamen. Damit fängt es schon mal an. Wir kommen aus einem Kosmos, in dem man jeden Tag explodieren kann, um sich anschließend wieder zu verdichten. Das klappt hier auf der Erd-Arbeitsfläche nicht so leicht. Hier muss man sich schon vor der Explosion verdichten. Man darf also nicht alles, sondern man muss »etwas« sein oder zumindest so tun als ob, oder wie Adorno zwei Monate vor seinem Tod sagte: »Die einzige Utopie ist der Tod – wir sind Menschen, denen das Sterben misslungen ist.« Das heißt aber nicht, dass er damit das Sterben oder Lethargie und Fatalismus propagiert hat, nein, ganz im Gegenteil. Uns ist das Sterben misslungen und deshalb müssen wir zugeben, dass wir aus diesem universellen Nichts plötzlich in einen Zustand gelangt sind, wo wir etwas sein sollen oder etwas sein wollen. Das ist der große Irrtum: In dem Moment, wo wir etwas sein wollen, also sagen wir mal, ich wollte jetzt scheitern, bin ich schon gescheitert. Also ein gescheiterter Scheiterer. Und in dem Moment, wo ich nicht scheitern will, bin ich ebenso gescheitert. Das Scheitern ist somit eine Produktivkraft, die man nicht überlisten kann und die uns dennoch abhandengekommen ist. Jedenfalls in unserem Bewusstsein. Scheitern kann man nicht besiegen und deshalb beschreibt dieses Scheitern auch eine extreme Lebenslust. Scheitern, das ich meine, ist das Bekenntnis dazu, dass wir schon lange gescheitert sind.

Parteien, »Big Brother«, Quiz- und Talksendungen: Sie nehmen bestehende Formen und Strukturen auf und füllen neue Inhalte hinein. Was passiert durch diese Reibung?

Ich nehme ein »Vor«-Bild, das alle kennen. Das »Vor«-Bild ist aber nicht die eigentliche Information. Die Information liegt dahinter! Das nenne ich das »Nach«-Bild. Es kommt praktisch nach dem Vor-Bild und ist dennoch mehr! Ich habe das bei meinem Wien-Container zum ersten Mal ausprobiert, obwohl ich schon bei meinen Filmen ähnlich gearbeitet hatte. Beim DEUTSCHEN KETTENSÄGENMASSAKER habe ich auch den Inhalt anders aufgefüllt, die bekannte Hülle aber erst mal stehen gelassen. In Wien saßen plötzlich Asylbewerber im Container, und keine Danielas oder Karims. Das kam durch eine frühere Erfahrung, als ich in einem Asylbewerberheim war und miterlebt habe, wie die besten Freunde eines Afrikaners, mit dem ich befreundet war, einfach von heute auf morgen wegkamen. Abtransportiert.

In Wien kommen also nicht Karim und Daniela aus der Türe, sondern Herr Watungo aus Soundso, und in dem Moment kommt es zur Einlösung des Nach-Bildes. Das Nach-Bild als Schreckensbild, das ist das, was schon im Speicher drin ist, weil es von einer früheren Belichtung herrührt. Das Vor-Bild deckt ab, dahinter lauert die eigentliche Information und die wurde bereits als Nach-Bild belichtet und wartet auf ihre Einlösung. Das nennt man auch Angst.

Und das funktioniert auch mit »Wer wird Millionär«?

Ich hab das natürlich auch beim Quiz probiert, aber meine Person war noch zu stark im Vordergrund, die Leute haben gedacht, ich müsste auf der Bühne jetzt auch noch Konzentrationslager spielen oder kotzen oder die Stirn aufschneiden. Das QUIZ 3000 hatte ich aber mehr als Ritual gedacht, wo man Fragen stellen darf, die man normalerweise nicht so gerne hört. Jedenfalls nicht bei Jauch und Konsorten.

Das war aber leider zu schwierig für einige Leute, die Theater noch immer im Mittelalter sehen wollen. Obwohl das Publikum die Abende total geliebt und benutzt hat.

Wird sich also die Frankfurter Version von QUIZ 3000 *verändern?*

Ich glaube, dass ich das nicht absehen kann. Ich hab mir die Videos von den Berliner Abenden sehr oft angeguckt und ich weiß einfach, dass ich wie viele in einem Schock gesteckt habe: dass wir nämlich alle in diesem angeblich neuen »FAZ«-Topf gelandet sind, im Berliner-Republik-Topf, dass wir plötzlich mit unseren früheren Feinden zusammen glücklich sein können und wir alle geglaubt haben, wir wären jetzt endlich akzeptiert. In Wirklichkeit waren auch wir auf dem Weg zum Betonklotz, der nicht von der Stelle kommt. Mittlerweile mag ich alles an der »FAZ«, was stur und fast schon verbohrt an seinen Grundsätzen haftet. Der Rest kann mir gestohlen bleiben. Es ist alles Bullshit, es macht mich wahnsinnig und ich will auch an diesem Deutschland nicht mehr teilnehmen, weil es nur noch frustriert ist und jede Kraft auf die Knie zwingen will. Dieses Deutschland, wie es sich jetzt präsentiert in seinen Lösungsvorschlägen von Herrn Stoiber bis zu Herrn Schily, es ist zum Kotzen, weil es in keinster Form diese Gesellschaft noch mal auf die Füße bringt. Sondern es permanent in diesem Trancezustand lässt: Alles kann gelöst werden.

Und in Bezug auf Frankfurt?

Ob ich mich in Frankfurt noch mal mit Herrn Breuer auseinandersetze und seiner Brigitte Seebacher-Brandt … Natürlich hab ich Wut auf diese Leute und natürlich mag ich

Herrn Homolka nicht von der Kulturstiftung der Deutschen Bank und das ganze verlogene Zeug – das ist natürlich alles Gegenstand in mir. Aber ob das an dem Abend nun rauskommt oder ob das auch in einem Weinanfall oder in einem 90-minütigen Schweigen für eine bessere Welt endet … Das können ja die Kandidaten entscheiden: Wird dieser Abend in Schweigen enden? Wer das weiß, hat gewonnen. Der kriegt das Flugzeug und darf dann in die Deutsche Bank fliegen.

Der Moment, in dem der Gedanke von heute auf einen Gedanken von früher trifft

Das politische Theater des Christoph Schlingensief

Anlass: »Hamlet«
Mit Tan Wälchli
In: WOZ 6/2002 (Auszug)
Zürich, 2002

Sie sind in der Schweiz als Theatermann bekannt geworden, arbeiten aber nicht ausschließlich in diesem Bereich. Was ist für Sie das Spezifische am Theater, im Gegensatz zu anderen Medien wie Film, Fernsehen oder Per formance?

Mein Weg kommt ja vom Film her. Und weil ich sehr früh angefangen habe mit Film – mit acht oder neun habe ich die ersten Super-8-Filme gemacht –, wollte ich eigentlich immer Spielfilme machen, also Mainstream. Aber nachdem das auf der Filmhochschule nicht funktioniert hat, habe ich ein anderes Studium begonnen und dann den Avantgardefilmer Werner Nekes kennengelernt, dem ich drei Jahre assistierte. Er ist in der Öffentlichkeit nicht so bekannt, aber in der Kunstszene, auch in Amerika, sehr. Nekes hat eine der größten Filmsammlungen Europas, auch Dokumente und Geräte aus der Vorgeschichte des Films, und hat viel über Filmtheorie geschrieben. Er hat mir gezeigt, dass man mit dem Filmmaterial, das heißt, mit dem Denken durch Film oder Konservieren, etwas erreichen kann. Und das traf sich mit dem, was ich studiert habe. Mich hat nicht unbedingt die Handlung interessiert, sondern inwieweit Bilder und Inhalte, Texte, mir plötzlich Freiheiten offerieren oder Gedanken öffnen und ich das, was ich als Bild sehe, vielleicht in der Gesellschaft wiederfinde oder das Gegenteil davon.

So kam ich 93 zum Theater und lernte dort ein anderes Medium kennen. Der Film glaubt, er muss einen Anfang, eine Mitte und einen Schluss haben. Theater ist wesentlich experimenteller, weil da natürlich nicht geschnitten wird. Es ist alles verhältnismäßig lebendig. Da sind ja Menschen auf der Bühne, die sind frei und nicht eigentlich konserviert. Und jetzt kam bei mir der Gedanke auf, weshalb sind die denn alle so abgestumpft? Weshalb tun die alle so, als wäre das ein Film? Wieso sind die nicht bereit, ihr Spiel zu öffnen? Wie kann man diese Bilder oder Darstellungen von Bildern auf die Gesellschaft beziehen? Und dann habe ich angefangen, Theater zu sehen und zu begreifen und auch vielleicht Lücken zu entdecken und zu sagen, das ist ein Theater, das, in der Form, wie es da teilweise praktiziert wird, mich überhaupt nicht interessiert. Mich interessiert ja gerade der Auslöser auf der Bühne für andere Zusammenhänge. Und wie kann ich das hinkriegen? Und somit bin ich aus dem Theaterraum hinausgegangen in die Realität, um wieder ins Theater hereinzukommen.

Inwiefern unterscheidet sich diese Arbeitsweise noch mal, wenn man zum Beispiel ein Projekt wie SCHLACHT UM EUROPA *von 97 mit einem Repertoirestücks wie* HAMLET *vergleicht? Braucht es, wenn man sich in die traditionellen Rezeptionszusammenhänge des deutschen, bürgerlichen Theaters begibt, eine andere Strategie?*

Meine Strategie ist gar nicht mal eine politische, im Sinne einer Partei, die sagt, wir müssen immer so tun, als wären wir sozialdemokratisch oder rechtsradikal oder was weiß ich was. Sondern meine politische Strategie ist es, die Polis als Organismus zu begreifen, als transformationsfähiges Wesen. Und diese Transformationen, die man in der Polis, in dieser Gemeinschaft, erleben kann, sind teilweise rituell oder rauschhaft zu begreifen. Wenn vorne immer einer steht, der genau weiß, wie die Polis sein soll, damit sie besser funktioniert, dann kann das auch schnell in die Hose gehen. Dann beziehen irgendwelche Leute ihren persönlichen Krieg auf andere und outen sich als Monopolisten der Angst.

Meine Theaterarbeit SCHLACHT UM EUROPA hat sich tatsächlich so entwickelt, wie keiner vorher wusste; auch an den Abenden immer aufgrund unseres – wie soll man sagen – rituellen Daseins. Aber beim Ritual muss man verschiedene Dinge auch wissen. Man kann nicht sagen, heute ist Ritual, und da setzen wir uns auf den Hocker und kucken mal, was passiert. Die Rituale haben immer eine bestimmte Ordnung, sie haben eine Grundstruktur. Und sie haben eigentlich auch den Auftrag, Schäden abzuarbeiten. Ich bin in den Gegenden von Südafrika, Namibia und Simbabwe ziemlich oft gewesen. Und bei den Houkas zum Beispiel, da werden die Kolonialzeitschäden der Franzosen abgearbeitet, indem man einfach einmal im Jahr der Admiral ist. Ein Schwarzer, der normalerweise Straßen kehrt, spielt plötzlich einen französischen General im Busch, mit Opferritual, mit Hunde schlachten, allem Drum und Dran, wo es uns dann wieder zu viel wird, und wir denken, was ist da los? Aber unsere Polis sieht nur noch eine Möglichkeit der Reinigung, indem sie sich einem Vorgesetzten anschließt. Und das ist keine wirkliche Reinigung. Es kann sein, dass der Vorgesetzte sich reinigt, aber dann geht der Dreck auf uns über. Und deshalb war für mich SCHLACHT UM EUROPA – und das ist auch eine Richtung in meiner Theaterarbeit, die ich auf gar keine Fälle aufgeben werde – der Versuch, mit Schauspielern, über eine gewisse längere Zeit auch, sich in so einen Zustand zu versetzen, sich verschiedene Gesetze zu erarbeiten und die Gedanken festzukloppen. Sodass man weiß, man kann sich auf Gedanke Fünf noch mal festhalten, man kann auch dahin springen, und dazwischen, zwischen den Sprüngen zu Gedanken, kann man kucken, wie man denkt.

Bei HAMLET, der für mich ja erst mal ein Buch mit sieben Siegeln war, dachte ich dann, da müssen ja auch Gedanken drin stecken, und dazwischen wurde eigentlich gedacht. Das heißt, hier haben wir so ungefähr eine These oder einen festgemachten Gedanken, und jetzt wird dazwischen gedacht. Was kann zum Beispiel zwischen ›Sein oder Nicht-Sein‹ und ›Der Rest ist Schweigen‹ die Strecke des Denkens sein? Diese Wege, die da beschriftet werden, sind durch den Text natürlich sehr festgelegt. Aber in dem Moment setzte meine Erinnerung ein an früher, und ich habe gedacht, wenn man sich erinnert an diesen Gründgens-Hamlet von 1963, von Marianne Hoppe und Maximilian Schell gesprochen, da denkt man sich, was ist das für ein Ton? Außerdem sagt ja fast jeder Theatergänger, das war noch Theater! Sie sollen sich mal diese Platte anhören, und dann sollen sie sagen, ob Sie das noch haben wollen! Ich glaube, das hält keiner lange aus. Und in dem Moment war die Frage, wie kann man jetzt den Gedanken zwischen den Thesen bei HAMLET finden, wenn man das vergleicht mit etwas? Also nimmt man die Vorlage von Gründgens, hört sie sich an, denkt nach, worüber haben die gesprochen, und versucht, es zu imitieren, um zu sagen, wir machen euch das Theater, das ihr haben wollt. Und in dem Moment, wo das passiert, merkt man, wie der Gedanke von heute auf den Gedanken von früher trifft. Das ist die Strategie gewesen. Man klaut einen Gedanken, im Sinne von, man nimmt ihn gerne, um jetzt noch mal von dem einen Gedanken, den man bei Beuys holt, zum Gedanken von Shakespeare zu gehen und dazwischen selber auch seine Gedanken zu ordnen. Und dann vielleicht selber auch mal einen Gedanken hin zu setzen.

Jetzt ist aber diese Zeit vorbei. Ich glaube nicht mehr, das habe ich jetzt getestet, dass ein hermetisch abgeriegelter Theaterraum gesellschaftliche Veränderungen hervorrufen kann. Es wird keine Revolution ausbrechen, weil z.B. Joschka Fischer in eine Oper namens ›La muette de Portici‹ geht. Sondern Theater kann einen Gedanken schildern über Revolution, man kann darüber mal nachdenken. Aber unsere Gesellschaft hat nun gerade so eine Todesangst im Nacken, dass sie sich ja permanent lieber übers Nachdenken unterhält als übers Handeln. Wir haben Todesangst, dass wir plötzlich aktiv werden müssen. Wir haben zwar Gedanken dazu, aber diese Gedanken sind ohnmächtig geworden. Und deshalb plädiere ich wieder für ein Theater der Handgreiflichkeit, wie ich es schon einmal gemacht habe zurzeit von SCHLACHT UM EUROPA, und da gehe ich auch langsam wieder hin.

Mich interessiert sehr der Polis-Begriff, den Sie jetzt angesprochen haben. In Zürich war es ja so, dass sich zwar eine Öffentlichkeit konstituierte in Ausmaßen, die man vom Theater eigentlich nicht kennt. Aber die ganz einfachen Dinge, die Verbindung von Gründgens und den Neonazis zum Beispiel, hat niemand bemerkt, sodass die revolutionäre Erkenntnis, die auch das eigene Geschichtsbild dann verändert hätte, ausblieb.

Ja. Obwohl ich dabei schon auch Erfahrungen gemacht habe, gerade im Theater. Das Stück ist ohne Abonnenten jetzt gelaufen seit dem September. Es fing ziemlich schlapp an, hat dann aber plötzlich mehr Zuschauer gehabt als andere. Das heißt, es gab eine Neugier. Und ich habe auch viele Gespräche mitbekommen. Es gab ein paar Leute, die es von außen betrachtet haben, die haben damit gearbeitet. So wie jetzt diese Magister- und Doktorarbeiten, die ich gelesen habe, oder das neue Suhrkamp-Buch. Das ist nicht von mir, sondern zwei Frauen haben es gemacht, die Dokumentationsmaterial gesammelt haben. Es ist ein echtes Ding. Das bleibt auch im Regal, das kann man immer wieder hervorholen später, wenn das Stück nicht mehr läuft. Und ich habe auch erlebt, dass, wenn ich Taxi fahre oder am Bahnhof mich Leute grüßen und begeistert die Daumen hochhalten, dann sind das Ausländer in der Stadt. Die sagen, das war klasse, das ist wichtig hier. Aber vom Grundlegenden her würde ich sagen, ist es so, wie Sie es formulieren: Es haben sich Symptome geäußert, aber jetzt ist die Behandlung irgendwo stecken geblieben. Und jetzt ist die Frage zu stellen, wer hat den langen Atem, wirklich dann weiterzumachen? Wenn man in der Chemotherapie, und das war hier so etwas in gewissem Maße, auf halber Strecke aufhört, kann der Patient wirklich schneller sterben, als wenn er die Therapie niemals bekommen hätte. Man spornt die Krankheit an.

Ich glaube, dass das Schauspielhaus gerade ein großes Problem hat, weil sie dort leider ein Theater machen, das diplomatisch über die Runden kommen will. Sie unterstützen indirekt diese – man muss es wirklich so sagen – Todfeinde des Theaters im Großen und Ganzen, diese Todfeinde des Denkens, indem sie jetzt praktisch sagen, wir sind nicht so schlimm, wie ihr denkt. Ich kenne das aus eigener Praxis. Ich habe eine Zeit gehabt, da wollte ich beweisen, dass ich ein ernst zu nehmender, klassischer Mensch bin, der für die ›Frankfurter Allgemeine Zeitung‹ schreibt und von Joschka Fischer geliebt wird. Auf dieser Strecke habe ich mich selber verloren. Ich habe dabei nicht mehr für meine Gedanken gedacht, sondern angefangen, mir zu denken, was andere denken, damit ich denken darf.

Deshalb bin ich mir im Moment sehr unsicher, wie ich das hier finden soll. Ich glaube, wenn das Haus jetzt von diesen Verächtern des Gedankens geliebt werden will, dann ist das eine Lanze, die direkt ins Herz geht. Man muss es schaffen, die jungen Leute zu erreichen, die auch hier reinrennen, oder die Ausländer, die kaum drin sind – die sollen doch für drei Franken hier reinkönnen. Wenn man das jetzt mal praktisch angeht, mobilisiert man diese Leute und sagt, passt auf bei der Abstimmung! Es reicht nicht, zu sagen, Theater ist wichtig, und dann trinkt man Kaffee und kuckt, wie die Abstimmung ausgegangen ist. Sondern man muss wirklich sagen, es geht hier um die Wurst!

Wer Kunst macht, wird so leicht kein Terrorist

Über Attentate und Avantgarde

Anlass: »Atta Atta«
Mit Peter Laudenbach
In: Tagesspiegel 23.1.2003
Berlin, 2003

Herr Schlingensief, die Volksbühne wirbt für Ihr neues Stück mit der Parole »Einfach mal richtig spinnen«. Lösen der Terrorismus und der drohende Krieg den Abwehrreflex aus, sich mit Dada-Strategien den Frontbildungen zu entziehen?

Dada ist Verzweiflung, sagt Peter Sloterdijk. Bei jedem Funken Hoffnung spüre ich eine Deregulation in meinem Hirn. Ich bekomme jetzt alle möglichen Anfragen, etwas gegen den Krieg zu unterschreiben. Da bekomme ich Hautausschlag, von diesen guten Menschen, die sich ihrer Gutheit versichern oder wie Konstantin Wecker nach Bagdad fahren, um für sich selbst Werbung zu machen. Das habe ich hinter mir. Aber zu sagen, wir wollen jetzt einfach nur spinnen und bekloppt sein, ist auch zu einfach. Susan Sontag war zu Besuch bei unseren Proben. Die ist jetzt in den USA Persona non grata, weil sie Stellung bezogen hat gegen die amerikanische Regierungspolitik nach dem 11. September. Aber ich muss jetzt kein Stück gegen den Krieg machen oder für den Krieg. In der Freiheit des Machens liegt die Verantwortung, die ich als Künstler habe, und die Lust. Und die lasse ich mir nicht nehmen.

Sie haben zu den Proben prominente Kunsttheoretiker eingeladen. Boris Groys, Peter Sloterdijk und Peter Weibel haben Vorträge über Kunst und Terrorismus gehalten. Ist das die nächste Stufe im Diskurs-Theater: Terrorismus-Theorien als Spielmaterial?

Diese Theorien waren für unsere Arbeit nur der Bodensatz. Theorien sind immer sehr schnell unmusikalisch. Ich suche nach Noten und Rhythmen zu diesen Themen. Da ich ja vom experimentellen Film herkomme, hat mich immer die Phase zwischen den Bildern interessiert, und die ist dunkel! Attaismus ist die Summe aller Möglichkeiten, die frühere Kunstbewegungen offengelassen haben, sagt Weibel. Genau da liegt aber auch das Dilemma. Die 68er sagen, wir haben die Autos noch angesteckt, ihr redet nur darüber. Oder ein Künstler sagt, was ihr macht, habe ich auch schon mal gemacht. Da bleibt nicht mehr viel übrig. Eigentlich müsste man eine panislamische Bewegung gründen, in der vor allem eine Grundbedingung gilt, nämlich die Burka für den Mann. Das hat noch keiner gemacht. Es gibt unter Intellektuellen ein großes Bedürfnis, sich zum Terrorismus zu artikulieren. Nur im Theater ist das bisher praktisch nicht angekommen.

Claus Peymann hat »Nathan der Weise« inszeniert, den Klassiker über religiöse Toleranz.

Das ist Kulturbetrieb. Es geht nur darum, dass das Konto wächst und dass man Erfolge vorweisen kann. Das ist kein Stück besser als bei Politikern. Nach der Bundestagswahl bekam ich einen Anruf aus dem Kanzleramt, wo es hieß, das war aber toll, die Aktion mit dem Möllemann …

Wo Sie vor Möllemanns Firma ein Happening veranstaltet und gerufen haben: »Ich schäme mich für Möllemann. Möllemann, ich verfluche dich.«

Plötzlich fanden die das toll im Kanzleramt. Aber erst nach der Wahl. Schröder sieht auf Fotos aus, als säße er im Führerbunker. Seine Firma hat Ladehemmung und Gehirnprobleme. Der größte Erfolg dieser Regierung ist das Dosenpfand. Obwohl mir die Grünen immer noch sympathischer sind als Möllemann oder Stoiber.

In dem Buch, das aus den Probengesprächen entstanden ist, nennt Boris Groys Osama bin Laden einen global agierenden Videokünstler. Bazon Brock meint, der Versuch aller Aktionskünstler, nämlich »so zu leben, dass sich möglichst viele Menschen erzählend darauf beziehen«, sei am 11. September gelungen. Das klingt zynisch, ein Fall von Künstler-Narzissmus, in dem alles, auch das Schrecklichste, nur als Spiegel des Künstlers vorkommt.

Das Schlimme ist, dass es wirklich gelungen ist. Und das kann man analysieren. Der Zynismus liegt nicht in der Analyse. Genau an diesem Punkt geraten Carl Hegemann, der Volksbühnen-Dramaturg, und ich aneinander. Wenn mir Carl erzählt, der Einschlag des zweiten Flugzeugs ins World Trade Center hätte zwar alle Merkmale einer Kunstaktion gehabt, sei aber keine gewesen, sage ich sofort, ich mache hier eine Stockhausen-Oper. Es geht immer um das Verhältnis zwischen Kunst und Wirklichkeit. Bei Niklas Luhmann gibt es eine Passage, die heißt: »Die andere Welt der Kunst kann nur dadurch kommunizierbar bleiben, dass man Referenzen auf unsere eingeübte Welt kappt. Und der Betrachter, der im Normalen zu Hause ist, ist raffiniert. Man muss ihm jeden Weg zurück in seinen Alltag versperren und jede Vermutung unterbinden, dass der Künstler anderes im Sinn hat, als das, was das Kunstwerk zeigt.« Das ist die Souveränität des Künstlers, die leider nur im Raum der Kunst zur Entfaltung kommt. Der Einschlag der Flugzeuge in New York erinnert an die Wirkung der Dampflokomotive in der allerersten Kinovorführung. Die Zuschauer dachten, dass eine echte Dampflokomotive auf sie zufährt, und sind aus dem Kino gerannt.

Mit dem Unterschied, dass in New York nicht nur Bilder produziert wurden, sondern Menschen starben. Gegen Baudrillards Zynismus, der alles nur noch auf einer Zeichen- und Symbolebene, als Kinobild wahrnimmt, hat Diedrich Diederichsen die trockene Formel gesetzt: »Das WTC hat es wirklich gegeben«.

Natürlich. Aber wir haben es alle nur im Fernsehen gesehen und sind trotzdem gerannt. Ich auch. In der Kunst kann man solche Reflexe vielleicht vermeiden. Wenn man in der sogenannten normalen Welt einen Fehler macht, ist es immer ein Fehler. Wenn man als Künstler das Falsche tut, ist es oft genau richtig. In meiner Inszenierung taucht kein World Trade Center auf, kein Flugzeugangriff, kein bin Laden, kein Bush. Es gibt verschiedene Kunstaktionen und mein Elternhaus mit Irm Hermann und Sepp Bierbichler als meine Eltern. Mein ewiger Kampf darum, zu Hause zu beweisen, dass ich nicht der bin, den Onkel Willy in mir sieht, nämlich den Hochverräter unseres ganzen Geschlechts, ist jetzt in eine Phase eingetreten, wo ich ihn auf die Bühne bringen muss. Wenn Hermann Nitsch haufenweise Tomaten zermatscht, spielen wir das nach. Das Gleiche machen wir mit Beuys und anderen. Man sieht Künstler auf dem Campingplatz bei der Arbeit, darauf reduziert sich die ganze Aktionskunst.

Ich finde die überhöhten Erklärungen und Einordnungen lächerlich. Das Kunstwerk ist ganz einfach etwas Materielles, Geformtes an einem bestimmten Ort. Was darüber hinausgeht, sagt Groys, ist »Ideologie oder Politik oder Religion oder Hermeneutik«. Ich wohne gerne auf dem Campingplatz in meinem Wohnmobil. Am Campingplatz mag ich, dass man seine 20 Liter Scheiße alle drei Tage in so einem Plastikeimer wegbringen muss. Dabei trifft man dann den anderen, den man vorher im Pelzmantel oder in der Superskiausrüstung gesehen hat, wie er auch seine 20 Liter Scheiße zum Ausguss trägt.

Und in Ihrem Stück tragen Sie 40 Jahre Performance-Kunst zum Ausguss?

Ich spiele gerne einen, der scheinbar im Wahn mit Fett und Filz oder Blut und Gedärmen zweckfrei tätig ist. Und ich kümmere mich dabei weder um Originalitätszwang noch um Publikumswirkung. Es geht immer auch um das Beschmutzen von vorgegebenen Ordnungen. Ohne dass diese Beschmutzung etwas ändern würde. Meine Mutter würde sagen, weil der Abend ja dann doch auch etwas mit Mohammed zu tun hat, die Flecken kriege ich nie wieder aus dem Perser raus. Trotz Ata. Irm Hermann schlägt die Hände über dem Kopf zusammen, um sich von diesem Dreck zu befreien. Aktionskunst und Installationen von Paul McCarthy oder Damien Hirst haben etwas mit solchen Reinigungsritualen zu tun. Hier wird etwas durch die penetrante Wiederholung abgenutzt. Auch das ist musikalisch. Historisch fängt es etwa 1920 an mit Musik von Varèse, das geht dann bis zu Penderecki und Stockhausen oder einem Schuhplattler von Otto Mühl, pure Psychomotorik. Wer den Raum der Kunst benutzen kann, wird so leicht kein Terrorist. Das ist meine feste Überzeugung, In den arabischen Staaten gibt es kein System moderner Kunst.

Haben Sie Angst vor einem drohenden Krieg?

Ich habe mir nicht umsonst ein Wohnmobil gekauft. Ein hilfloser Fluchtversuch. Wir treten alle in die Kirche der Angst ein.

Die Paranoia sitzt mir stets auf der Schulter

Anlass: »Atta Atta«

Mit Elke Heinemann
In: Galore / 2003
Berlin, 2003

Herr Schlingensief, vor ein paar Jahren waren Sie als Regisseur anarchischer Filme nur einem kleinen Szene-Publikum bekannt. Später sorgten Sie mit Bühnenspektakeln und Open-Air-Aktionen für Skandale mit gehobenem Unterhaltungswert. Ist Ihr ganzes Leben eine Art Realperformance?

Bei der Einschätzung dessen, was ich mache, gab es immer Missverständnisse – auch, weil sich die Leute die ganze Zeit selber darin gesucht haben. Ich denke mal, dass ich als Projektionsfläche ganz gut funktioniere. Man kann auf mich den Kleinbürger projizieren, man kann auf mich den Schwiegersohn projizieren, man kann auch sagen »Das ist ein Perverser, der manchmal ganz nett aussieht«. Man kann alles Mögliche, was man in sich selber hat, rauskramen und auf mich projizieren. Ich selber kann auf diese Art aber gar nicht denken. Wenn ich jemand kennenlerne, dann interessiert er mich oder er interessiert mich eben nicht.

Viele Menschen sind überzeugt, dass Ihre Aktionen reine Selbstdarstellungen sind.

Ich weiß. Stimmt aber nicht. Ich kann wirklich guten Gewissens sagen: Alles, was ich mache, ist immer ganz tief aus Überzeugung geboren. Bei meinen Filmen bin ich vielmehr so vorgegangen, dass ich geschrieben habe, im dunklen Zimmer, und dann irgendwann dachte: »Das müsste den Leuten doch unheimlich gut gefallen.« Es ist mir immer ehrlich vorgekommen.

Sie haben mal gesagt, Sie wollen nicht funktionieren. Ordnungsverstöße gehören zu Ihrem Konzept. Aber Gegner gehören ja auch zu jedem System. Funktionieren Sie nicht doch, wenn Sie etwa zur Tötung Helmut Kohls aufrufen?

Mit ›funktionieren‹ meine ich eigentlich ›funktionalisieren‹. Ich lasse mich nicht gerne funktionalisieren und ich funktionalisiere auch andere nicht. Genau das ist doch das Langweilige an unserer Politik, dass die Leute, die da mitmischen, eigentlich alle eins zu eins gleich sind. Und nichts ist schlimmer auf einer Bühne, als eins zu eins zu sein! In den Leuten, die durch unsere politische Landschaft stapfen, ist ja wirklich gar kein Leben mehr drin. Wenn da wenigstens welche wären, die mal die Schneise aufmachen würden zwischen dem, was sie erzählen, und dem, was sie tun – dazu gehört dann auch meinetwegen mal auszusprechen, dass man einen Pilz am Schwanz hat oder dass man ein anderes Mitglied des Bundestages total hasst. Nicht immer nur eine Floskel hinwerfen, sondern sagen »Sie würde ich am liebsten killen!«.

Das ist zum einen schwer vorstellbar und zum anderen stellt sich die Frage, was das denn bringen würde.

Warum sollte das nicht möglich sein? In der Familie geht es schließlich auch: »Ich bring' dich um!« oder »Ich hasse dich!«. Solche Sachen kommen vor. Wenn da mal einer aussprechen würde, dass sie selber mit der Arbeitslosigkeit absolut nicht klarkommen und dass es keine Lösung dafür gibt, wenn man wirklich darauf vertrauen könnte, dass es sich um Menschen handelt und nicht um Papiertiger, dann wäre das etwas Gutes. Und wenn man dieser Entwicklung einen Schub verpassen kann, indem man Indifferenz zum Thema macht und viele Missverständnisse damit erzeugt, dann sehe ich das eigentlich als belebenden Prozess.

Der allerdings etwas ziemlich Anarchistisches an sich hat.

Ja aber nicht im Sinne vom Anarcho, der sofort alle Regeln in Grund und Boden rammt. Ich glaube, dass es ein menschliches Bedürfnis ist, die Ordnung durch Unordnung hinterfragen zu wollen und sich dabei mal ganz kurz nicht auf Funktionalisierung einzulassen. Somit bin ich ein Funktionalisierter, der aber genau in dem Moment, in dem man ihn funktionalisiert, schon wieder entfunktionalisiert ist, weil das, was ich zur Verfügung stelle, eher eine Versuchsanordnung ist. Wie früher in der Jugend ein Chemiebaukasten oder die Fischer-Technik: Da kann man selber bauen, formen oder bohren.

Sind Sie wirklich der Ansicht, dass wir in einer Theaterinszenierung mit Helmut Kohl oder Gerhard Schröder als Intendanten leben?

Ja, aber wir sind eben mittlerweile alle Intendanten, das ist uns eben nur nicht bewusst. Wir sind nicht nur alle Helmut Kohl geworden, sondern wir sind auch alle, wie der Intendant, verantwortlich für den Saftladen. Wir würden uns aber gern hinter irgendeinem anderen Intendanten verstecken. Ist ja schön, dass wir endlich den Schröder nach vorn stellen können, der raucht auch große Zigarren, spricht nachher wie Willy Brandt und muss jetzt erst wieder die Scheiße aus dem Graben ziehen.

Unser grundlegendes Problem ist, dass wir nur die zwei Haltungen kennen: entweder die totale Vereinsamung oder gleich den Größenwahn. Wenn man das mal in anderen Ländern betrachtet, in Frankreich beispielsweise: Da fangen die Fluglotsen an zu streiken, dann machen die Busfahrer mit, U-Bahnen, LKW. Warum funktioniert das da? Bei uns geht keiner mehr auf die Straße. Es gibt sechs Millionen Arbeitslose, aber sie alle verschwinden irgendwo.

Sie wollen irritieren, demaskieren und entgrenzen. Sie inszenieren Umbruchsituationen, Kippmomente, in denen die alte Ordnung scheinbar gesprengt wird, ohne dass eine neue Ordnung zur Verfügung steht. Aber gibt es nicht hinter jeder Ordnung eine weitere Ordnung?

Ja, das ist so. Allein, weil wir alle wissen, dass wir irgendwann sterben müssen. Ich weiß ja heute schon, dass irgendwann Schluss ist. Aber trotzdem mache ich noch etwas. Das kann man übrigens den Skeptikern immer entgegenrufen, denen, die immer sagen »Na ja, weißte, also das haben wir ja damals schon mal gemacht«. Das meinten die 68er oder die 89er. Immer wenn es so aussieht, als könnte es mal knallen und als könnte wirklich alles anders werden, genau in dem Moment geht man dann doch wieder den Weg der Besinnung oder der Skepsis. Man zweifelt eben, ob es nicht doch wieder dort endet, wo es vorher mal angefangen hat.

Sie haben eine Einschaltquote von 400 000 Zuschauern mit Ihrer Anti-Talkshow TALK 2000 *erreicht, für Ihr Stück* ROCKY DUTSCHKE 68 *bekamen Sie einen wichtigen Hörfunkpreis und* CHANCE 2000 *wurde von Prominenten wie Alfred Biolek und Wolfgang Joop unterstützt, etc. Trotzdem sprechen Sie von Ihrem Selbstzerstörungsdrang. Misstrauen Sie Ihrem eigenen Erfolg?*

Ich kann am besten mit Kritik umgehen, nämlich gar nicht. Das heißt, ich brauche Kritik, weil ich mich dann auch wieder da befinde, wo ich wahrscheinlich immer latent glaube, zu sein. Ich sehe mich selber nicht unbedingt als jemand Liebenswertes. Wer mich verreißt, tut mir insofern einen Gefallen, dass ich dann nämlich wieder das Potenzial an Selbstzweifeln und auch Selbsthass in mir schüren kann. Die Paranoia sitzt mir stets auf der Schulter und schreit mir ins Ohr. Wenn mir einer sagt »Du siehst toll aus«, dann schreit sie: »Lügen, Arschloch, glaub' dem bitte nicht, glaub' dem nicht, du Arschloch.«

Können Sie sich erklären, woher das kommt?

Es gibt bei mir immer diese Harmoniesucht, also ich möchte gern, dass alles schön ist und so weiter. Und wenn es dann mal so ist, halte ich es nicht aus, dann muss ich weg. Also, wenn etwas funktioniert, dann muss ich sofort darüber schimpfen oder etwas daran kaputt machen. Ich habe eine Zeit gehabt, in der mein Selbsthass sehr stark ausgeprägt war, etwa ein ganzes Jahr lang. Erst seitdem ich ihn – noch nicht ganz, aber mehr und mehr – über Bord werfe und mir einfach eingestehe, dass bei dem, was ich tue, viele Fehler drin sind, scheine ich ehrlicher zu mir selbst zu sein. Und dieses Verhalten legen offenbar viele

Menschen an den Tag: Da sind so viele Leute, die sehr wohl wissen, dass das, was sie bisher gemacht haben, nicht unbedingt sinnvoll war. Und dass es auch eigentlich nichts mit ihnen zu tun hatte.

Wie meinen Sie das?

Ich meine das, was die ganzen Politiker verschweigen: Bei sechs Millionen Arbeitslosen gibt es doch mindestens drei Millionen, die auch mit einer neuen Arbeit nicht mehr an dem System teilnehmen würden. Die haben Abschied genommen von Deutschland, obwohl sie noch hier sind. Und die starren uns an wie auf einer Bühne, die sehen das Leben der anderen als Inszenierung.

Wir verdanken Ihnen eine sprachliche Neuerung: Der Studentenstreik in Berlin, hieß es kürzlich, sei ›verschlingensieft‹. Das heißt, er ist spaßig, aktionistisch, provokativ, aber inhaltsleer. Sich nicht festlegen, flexibel, ideenreich und medienwirksam sein, lautet die Devise. Könnte man dem hinzufügen, dass es hier wie dort ein Unbehagen gibt, das zwar weiß, was es nicht will, aber nicht weiß, was es will?

Also, wenn man weiß, was man will, dann soll man's auch tun. Und da sind ja so viele, die das wissen, und die tun ja auch – und wie man sieht, ist es nicht besonders gut. Ich kann nur sagen, der einzige Inhalt ist das Leben, und wenn das den Leuten nicht genügt, dann sollen sie sich auf den Mond schießen lassen oder gleich in die Erde, ab dafür. Vor einiger Zeit wurde eine Supernova entdeckt, die vor 230 Milliarden Jahren explodiert ist. Und die ist jetzt zu sehen. Das sind die Zeiteinheiten, in denen wir mal anfangen müssen zu denken. Das bedeutet nämlich, dass man das, was wir heute tun, vielleicht in 230 Milliarden Jahren noch sehen kann. Und das ist ein sehr beruhigendes Gefühl, finde ich.

Trotzdem greifen Sie ja auf kürzere Zeiträume der Geschichte zurück. Es heißt, Sie seien an der deutschen Vergangenheit erkrankt, an Hitler, 1968, der Wiedervereinigung. Warum beschwören Sie die Geister der Vergangenheit?

Also, bei Hitler ist ja nun wirklich interessant, unter welchem Vorzeichen das alles gelaufen ist. So nach dem Motto: »Wir sind schon etwas, wir werden noch mehr, jetzt geht's los, und alle machen mit«. Irgendwann hockte er dann im Führerbunker, und es war die letzte Stunde vom Größten, was man sich je vorgestellt hatte. Da muss man sich doch einfach mal die Frage stellen: Wann fällt einem etwas in den Schoß, ab wann ist es tatsächlich real, warum muss man immer so tun, als hätte man für andere eine Lösung parat, wer inszeniert da wen? Die gleiche Folie funktioniert ja auch für den Untergang der Titanic oder das Challenger-Unglück. Dieses Momentum. Das ist das Allergrößte, jetzt kommt's, das wird der Hammer – wenn das dann wieder zerstört wird, wenn da die letzte Sekunde schlägt, dann ist der Punkt erreicht, der mich am meisten interessiert. Dass das Probleme gibt, ist nicht weiter verwunderlich: Man wird angegriffen, weil das unglaublich beschissene Momente sind.

Sie haben gesagt, dass Sie gern die ›Tagesschau‹ moderieren würden Wie könnten denn Ihre News aussehen?

Also, wenn Leo Kirch es doch noch schafft, mit seinem Digitalfernsehen weiterzukommen, und nicht nur die alten Filme versendet, dann könnte man ja wenigstens mal 50 Kameras inklusive Teams nehmen, die man nach dem Zufallsprinzip in Intercitys oder ICEs oder in Flugzeugen oder in Krisengebieten einfach durchlaufen lässt. Vielleicht gibt's dann ja immer mal wieder Aufnahmen, wo das Fernsehen wirklich live dabei ist bei einer Katastrophe. Das ehrlichste Bild, was ich gesehen habe – es ist nicht gerade das schönste, aber es ist das ehrlichste –, das war an dem Abend, als dieser ICE-Unfall war. Da habe ich nach einer Lesung in Köln noch Fernsehen geguckt bis morgens vier, und man sah auf N-TV diese Berichte, die endlos wiederholt wurden. Im Hintergrund waren zerstörte Dinge und Chaos, vorne Leute, die elegant für N-TV Nachrichten machen wollten. Die haben aufgrund dieser Katastrophe, mit der man nicht mehr umgehen konnte, weil einen das echt getroffen hat, ein totales Durcheinander geredet. »Sie haben das Geräusch gehört?« – »Ja, ich habe das Geräusch gehört.« – »Was haben Sie dann gemacht?« – »Ja, da habe ich sofort meinen Camcorder genommen und mein Funktelefon und bin dahin gerast.« – »Ja, und was haben Sie dann gemacht?« – »Ich habe einen Artikel geschrieben, ich bin aber eigentlich im Urlaub.« Es war eine völlige Asynchronität, und untendrunter liefen die ganze Zeit die Börsenkurse durch. Da hätten jetzt bloß noch Bundesbahn-Aktien eingeblendet müssen, weil sich leider herausgestellt hat, dass da Geld investiert werden muss, damit so etwas nicht so schnell wieder vorkommt. Bei so einem Anlass, da kriege ich richtig Hass und Mordgelüste. Aber andererseits bin ich trotzdem dafür, dass man solche Bilder zeigen sollte. Weil man dann immer noch weiß, wo man ist, und somit auch, wo man nicht mehr sein will.

Vom Untergrundkünstler zum Kult-Regisseur – Sie lieben die Geschwindigkeit. Könnte es sein, dass Sie bald wieder in Vergessenheit geraten?

Da habe ich gar keine Bedenken. Ich mache seit 1984 Filme, und da kamen dann eben KETTENSÄGEN und solche Sachen raus, wo ein unheimlicher Wind drum gemacht wurde – aber man wäre ja blöd, wenn man nicht wüsste, dass unser System eben auch so aufgebaut ist. CHANCE 2000 hat sicher auch Wurzeln in dem, was ich früher gemacht habe, kann aber auch ohne mich funktionieren. Ich merke, dass ich älter werde.

Es gibt diesen Satz: »Es kommt eine Zeit, da lässt man die Sachen auch gern an sich vorüberziehen«, und so ein Gefühl habe ich manchmal. Sicher, da und hier und im Moment ist man begehrt und darf Leute kennenlernen, die man normalerweise nicht kennenlernt. Aber ich wäre auch irgendwo auf dem Bauernhof zufrieden, wo es schneit und nach Holz riecht. Nur ein Internetanschluss müsste schon dort sein.

Woran würden Sie dann arbeiten?

Die Berichterstatter- und Projektionsebenen sind unwahrscheinlich groß. Ich habe erst angefangen, sie zu entdecken, aber es gibt so wahnsinnig viele neue Sachen, dass ich sicher nicht schon bald sagen werde: »Ich hab's, das ist es jetzt, Leute, danach kommt nichts mehr«. Es wird weiterhin Versuchsanordnungen geben und auch einen neuen Film. Dieses Arbeiten an unterschiedlichen Sujets, die sich dann doch wieder aufeinander beziehen, das ist etwas Neues. Es ist anstrengend für einen selber, aber es macht Spaß. Ich habe früher meine Super-8-Filme immer, weil ich noch keinen Tonprojektor hatte, auf den Fernseher projiziert, das Bild weggemacht und den Ton laufen lassen. Somit hatte mein Super-8-Film plötzlich Ton und Musik. Bei »Dallas« klappte es supergut, und dann hatte alles eine ganz andere Handlung. Man muss auch mal im falschen Stück zu Gast sein. Darin bin ich, glaube ich, ziemlich gut.

Haben Sie nicht mal das Bedürfnis, ganz privat zu sein?

Das wächst, ja, doch. Ich arbeite sehr gerne, gehe spät ins Bett und schlafe auch im Moment nicht viel. Wenn dann aber das Wochenende kommt, ist auch mal zwei Tage wirklich nichts, dann wird alles abgestellt oder man fährt weg. Das konnte ich früher nicht. Trotzdem kriege ich an jedem Urlaubsort nach fünf Tagen einen Rappel, dann muss ich schon wieder irgendwo anders hin. Wenn meine Freundin mitfährt, ist das dann ziemlich nervig für sie.

Wir erlösen uns selbst

12 Glaubensfragen

Anlass: »Wagner-Rallye«, Ruhrfestspiele
Mit Andreas Wilink
In: Bühne-K West, Mai 2004
Recklinghausen, 2004

Christoph = Christophorus ist in der Antike Atlas, ein Lastenträger. Spüren Sie auf Ihren Schultern ebenfalls das Gewicht der Welt?

Auf meinen Schultern trage ich das Gewicht meiner Welt. Das ist schon Aufgabe genug. So messianisch bin ich nicht veranlagt, dass ich mir die Welt im Ganzen auflade. So stabil ist kein Kreuz, kein menschliches, kein katholisches, und die trage ich beide mit mir rum.

Was bedeutet messianisch für Sie?

Messianisch hat immer eine übermenschliche Komponente, damit automatisch aber immer auch etwas Unmenschliches. Es gibt den selbst ernannten Messias – Kanzler Gerhard, Gottschalk, Bush oder sein irakischer Ex-Amtskollege –, der sich permanent die Erlösermaske vor das Gesicht hält, damit sein wahres Ich nicht erkannt wird. Da ist Messiastum eine Marktstrategie. Vom wahren Messias muss man wenigstens einen adäquaten Tod verlangen dürfen, der ihn auf den Boden des Menschseins zurückholt, so wie Jesus oder Gandhi. Oder er darf von seiner messianischen Begabung selbst nichts wissen und stolpert ganz ungewollt von einer Erlösung zur nächsten. Das ist Parsifal.

Was liegt Ihnen näher: das katholische Wien, das protestantische Berlin, das calvinistische Zürich oder das in dieser Hinsicht nicht so genau zu verortende Oberhausen?

Jeder Ort hat sein eigenes Kraftfeld, das habe ich nicht zuletzt auch in Bayreuth festgestellt. Jedes Kraftfeld fordert aber auch seinen Tribut. Das katholische Wien müsste mir von Hause aus am ehesten liegen. Nach den Proben zu Jelineks »Bambiland« und der Premiere im Dezember war ich aber heilfroh, da auch mal wieder rauszukommen. Berlin oder Oberhausen, wo ich anschließend mit meinen Eltern Weihnachten gefeiert habe, kommen mir dann schon so vor wie ein anderer Planet, wo wieder andere Ressourcen vorhanden sind. Zürich ist trotz der jüngsten Ungereimtheiten immer interessant. So wie ganz Wien mitunter den Eindruck erweckt, eine große Bühne zu sein, ist gerade das aufgeklärte Zürich ein Ort der unglaublichsten Mauscheleien und Selbstinszenierungen. Alles liegt einem nahe und ist dann wieder fern.

Wie müsste heute – angesichts von Schröder, Clement und der New School of Economy in der SPD – eine Mai-Kundgebung als weltliche Form der Prozession aussehen?

Womöglich so, wie sie sowieso schon aussieht. Staatstragende Politiker und Gewerkschaftler reichen sich die Hand, die sie eigentlich lieber zur Faust ballen möchten, um dem anderen aufs Maul zu hauen. Die tanzen um den sozialistischen Rosenstrauch, beschwören alte Ideale und nennen sich

»Genossen«, hassen sich dabei aber wie die Pest. Da wird eine Nähe zum Volk simuliert, zum Erdboden, die es gar nicht mehr gibt. Im Mittelalter nannte man das Ketzerei und die entsprechenden Damen und Herren wurden verbrannt – so weit mein Vorschlag für eine alternative Mai-Kundgebung.

Würden Sie das alte Ruhrfestspiel-Motto »Kunst gegen Kohle« heute vielleicht als profanisierte Form der »Wandlung« verstehen, wie sie die Eucharistie kennt?

Eine Profanisierung im Sinne einer Rückbesinnung auf das Wesentliche könnte derzeit nicht schaden. Die Überinterpretation in Ihrer Frage steht allerdings genau für die Zu-Tode-Stilisierung und Ewig-Analyse von Kunst, wie sie gern betrieben wird, um sich den Anstrich des Durchblicks und der Lösung zu geben, die sich immer und überall für alles und jeden finden ließe. Da tun sich Kunst, Kirche, Kanzler & Co. nicht viel, sie spielen alle mit einem Wissen, das sie nicht haben.

Der grüne Hügel in Bayreuth und der in Recklinghausen – sind es »Montsalvats«, also Heilige Berge, für Sie – und wie lassen sie sich bezwingen?

Beides sind ebenfalls Kraftfelder. Die Bayreuther Version ist sicherlich wesentlich hermetischer und dadurch auch aufgeladener als die Recklinghauser Ausgabe. Aber beides hat seine Höhen, seine Gipfel, damit zwangsläufig auch seine Täler. Eigentlich gilt es, die Täler zu bezwingen, auf die Gipfel zieht es einen sowieso. Gegen die Gefahr, den Bodenkontakt zu verlieren, hilft die Sauerstoffmaske. Man kann sie sich zeitweise auch mal abreißen, damit man in der Höhenluft in einen Rausch gerät.

Wie wird die Musik des Kunst-Heilers Richard Wagner auf der Ruhrpott-Rallye als einer modernen Variante des Pilgerwegs eingesetzt – dient sie der Läuterung, ist sie ein Elixier des Vergessens oder was?

Wenn die Ruhrfestspiele, in deren Rahmen die Wagner-Rallye stattfinden wird, sich schon als Gegenentwurf zu Bayreuth verstehen wollen, dann richtig. In Bayreuth wird das Gesamtkunstwerk Wagner zentralisiert, im Festspielhaus zusammengefasst und auf die Bühne gebracht. Da pilgern Wagnerianer und solche, die es werden wollen, aus aller Welt zum Grünen Hügel, und wenn sie davorstehen, kriegen sie in aller Regel keine Karten mehr. Stoiber oder Gottschalk sind ja auch nicht bereit, ihre jährlich hart erkämpften Karten auf dem Schwarzmarkt umzusetzen, die scheinen das entgegen aller Erwartungen nicht nötig zu haben. Wagner im Ruhrgebiet führt genau in die andere Richtung: Dasselbe grandiose Werk startet von sich aus durch und beschallt das gesamte Ruhrgebiet. Wir haben verschiedene Werke in ihre einzelnen Instrumente zerlegt und verteilen sie auf Lautsprecher, die auf den Dächern der teilnehmenden Rallye-Autos installiert sind. So gehen Parsifal oder Tannhäuser gemeinsam an den Start, zerstreuen sich anschließend über den Pott, über Essen oder Bottrop, und kommen im Ziel wieder zusammen. In Bayreuth bündeln sich alljährlich Wagners Themen, die Liebe, das Leiden, der Schmerz, von Recklinghausen aus strahlen Liebe, Leid und Schmerz in eine ganze Region aus. Darin liegt Wagners Erlösung und das Erlösende seiner Musik: nämlich die Menschen an die Kraft der Selbsterlösung zu erinnern und nicht auf den Messias zu warten, den viele alljährlich in Bayreuth zu sehen hoffen.

Sind Sie bei der Gralssuche näher an Syberberg oder eher bei Spielberg?

Ich habe mich seit der Einladung vom Bayreuther Festspielhaus so intensiv mit dem Parsifal-Stoff und darüber hinaus mit Wagner befasst, dass ich ganz unvermessen sagen darf, dass ich mittlerweile ganz nah bei mir selbst bin. Das wird manchem in Bayreuth nicht gefallen und es wird insbesondere jene enttäuschen, die ihre Kritiken schon jetzt fertig in der Schublade liegen haben: »Schlingensief schafft keinen Skandal in Bayreuth«, »Keine Provokation am Grünen Hügel« oder so ähnlich ... Ich werde »Parsifal« so zeigen, wie ich ihn verstehe oder, um es komplizierter zu machen, wie ich glaube, dass Wagner ihn angelegt hat. Ich bin überzeugt, dass gerade »Parsifal« über Schichten verfügt, die noch nicht offengelegt worden sind. Insofern ist meine Arbeit am »Parsifal« auch eine Art Archäologie.

Die mythologische Figur des Parsifal als des reinen Toren, der in den Kreis kultischer Riten tritt, müsste Sie interessieren. Erschrickt Sie die Wirkung und Wirksamkeit von Voodoo-Zauber, den Sie selber schon betrieben haben – und der Folgen hatte?

Von der alles umfassenden Bestimmung kann ich nicht sprechen, die Vorsehung ist ein Instrument der Politik. Aber ich glaube an Schicksal, an eine übergeordnete Kraft und an Parallelwelten. Und als Katholik glaube ich natürlich an ein Leben nach dem Tod, genauso sehr wie an eines vor dem Tod.

Ist ein Problem mit Wagners Erlösung im Kontext des historisch kontaminierten Bayreuths das Menetekel der Endlösung?

Meine Auseinandersetzung mit Wagner hat mich zu dem Schluss geführt, dass er einen ähnlichen Missbrauch erfahren hat wie sein später Kontrahent Nietzsche. Allein dass diese beiden Genies, die unterschiedlicher ja kaum sein können, plötzlich unter dem Deckmantel eines Tausendjährigen Reiches für die gleichen menschenverachtenden, rassistischen und nationalistischen Ideale ausgeweidet wurden, zeigt die ganze Abstrusität. Wagner war ein früher Kosmopolit. Sein Umgang mit dem Erlösungsbegriff ist weitaus verantwortungsvoller, als ihn andere gepflegt haben und immer noch pflegen – in der Kunst genauso wie in der Politik und der Wirtschaft.

•

Ich gebe Ihnen einen Spruch von Angelus Silesius vor und Sie assoziieren bitte: »Blüh auf gefrorner Christ, / der Mai ist vor der Tür. / Du bleibest ewig tot, / Blühst Du nicht jetzt und hier.«

Was soll ich damit assoziieren? Ob Sommer oder nicht. Sicher ist, dass kein noch so aufgetauter Christ zur Premiere in Bayreuth am 25. Juli so schwitzen wird wie ich. »Du darfst nicht schreien zu Gott! – … soll Gott in dich und du in Gott erfließen …« …

Eule und Ratte

Anlass: »Attabambi-Pornoland«
Mit Alexander Kluge (Moderation: Mathias Forster)
In: Vogue Mai 2004
Zürich, 2004

Bilder sind ja eine Sprache. Die äußert sich immer, auch beim Denken, Sprechen und Schreiben. Das Einzige, was mir beim Schreiben fehlt, ist die Musik. Deshalb bin ich übrigens zum Film gekommen: weil er ähnlich funktioniert wie sie. Ohne Schreiben könnte es gehen. Ohne Musik wäre das Leben ein Irrtum.

Ja. In dem Liebesunglück, das ich gerade ein bisschen mit mir herumschleppe, spüre ich mehr die Liebe als das Unglück. Und es ist Musik, die mir dieses Gefühl schenkt.

Innere Musik – oder wenn Sie eine hören?

Wenn ich eine höre und sie meine Kruste sprengt, verwandelt sich meine Traurigkeit fast schon in ein Glück.

Musik macht glücklich ohne Sinn. Es lässt sich nicht genau sagen, warum man bewegt wird durch Musik. Da fließt etwas, ja?

Also erst die Musik, dann die Sprache.

Erst kommen die Wale, die Delfine und die Vögel, dann unsere Vorfahren, wie sie singen. Später beginnen sie zu sprechen, es entsteht eine Grammatik – und ganz zum Schluss wird noch eine Logik draufgesetzt …

Die ist auch nichts Schlechtes, doch bleiben wir beim Glück. Bei dieser Millisekunde, wo Raum und Zeit und ich eins miteinander sind. Wo der Körper einfach sagt: »Ich öffne mich jetzt mit allen meinen Poren.« Da fließt ebenfalls etwas, nicht?

Das Glück ist, glaube ich, sehr alt. Ein Schatz, den wir mit uns tragen und den man immer wieder ausgraben muss …

Den man auch verteidigen muss. Andere wollen ihn beschädigen, zumindest irgendwie verwalten. Die wollen den Raum- und Zeitfluss, der uns durchdringt, kanalisieren nach dem Motto: »Das muss Sinn und Zweck haben, sonst taugt's ja nichts«. Was kann man tun, um nicht vom funktionalistischen Wahn dieser Leute permanent belästigt und beschnitten zu werden?

Wo Luft abgeschnürt, wo Energie geraubt wird, muss man sich wehren. Sie haben doch zum Beispiel eine CHURCH OF FEAR *begründet und bei der letzten* Biennale *in Venedig sogar aufgestellt. Damit wehren Sie sich dagegen, dass man Ihre Ängste verwalten will. Sie sagen: »Die sind mein Privateigentum!« Und alle, die genauso denken, sollen sich in der Angstkirche versammeln und gemeinsam gegen die Ausbeutung ihrer Ängste wehren, ja?*

Ja, unsere Ängste gehören uns, die sind eine Voraussetzung dafür, überhaupt so etwas wie Glück empfinden zu können. Ich entdecke es selbst in Momenten, wo ich einer schon immer in mir wohnenden Trauer begegne. Es kann sogar ein Glück sein, den Tod in sich zu entdecken. Wie einen nie polierten, nie bewunderten Teil des Schatzes, von dem Sie gesprochen haben, der mir sagt: »Hallo, ich bin ebenfalls ein Bestandteil von dir.« Und natürlich würden wir alle gern die Liebe finden, die uns sagt: »Ich gehöre zu dir.«

Nehmen wir an, jemand hat sich verliebt und meint: »Ich bin ganz glücklich durch dich.« Dem anderen, der ihn nicht wiederliebt, geht das jedoch auf den Nerv. Ist das trotzdem ein Glücksfall?

Es kommt darauf an, was sich im Kopf des Liebenden abspielt – falls die Bilder schön sind, ist es Glück. Schöner ist Glück aber stets, wenn es auch gelebt wird, nicht? Den meisten ist das vertraute Unglück näher als das unvertraute Glück. Man muss es eben wagen. Selbst wenn das in einem neuen vertrauten Unglück enden könnte.

Manche Menschen leben aber zehn Jahre miteinander nebeneinander und plötzlich merken sie: »Wir lieben uns ja.« Diese Überraschung! Das ist Glück …

Eines seiner Urelemente, stimmt: das Unvorhersehbare. Das ist, denke ich, was Sie in Ihrem neuen Buch *Die Lücke, die der Teufel lässt* mit der »Lücke« meinen – wobei der Teufel nicht böse ist, sondern eine Art Lebensberater. Statt die Lücke als Elixier zu begreifen, hat man Angst vor ihr: »Die muss ich jetzt auch noch füllen, damit ich dann endlich betonmäßig stabil rumstehen kann.« Die Lücke ist der Systemfehler: Wenn Löcher in der Wand sind, stellt man beim Architekten Regressforderungen, statt sie als Chance zu begreifen. Manchmal kann ein Loch in der Wand gut sein, um ein Buch reinzustellen. Oder um durchzugucken. Wenn sich

Feinde von hinten deinem Haus nähern, ist es von Vorteil, ein Loch in der Wand zu haben, nicht? Dann weiß man, ob sie bereits im Garten stehen …

Sie sind ja jemand, der ungeheure Mengen von Durcheinander organisieren kann, ein brillanter Dekonstrukteur, der das Theater durcheinanderwirbelt und ganze Städte. Sie bestellen einen Esel, und anschließend erklären Sie: »Den Esel, der da angeliefert wurde, möchte ich gar nicht. Ich will jetzt lieber ein Bambi«. So proben Sie, wie ein zweijähriges Kind, das zu spielen beginnt.

Ja, genau.

Und Porno zeigen Sie erst gar nicht in ATTABAMBI-PORNOLAND, *ja? Sondern Sie zeigen Innenansichten von Schweinen, wie man sie in Schlachthöfen sehen kann …*

Ja, durch die Dekonstruktion entsteht etwas Authentisches. Der Bauklotzturm wird umgehauen, dann kann Neues wachsen, vielleicht, eine Brücke …

Die ist sowieso besser als der Turm, ja? Vor Jahren haben Sie eine Brücke zu den Hereros geschlagen …

Es gibt nicht mehr viele. Die meisten wurden vor hundert Jahren von den deutschen Kolonialtruppen massakriert.

Ich habe im Fernsehen verfolgt, was Sie gemacht haben: »Die Wüste lebt« hieß die Sendung, Sie sind mit Lastern, auf denen Lautsprecher befestigt waren, durch Namibia gefahren und haben das Land mit Wagner-Musik beschallt. Und jetzt gehen Sie nach Bayreuth. Wie kam das eigentlich?

Familie Wagner fand, ich sei ein sehr netter Mann.

Das wird schwer für Sie: ein Stück mit Musikern, die nicht aufhören zu spielen. Wie kann man da inszenieren?

Es gibt viele Experten im Moment, die es gut mit mir meinen und sagen: »Was für eine Verantwortung! Sie sind 43, den Parsifal kann man doch erst mit 60 machen!« Ich habe aber keine Angst vor der Musik, denn sie trägt mich auch. Seit einem Monat nehme ich Klavierstunden, übe das Vorspiel …

Oh Gott, dann erleben wir Sie in Bayreuth am Klavier, ja?

Eher auf dem Klavier. Ich denke, da liege ich dann drauf in einem Garten …

Das ist sehr schön. Können Sie bitte etwas für den Schwan tun? Mir tut er leid, wenn er angeschossen wird. Und dann der Untergang von Klingsors Reich im zweiten Akt; das ist so traurig, wenn der wundervolle Zauberladen kaputtgeht. Oder?

Ja, furchtbar, mal sehen. Es gibt einige Leute, die es mir schwer machen wollen. Die funken mir etwa in meine Vorstellungen vom Bühnenbild hinein, indem sie behaupten: »Das geht nicht, dann hört man ja den Höhenchor nicht mehr.« Was weiß ich vom Höhenchor? Ich lerne doch noch. Wahrscheinlich wird bei der Premiere getobt werden, und nicht nur aus Begeisterung, Wagner selbst hat sich gar nicht so wichtig genommen, das muss man den Wagnerianern mal sagen. Ich war in seiner »Villa Wahnfried«, blätterte in Büchern und fand folgende Stelle: »Ich habe heute den ›Parsifal‹ vollendet und drei Hunden das Leben gerettet. Mag die Nachwelt entscheiden, was wichtiger war.«

Wie schön!

Da kam mir die arme Laika in den Sinn.

Das ist furchtbar, dass man diesen wundervollen sibirischen Straßenköter ohne schmerzstillende Mittel ins All geschossen hat. Elend ist er umgekommen, das widerlegt die ganze Raumfahrt, finde ich. Aber der »Parsifal« widerlegt nicht die Oper. Im Gegenteil. Der ist ungemein zeitgemäß. Da hat sich eine Ritterrunde zur Rettung der Welt an einem runden Tisch versammelt. Wie die Bush-Administration bei ihren Kriegsplanungen.

Ja, die Gralsritter sind auch dauernd losmarschiert, um irgendjemand oder irgendetwas zu erlösen – meist haben sie allerdings nur ihre Familien von sich selbst erlöst.

Schlingen wir den Faden wieder nach vorn, ja? Im »Parsifal« geht es um Erlösung, doch die verbinde ich nicht mit dem Glück. So wenig, wie ich das Glück mit der Arbeit verknüpfen kann. »Jeder ist seines Glückes Schmied«, so ein Unsinn! Wenn ich anfange zu werkeln, geht das Glück verloren. Wollen sich etwa zwei Menschen zusammenschmieden, habe ich entsetzliche Bilder vor Augen; wie sie sich schwitzend vor Anstrengung und Hitze mit Lötbrennern zunieten. Wie schön ist hingegen das Bild aus der griechischen Mythologie von den Liebenden, die selbst nach ihrem Tod nicht aufhörten, miteinander zu verwachsen, als zwei Bäume, die sich mehr und mehr umschlingen. Sie hatten sich ihr Glück verdient: nicht durch ihr Suchen – durch ihr Finden.

Ja, der Schatz muss uns finden. Man kann auch einfach mal Glück *haben*. Bei Ihnen ist doch im Krieg mal in wenigen Metern Entfernung eine Fliegerbombe eingeschlagen, nicht?

Das war so eine Abweichung, wie ich sie liebe, eine lebensentscheidende Lücke. Ein Buch, ein Theater- oder Musikstück berührt uns, wenn es einen unerwarteten Gang nimmt. Wissen wir, wie es endet, lesen wir nicht weiter oder schalten ab.

Deshalb macht Reisen so glücklich – wenn man unerwartete Wege geht.

Selbst wenn nicht, ist es bei mir stets mit einem ganz bestimmten Glücksmoment verbunden. Ich verreise, ziehe meine Seele wie eine störrische Eselin hinter mir her, bin bereits mit dem Flugzeug gelandet, und sie folgt erst morgen Mittag. Die Wiedervereinigung der Seele mit dem Körper ist immer etwas Wundervolles. Manchmal ist es gar nicht meine eigene Seele, die nachkommt, sondern die meiner Geliebten. Das ist besonders schön.

Und falls zwei hereinwollen? Wenn man eine neue Seele berührt hat, und gleichzeitig steht die alte Seele vor der Tür? Die steht da, kann aber nicht rein, weil sie fühlt, was drin vorgeht – und der da drin mitsamt seiner neuen Seele quält sich, weil er spürt, was vor der Tür vorgeht. Das ist jetzt ein Moment, in dem ich heulen könnte …

Die Zerrissenheit ist der Gegenpol des Glücks. Also wenn die beiden Seelen sich gegenseitig bezetern und zerfetzen, ist das ein sehr starkes Unglück. Was macht man dann?

Man entzieht sich, fürchte ich.

Lassen sich die beiden Seelen nicht versöhnen?

Man kann versuchen, beide zu lieben, jede auf ihre Art. Die eine Seele verkörpert vielleicht eher das Heimatgefühl von

Glück: gegenseitiges Verständnis, gemeinsame Sprache. Die andere ist das Überraschende des Glücks: die Verführung, die Herausforderung. Die erste sagt: »Du willst doch die Ruhe«, die zweite sagt: »Du willst doch die Ekstase.«

Die Griechen hatten einen Glücksgott: Kairos, das ist der rechte Zeitpunkt. Der hat so einen Schopf wie Sie.

Ich allerdings nicht sein Gespür für gutes Timing.

Ich merke schon, dass wir nichts Abstraktes besprechen.

Ich bin monogam, doch plötzlich entzünde ich mich für jemanden. Und jetzt beginnt das Spiel: Ist das jetzt das Glück? Zu spüren, wie alles zusammenfließt, kein Dramaturg, kein Intendant, kein Souffleur ist da und sagt: »Du musst jetzt das und das machen!« Dafür mahnt eine Stimme aus dem Hintergrund: »Zerstörst du nicht gerade etwas sehr Schönes? Nur die Stabilität deiner Beziehung hat dir doch den Ausbruch ermöglicht.« Aber das neue Glück drängt nach vorn wie ein Rausch.

Wenn die alte Seele wirklich liebt, muss sie doch lieben, was den Liebsten betrifft, ja? Dreiecksverhältnisse sind der Testfall für die Frage: »Kann man überhaupt glücklich werden?« Es gibt Sterne, die umkreisen einander zu dritt, sind dabei ständig instabil und gleichzeitig von bewundernswerter Schönheit.

Letztes Silvester zog ich mich auf meine eigene Seele zurück. Um sieben Uhr abends habe ich die »Matthäuspassion« aufgelegt und losgeheult. Dann hörte ich mir das Endzeit-Blabla im Radio an: »Noch fünf Minuten bis zum Urknall.« Der kam dann wirklich: Berlin sprengte sich in

Berlin in die Luft. Ich glaube, viele Leute haben das Bedürfnis, den Terrorakt, zumindest akustisch und visuell, einmal für sich in Anspruch zu nehmen. Es wurde noch nie so viel geballert in Berlin, und in Frankfurt fuhren die Zuhälter mit Pistolen durch die Straßen und schossen mit richtigen Kugeln in die Luft. Da stand ich am Fenster, habe wieder die »Matthäuspassion« aufgelegt. Tränenüberströmt und mit Gänsehaut blickte ich hinunter auf die Straßen mit der gleichen Ohnmacht, die mich während des Irakkriegs drei Wochen lang ans Bett gefesselt hatte.

Die Atomvorräte in Russland sind schlecht bewacht. Die Konflikte im Nahen und Mittleren Osten eskalieren. Und was die Neokonservativen im Weißen Haus als Fernperspektive für 2040 ersinnen, darf man nicht zu ahnen wagen. Das sind sozusagen die Fakten, die getrennt marschieren und einschlagen können.

Und wenn sie danebengehen wie ihre Bombe, ist es das Glück, das man hat – nicht jenes, das man empfindet.

Bei der Wahrnehmung der Wirklichkeit habe ich immer seltener das Gefühl eines Originaltons und eines Originalbilds. Sie ist wie ein schlechtes Theaterstück gebaut, wo alles durcheinandergerät, die Darsteller ihre Texte nicht können …

… wo mehrere Stücke gleichzeitig laufen und der Regisseur völlig betrunken ist.

Die schärfste Ideologie, die ich kenne, ist die Anmaßung der Wirklichkeit: dass sie behauptet, sie sei besonders wirklich. Der 11. September etwa hat einen tiefen Riss hinterlassen, weil eine für die Regierungszwecke passende Wirklichkeit nicht vorhanden war. Deswegen muss man einen Feind suchen, auf den die Armeen und die Flotten passen. Dadurch wird die Wirklichkeit wiederhergestellt, ja? Ich glaube allerdings, dass nicht nur Politiker, sondern wir alle so eine innere Brille tragen, die dafür sorgen möchte, dass morgen alles noch an derselben Stelle steht. Dieser Schematismus des Kopfs, der sich in einem übersteigerten Sicherheitsbedürfnis ausdrückt, erzeugt die unsichere Wirklichkeit, wie sie nun einmal ist. Dagegen rührt sich Widerstand – im Theater, in Büchern und Filmen. Wenigstens hier und dort versucht man die Ideologie der Wirklichkeit zu unterlaufen.

Ja. Das ist sehr schön …

Wenn einer sagt: »Die Wirklichkeit ist wirklich«, sagen wir: »Sie ist nicht wirklich«. Wenn einer sagt: »Die Wirklichkeit ist unwirklich«, sagen wir: »Nein, sie ist wirklich«.

Das schafft Unruhe, aber die ist im Grunde das Lebendige. Sie macht die Materie aus und alle Lebewesen, nicht?

Walter Benjamin hat die Poeten und Philosophen mit Fledermäusen verglichen; sie sausen und surren wie die Wilden, das Echo kommt von der Wand zurück, dadurch können sie mit den Ohren sehen. Marx sah sich als Maulwurf. Welches Tier sind Sie?

Ich hatte mal irgendwann die Ratte für mich entdeckt … das ist mein chinesisches Sternzeichen.

Ein sehr segensreiches, intelligentes, reines Tier!

Als Ratte kann man irgendetwas aufräumen oder fressen, was andere auf den Müll geworfen haben. Und Ihr Tier?

Ich gehöre ja als Hilfsgärtner zur kritischen Theorie. Also darf ich dieselbe Tiergestalt annehmen wie Benjamin, ja?

Fledermaus? Ich hätte Eule gesagt.

Das hätte ich als Kompliment empfunden, das ist wie eine Beförderung: klug, schön, aufmerksam … Aber wie würden Sie gern angesprochen werden als Geliebter? Liebste Ratte …?

Als Geliebter besser nicht, nein. Eher als Löwe: Die beißen in den Nacken – und das tu ich auch unheimlich gern. Hm. Ich finde, das ist eine der zärtlichsten Sachen …

Und Ihre Liebste? Was ist die?

Eine Killertigerin? Nein, Unsinn. Sie ist schon anstrengend, besitzt aber eine unglaubliche Wärme …

Öfchen …?

Nein! Ich denke, wir reden über Tiere? Sie ist irgendein pelzartiges, wärmendes Tier.

Glück ist »Erfahrung machen«, ja? Also zum Beispiel mal mit der Straßenkarte von Groß-London den Harz durchwandern, da rennt man unter Umständen gegen einen Baum, doch das ist eine unmittelbare Erfahrung. Und die Unmittelbarkeit im Leben bietet das größte Glückspotenzial. Etwa wenn plötzlich alle Familienmitglieder wie die Tauben einfliegen. Oder aus der Spitze meines Bleistifts eine neue Geschichte kommt …

Das ist mit das Tollste, wie das Glück einer Geburt.

In der Antike kannten die Griechen 27 Begriffe für das Glück. So wie die Inuit etliche Ausdrücke für Schnee gebrauchen, alle mit einer anderen Qualität. Wir haben leider nur ein Wort für das Glück und nur eins für die

Liebe. Ich glaube, dass wir abweichen müssten von dem Wort »glücklich«, das viel zu allgemein und abstrakt ist. Wie wäre es mit »lebendig«? Etwas, das lebendig ist, beginnt uns zu interessieren, ja? Alle Kunstmittel – ob man Geschichten schreibt, Theater inszeniert, Musik macht oder Fernsehen oder Filme – berühren uns umso tiefer, je mehr Leben sich in ihnen abspielt. Doch man spürt es nur, wenn es ein bisschen angeschnitten ist: Man darf nicht ausruhen beim Leben wie eine Katze, die sich am Kamin zusammengerollt hat. Die Katze liegt da und schnurrt, draußen schneit es, wunderschön, aber das kann man nicht zwei Stunden lang angucken …

Ja! Es berührt mich, was Sie sagen.

Wo liegt die Seele?

Ich habe sie hier (*zeigt auf den Brustkorb*) jetzt gerade gespürt bei der Frage …

Im Atem, ja?

Ja, sie liegt hier, glaube ich, wo der Pförtner ist.

Also etwas oberhalb des Zwerchfells.

Und das gehorcht niemandem.

In der Nähe des Zwerchfells und bewegt vom Atem, ja? Deshalb ist die Seele so sehr mit dem Lachen verbunden. Und mit der Freiheit. Und mit der Liebe.

Und mit dem Glück.

Fürchtet euch nicht?

Terror, Krisen, Krebs: was macht uns eigentlich ständig Angst?

Mit Wolfgang Schäuble (Mod.: Martin Häusler)
In: HÖRZU, 5.6.2004

Welche Ängste plagen Sie momentan, Herr Schäuble?

Wolfgang Schäuble: Ehrlich gesagt, habe ich gar nicht mehr so große Angst, weil ich immer denke: »Na gut, ich war ja schon einmal fast tot.« Wenn ich mich an 1990 erinnere: Da war ich Innenminister, ich hab den Einigungsvertrag mitgeschrieben, dann kamen die Feiern zum 3. Oktober. Das war der Höhepunkt meines politischen Lebens. Neun Tage später das Attentat, und alles war anders. Das gibt ein gewisses Maß an Gelassenheit. Angst habe ich davor, in Situationen zu geraten, in denen ich mir mit meinem Rollstuhl nicht mehr helfen kann. Das ist die Grundangst vieler Menschen: allein zu sein und niemanden mehr zu haben.

Christoph Schlingensief: Das ist schon bemerkenswert. Wir hätten einen Bundespräsidenten haben können, der mal aus einer ganz anderen Erfahrung spricht und mit einer Bedächtigkeit sagt: »Ich war mal fast tot.« So einer wäre viel näher an den Menschen dran gewesen.

Schäuble: Vielen Dank.

Schlingensief: Hatten Sie Angst, als es um die Bundespräsidentenfrage ging? Als die Meute lauerte und sich fragte: Wird er's oder wird er's nicht? Und hatten Sie Angst, einzugestehen, dass Ihre Karriere am Schlusspunkt angelangt ist, obwohl Sie doch noch so viel hätten einbringen können?

Schäuble: Nein. Die Frage, ob man ein Amt bekommt oder nicht, hat für mich absolut nichts mit Angst zu tun.

Hatten Sie keine Angst vor der Niederlage?

Schäuble: Doch, die Angst, zu versagen hat man immer. Früher beim Tennis haben mich Niederlagen unheimlich beschäftigt. Sie werden wahrscheinlich, Herr Schlingensief, wenn Sie jetzt Wagners »Parsifal« in Bayreuth inszenieren, auch eine gewisse Sorge haben, oder?

Schlingensief: Ja, klar. Es gibt sogar eine doppelte Angst. Die eine Angst, dass ich es zu vielen Leuten recht machen will und mir deshalb untreu werde, und dass die, die mir wohlgesinnt sind, sagen, dass sich Schlingensief verkauft hat. Die andere Angst ist die, ob ich Bayreuth überhaupt gewachsen bin. Kann ich dort bestehen? Bin ich in der Öffentlichkeit nachher erledigt, ein Versager, Vollidiot, Nichtskönner? Ich muss mich immer wieder fragen, was der wahre Anlass ist, warum mich diese Arbeit interessiert. Ich muss mir treu bleiben.

Schäuble: Wenn Sie sich treu geblieben sind, können Sie auch die Buhrufe ertragen.

Aber wie reagiert jemand auf der Straße, der um seinen Job bangt? Soll der sich auch treu bleiben und so womöglich seine Existenz in Gefahr bringen?

Schlingensief: Nein, das wird er nicht machen. Wir haben Traumjobs, Herr Schäuble. Sie können politische Konzepte aushecken. Ich darf mir wünschen, dass die Leute auf der Bühne alle in Röckchen rumlaufen sollen. Das ist an der Kasse bei »Kaiser's« kaum möglich. Die Leute, die da sitzen, können nicht ausbrechen, sie haben keine Wahl, und ihnen wird kein Mut gemacht, öffentlich zu diskutieren, wie man mit der Angst umgehen soll. Die geben an der Urne ihre Stimme ab, und dann ist sie weg.

Das ist ein Vorwurf an Sie, Herr Schäuble.

Schäuble: Natürlich muss die Politik versuchen, den Menschen das Gefühl zu vermitteln, Schutz zu haben. Aber könnte es nicht auch sein, dass die Illusion, der Staat regle alles, in Wahrheit dazu führt, dass die Menschen denken, sie selbst können gar nichts mehr machen? Dadurch wird doch Angst geschürt. Dabei ist jeder doch erst mal für sich selber da. Immer stärkere Regulierung fördert das Gefühl von Ohnmacht und damit die Angst.

Was muss die Politik jetzt leisten, Herr Schlingensief?

Schlingensief: Was fehlt, ist das aufrichtige Gespräch zwischen Politik und Bürger. Also nicht zu sagen: »Unsere Burgtürme sind sicher! Macht euch keine Sorgen!« Sondern zuzugeben: »Wir haben genauso Angst wie ihr!« Das wäre ein Element, das verbinden würde. Doch das leistet sich keiner, weil Emotionen vom Parteiensystem sofort angegriffen werden. Und da sind wir bei Mama und Papa, die ich auch weinen gesehen habe. Aber das hat mich mehr an sie herangebracht als Eltern, die immer genau wissen, wann sie jetzt rechts oder links Richtung Urlaub abbiegen müssen.

Schäuble: Politiker sollten sich zu der Unvollkommenheit dessen, was Politik leisten kann, bekennen. Durch das Zeigen von Schwäche wird man nämlich auch glaubwürdig. Letztendlich haben wir alle Angst. Mensch sein heißt Angst haben. Es kommt immer drauf an, ob ich mich verrückt machen lasse. Ja, wir haben ganz reale Bedrohungen. Die müssen wir ernst nehmen, und wir sollten das menschenmögliche Maß an Vorsorge treffen und einander solidarisch verpflichtet bleiben, denn die eigentliche Urangst ist das Verlassenwerden. Eins ist klar: In dem Maße, in dem religiöse Bindungen abnehmen, wird die Angst zunehmen. Die Leute erwarten heute von der Politik, was sie früher in der Religion gesucht haben. Aber die Politik kann den Menschen die Angst nicht nehmen.

Ich bin eigentlich ein obdachloser Metaphysiker

Afrika, Voodoo und der »Parsifal« in Bayreuth

Anlass: »Parsifal«
Mit Joachim Kaiser
In: Süddeutsche Zeitung 25.6.2004
München, 2004

Sie gelten doch als Opern-Fremdling, Herr Schlingensief. Wie kamen Sie dazu, in Bayreuth den »Parsifal« zu inszenieren?

Ich hatte eine Gastprofessur in Karlsruhe. Telefon in der Vorlesung, was man nicht machen soll, aber ich war ganz froh, weil es gerade so langweilig war, und gehe dran. Und dann: »Hier ist Bayreuth«, und dann sagte ich: »Ich bin der Kaiser von China.« »Ja, Frau Katharina Wagner möchte Sie sprechen.« »Ja, sehr gerne, ich höre gleich auf, bitte 20 Minuten später.« Dann habe ich gedacht, die wollen wahrscheinlich anfragen, ob ich da auf dem Festivalgelände auf Stelzen mit einem Lautsprecher am Kopf »Tötet Wolfgang Wagner« rufe. Dann kam der Anruf und Katharina sagte, sie müsste mich dringend sprechen. »Ich fliege aber jetzt nach Venedig«, antwortete ich, »und baue die Kirche auf, diese CHURCH OF FEAR-Kirche, und bin leider nicht mehr da. Können Sie nicht nach Venedig kommen?« »Ach, das ist aber doof. Wie wäre es, wenn ich dann gleich komme?«

Nach drei Stunden war sie da. Und dann sind wir essen gegangen, und nach einer halben Stunde hat sie gesagt: »Im Namen meiner Eltern, wir würden Ihnen den ›Parsifal‹

anbieten«, worauf mir die Spargelsuppe im Halse stecken blieb. Darauf holte sie gleich die Probenpläne raus: das sind die Probenpläne, »Sie müssen sie sich durchgucken – haben Sie da Zeit?«. Da habe ich gesagt, ich muss zuerst mal kapieren, was da los ist … Und dann gab es ein Treffen in Berlin mit Gudrun Wagner und Wolfgang Wagner und Katharina. Und er fragte gleich los: »Können Sie sich das denn vorstellen?« Da sagte ich: »Ich habe mich schon gequält … Ich habe's nie ganz gehört.« Jetzt habe ich es ganz gehört in den drei Wochen, und zwar vier Mal. Das erste Mal war ich noch in der Ach-ja-Haltung – in der zweiten, wo ich etwas konkreter werden wollte, bin ich sehr in den Keller gegangen … Jetzt weiß ich um die Zeiteinheit mehr, beim vierten Mal noch mehr.

Sie sind doch Filmemacher. Ich habe immer gemeint, dass der Wagner, obwohl es zu seiner Zeit eigentlich kein Kino gab, im Grunde kinematografische Effekte erfindet. Also, das brennende Walhall, die Nixen im Rhein, der plötzlich ganz schnell das Rheingold raubende Alberich. Es sind alles Kinoeffekte, bevor es Kino gab. Infolgedessen habe ich einmal den Wolfgang Wagner gefragt, warum nicht viel mehr filmische Einblendungen eingesetzt werden. Ich möchte auch Sie fragen, ob Sie nicht beispielsweise Lust hätten, bei der langen Erzählung von Gurnemanz zum I. Akt das, was er erzählt, auch filmisch zu zeigen.

Also, was ich mitbekommen habe in Bayreuth, ist, dass es eine extreme Abwehr gibt gegen dieses Element von Projektion … Da gab es schon einige Auseinandersetzungen, die aber gerade beerdigt wurden. Wagners haben beide gesehen und verstanden, dass meine Projektionen keine rein bebildernde Funktion haben, sondern die Informationen zwischen den Bildern meinen. Also das, was mein Lehrmeister Nekes damals in seiner Filmtheorie in der knappen Formel »an, bn« beschrieben hat.

Das heißt: Man darf Wagner nicht bebildern, sondern man muss die Sache durch Zwischenbilder, also die Dunkelphase, erweitern. Die Phase, wo die Bilder erst verschmelzen. Es gibt verschiedene Ebenen. Wagner-Projektionen, das ist ein Arbeiten mit Licht, und Licht besteht nicht nur aus einer Fähigkeit. Licht besteht aus Belichtung, Vorbelichtung und Nachbelichtung. Vorbelichtung ist das, was praktisch einen Film empfindlicher machen kann. Da nehmen Sie einen Filmstreifen, geben eine kleine Prise Licht darauf, und dadurch werden die Kristalle angeregt und dann geben Sie es in die Kamera und belichten es ein zweites Mal und durch die Vorbelichtung ist es empfindlicher. Das ist genauso wie bei uns. Wir gehen nicht unvorbelichtet in die Dinge. Wir sind bereits vorbelichtet. Andererseits sind wir aber auch sehr oft schon überbelichtet, dann sehen wir nichts mehr und reden trotzdem über die Dinge, um von unserer Blindheit abzulenken. Wir kennen überall Videos. Bei Katharina in Budapest habe ich es mir auch angeguckt …

Haben Sie eine Stelle im Kopf, die Ihnen besonders gut gefallen hat bei Katharinas »Lohengrin«-Aufführung in Budapest?

Ich kann nicht abstreiten, dass der erste Eindruck ein Moment war, wo man darauf guckte: Man sah den Parlamentssaal. Und plötzlich ist es der Lohengrin, es ist eine Partei, es ist ein Ostblockstaat, und es gibt den Lohengrin als Erlöser oder als neuer Parteivorsitzender mit der Schwan-Partei, so würde ich das sehen. Jedenfalls, der erste Eindruck, in diesen Saal reinzugucken, war ein bisschen wie bei Anna Viebrock in so ein Bühnenbild reinzuschauen. Der ganze Chor war anwesend, man hatte viel zu schauen und es war für mich eine Erleichterung, hat mir einen Einstieg gebracht. Also es war eine Eröffnung ohne eine kryptische Situation. Am Ende wurde immer wieder übertragen, wie die Reden halten, wie die singen, da hat sie eine starke Parallelität erzeugt. Das, was ich interessant fand an der Aufführung, war, dass sie es konsequent durchgezogen hat, auch wenn der Papa das sicher in Bayreuth nicht so mögen würde.

Um noch kurz bei Ihrer Schilderung von »Lohengrin« in Budapest zu bleiben von der Wagner-Urenkelin. Ich weiß, dass sie ihrerseits sagt, mein Vater, also der Wolfgang, macht durchaus vernünftiges, werktreues Theater, es ist besser, als die meisten Kritiker schreiben. Aber ich habe aus dem und dem Grund was anderes vor ... Ich selbst bin der Ansicht, die Projektionen sollen sozusagen der Sache helfen. Sie sollen kein Alibi sein. Wenn jemand nur zeigt, er kann gute Filme machen, dann braucht er nicht die Oper zu inszenieren. So werden Sie es auch empfinden ...

Absolut. Es gibt auch eine andere Art von Film, und die interessiert mich: nicht das permanent Bebildernde. Ich suche immer Bilder, die auch eine Frage haben. Ich suche immer eine Kunst des Zwielichts. Dieser Moment, wo das Zwielicht beginnt, wo ich hingucke und denke, ich sehe nichts mehr. Und plötzlich entdecke ich doch etwas.

Aber solche Sachen werden doch erst produktiv, wenn sie sich in Beziehung auf eine bestimmte andere Realität abspielen. Das bloße Zwielicht nützt nichts. Wann siedeln Sie denn (blöde Frage) den »Parsifal« an? Spielt er für Sie im Heutigen, spielt er, was man durchaus machen kann, im Archaischen? Oder spielt er – Rolf Liebermann hat es einmal so inszeniert – in einer Welt nach dem Atomschlag? Haben Sie sich für den Parsifal eine Zeitdimension zurechtgelegt?

Die Zeitdimension, die dem Parsifal auferlegt wird, ist eine Zeitdimension, die auch ganz schnell von der Erlösung zur Endlösung führen könnte. Wir sind hier in einem Endzustand, der uns alle angeht … Ein ständiger Rhythmus zwischen Entäußerung und Rückbesinnung. Und genau da fällt mir mein eigenes Nahtod-Erlebnis ein …

Ja, Sie haben berichtet, dass Sie einmal beinahe gestorben wären.

Ich hatte einen anaphylaktischen Schock, das war etwa 1986 in Hamburg, wo ich reanimiert wurde, und ich kann mich daran erinnern, dass es einen Fluss von Bildern gab, die sich in dieser Zeit kurzfristig zusammenorganisiert haben, ohne dass ich Einfluss nehmen konnte, von einem Bild ins nächste, wie in einer Verwandlung. Ich war anwesend, ich hörte auch eine Schwester, ich sah Bilder von mir als Kind, ich sah aber auch etwas heranrauschen, das war wohl mein Vater, ich sah ein Auto von außen, wo ich mal fast einen Unfall gehabt hatte, es gab ganz viele Momente und Eindrücke. Die Rückbesinnung kam also erst nach der Todeszone und die muss man, egal ob Regisseur oder Akteur oder Zuschauer, in seine Belichtung miteinbeziehen. Da gibt es von Werner Nekes einen Satz: »Denke, wenn du tot bist, musst du jeden Film, den du gedreht hast, jeden Tag zweimal anschauen.«

Oh Gott, was für eine Strafe für die meisten Täter.

Ja, ich habe drei Filme gemacht, die möchte ich mir nicht mehr angucken. Aber den Rest habe ich so gemacht, dass ich sie jedes Mal wieder angucken will. Die Uneindeutigkeit, die man einem auch vorwerfen kann, ist gleichzeitig aber auch genau dieses Moment des Nahtod-Erlebnisses, wo sich tatsächlich eine aus einer obsessiven Kraft heraus geschöpfte Energie bündelt. Wenn ich in der Musik ein Motiv wiedererkenne, kann ich mich plötzlich geborgen fühlen. Aber Wagner macht mit mir meinetwegen über 20 Minuten etwas, wo ich nicht ein Motiv sofort finde, wo ich einfach warten muss, wo ich denke: Bin ich schon tot oder werde ich gleich sterben, werde ich einschlafen, und dann werde ich plötzlich wiedererweckt? Und das ist eine Verwandlung. Die Verwandlung ist das Thema. Diese Transformation ist etwas, was ich mit dem Licht verbinde, eine Doppelbelichtung, eine Dreifachbelichtung. Das ist das Nahtod-Erlebnis, was ich eigentlich mit dem Parsifal verbinde. Die Musik schafft es ja tatsächlich, Bilder herauszulösen, die in mir wohnen, ob da nun gesungen oder nicht gesungen wird.

Ehrlich gesagt, ich wäre enttäuscht, obwohl es sicher Effekt machen würde, wenn Sie zeigen würden, der Amfortas ist eigentlich der Hitler und der Gurnemanz ist eigentlich Hindenburg. Das fände ich, grob gesagt, doof …

Ja, das wäre doof. Mich interessiert das überhaupt nicht. Ich habe 1985 diesen geplatzten Blinddarm gehabt, da bin ich erlöst worden …

Jetzt bitte konkret: Im »Parsifal« wird sozusagen ein Verfall vorgeführt. Die Burg scheint doch im I. Akt zu stehen, ganz groß und schön. Leider Gottes aber ist der König sehr krank. Dann ist der II. Akt ein Verfallsstück der Schein-Welt von diesen Blumenmädchen des Klingsor, die am Anfang ungeheuer strahlend sind und zum Schluss kaputt. Im III. Akt wanken alle mehr oder weniger verhungert, weil sie der Segnungen des Grals nicht mehr teilhaftig werden. So werden im »Parsifal« drei Schichten eines Zerfalls vorgetragen. Halten Sie sich daran oder lassen Sie sich davon nicht beeindrucken?

Ich habe nicht diese drei Welten jetzt in dieser Abgegrenztheit, die Sie geschildert haben, drin. Ich habe aber den Bogen, dass ich alle drei Akte mit einem Element verbinde. Ich habe mal Solschenizyn gesehen in einem Wachsfigurenkabinett in England, da saß er vor einer Glasglocke, wo er da in diesem Gefängnis war …

In Sibirien.

Im Lager, ja, und schaute sich selber dieses Lager an. Er schaute sich selber praktisch sein Lager an. Er hielt sich das Modell auf dem Schoß und schaute sich durch eine Glaskäseglocke an. Vor sieben oder acht Wochen hing alles an einem seidenen Faden, weil ich das gesamte Bühnenkonzept umgebaut habe. Weil ich klarmachen wollte, wenn ich in Räumen bin, nehme ich den Atem, die Melodien der Verstorbenen wahr. Ich bin eigentlich ein metaphysisch obdachloser Metaphysiker. Das metaphysische Element, das ich im »Parsifal« bekomme durch das mehrmalige Hören und das Studieren der Partitur, auch durch das ahnungslose Rangehen, das ist doch die Tür, die ich brauche. Deutschland will einen aber permanent dazu erziehen, dass man der Super-Experte sein muss.

Das können Sie aber nicht sein. Sie können sich jetzt nicht in jemanden verwandeln, der sich seit 50 Jahren mit »Parsifal« beschäftigt. Das ist Quatsch. Können Sie das metaphysische Element in Worte fassen?

Wenn es im Universum spielt. Wenn es im Nahtod-Bereich spielt. Wenn es da davon ausgeht, dass es Kräfte gibt, die zwischen uns walten, die einen auf- oder entladen können. Da bin ich beim Voodoo. Da bin ich auch bei meiner Reise nach Nepal, nach Bakthapur, wo ich ja im Sommer letzten Jahres direkt nach der Berufung hingefahren bin.

Was würden Sie dem Vorwurf entgegnen, der Ihnen wahrscheinlich aus Kritiken entgegenhallen wird: Er benutzt den »Parsifal«, um seine eigenen Visionen, die er in der Welt und im Leben, in seinem Beinahe-Sterben und in Afrika und in Asien gewonnen hat, zu demonstrieren. Man wird Ihnen wahrscheinlich vorwerfen: Sie fangen nicht mit dem »Parsifal« an, sondern mit sich selber.

Ja natürlich mit mir selber. Das hat ja Wagner auch gemacht. Das macht jeder Künstler. Also, ich finde das komisch. Ich kann nur antworten, ich sammle wahnsinnig viel und ich forsche auf meine Art. Und ich habe Obsessionen, Leidenschaften, und die vertrete ich auch. Ich kann aber nicht mitmachen in diesem Deutschland, wo man sich so verstellen soll die ganze Zeit. Man tut immer so, als würde man an einem Allgemeinproblem teilnehmen und sagen: »Ich habe eine Lösung gefunden.« Daran glaube ich eben nicht. Ich stelle mich auch selber immer infrage.

Mich interessiert Richard Wagner nicht als Unternehmer, sondern als Besessener. Ein Unternehmen Richard Wagner interessiert mich nicht! Das muss allen klar werden! Man kann keine metaphysischen Kräfte verwalten! Auch wenn das Zur-Verfügung-Stellen eine unvermeidliche Aufgabe darstellt.

Ich mache es für Richard und ich mag keine Erziehungsmethoden in den letzten drei, vier, fünf Monaten, wo ich Nächte nicht geschlafen habe, auch wenn es ein Großteil Selbsterziehung war … Ich kann Oper deshalb so schwer aushalten, weil die immer einen Bombasto-Kram, eine Riesenhalle hinbauen. Und jetzt kommen auch noch die Riesenkostüme und dann singen die anderthalb Stunden da drin. Und dann gibt es eine Verwandlung und dann ist es die nächste große Halle. Ich finde, dass man die Musik, gerade bei Wagner, kaputt macht.

Ich würde so gerne in einem Land Oper inszenieren, wo ich keine Sprache kann. Und wo die mich auch nicht verstehen, wo die nicht wissen, dass ich »Tötet Helmut Kohl« gerufen habe, wo die nicht wissen, dass ich irgendwie auch eine Wagner-Rallye mache. Die Wagner-Rallye war mein Kompliment an die Straße, zu sagen: »Leute ich bin eigentlich auch für die Verwandten aus dem Ruhrgebiet da, ich bin nicht nur für Glorias da und wie die alle heißen. Und ich habe vor acht Wochen meine Krise gekriegt, weil ich gemerkt habe, ich habe ein Bühnenbild entworfen, was genauso scheiße ist wie alles andere, was ich da sonst sehe.« Was immer wieder diesen Weg geht und sagt: »Jetzt sind wir in der Halle und wir singen in der Halle.« Oder: »Wir aktualisieren alles in Grund und Boden, indem wir es im Jetzt, im Kaufhof spielen lassen oder so …« Und das will ich eben nicht. Ich will Richard Wagner, den ich wirklich verehre, umsetzen. In der Wüste, da haben wir 100 000 Robben mit Wagners »Siegfried« beschallt …

Das verstehe ich jetzt nicht. In welcher Wüste und welche Robben?

Oben in Namibia … an der Küste.

Begreife ich recht, was Sie sagen?

Ja es waren 100 000 Robben, die wir mit Wagner-Musik beschallt haben, das kann ich alles zeigen.

Und zu welchem Zweck?

Das war eine Verbindung, die man mal ausprobieren muss. Da gibt es eine Türe, die ist nicht genutzt worden, ich nutze sie jetzt. Ich nehme den »Siegfried« und ich beschalle jetzt die Robben damit. Die Damen haben alle so geguckt und die Männchen haben laut geschrien.

Haben die Geschlechter verschieden reagiert?

Die haben verschieden reagiert.

Eindeutig? Die Männer sind halt musikalisch … (beide lachen). Ich meine, Sie müssen sozusagen auch einsehen, Wolfgang Wagner riskiert natürlich mit Ihnen eine ganze Masse. Einen Schlingensief den »Parsifal« machen zu lassen, ist nichts weniger als selbstverständlich …

1997 oder 1996 habe ich gesagt, lass uns wegfahren nach Südafrika und dann hoch nach Deutsch-Südwest, nach Namibia. Und das habe ich gemacht und habe dann Kolmanskop besucht.

Was ist Kolmanskop genau?

Kolmanskop ist der Ort, an dem die Deutschen Diamanten gefunden haben und dann angefangen haben, eine eigene Stadt zu bauen, völlig im Sand, mit Ballsaal, der noch völlig intakt ist, mit einer Kegelbahn, wie im Film, unten drin und mit einem riesigen Krankenhaus, Kindergarten, Schule. Eine Bäckerei haben sie noch, Arzthaus.

Und jetzt ist aber der Sand eingezogen. Also, der Wind hat die Räume alle belagert, da kannst du nur teilweise durchlaufen. Der Ballsaal und die Kegelbahn sind voll intakt. Die haben sie sauber gehalten, die sind ganz toll. Da habe ich gedacht, die »Götterdämmerung« muss hier aufgeführt werden. Draußen fegte der Wind, da ging die rote Sonne unter im Norden, ja, das ist auch eine Umkehrung. Und dann geht da die Sonne unter und da muss es aufgeführt werden. Das werden wir einfach machen. Das ist auch etwas, was ich ganz sicher weiß, das muss da einmal stattfinden.

Haben Sie denn schon vorher gewusst, dass Sie eines Tages den »Parsifal« im Bayreuther Festspielhaus inszenieren werden?

Ich habe es damals selber schon gesagt …

Wann ?

1998.

Wirklich?

Ja, es gibt ein Interview. Ich bin ein großer Fan des Voodoo, weil Voodoo auf zerstörter Religion basiert, und das ist auch »Parsifal«. Da ist ein zerstörter Verein unterwegs. Es geht hier um das Zusammentreffen von unterschiedlichsten Überlebensstrategien in der letzten Minute eines Einzelnen.

Ja, einer will sterben …

Der Amfortas.

Der will sterben, weil er Schmerzen hat, weil er sich geniert, auf der Welt zu sein …

Genau.

Wofür ich ein gewisses Verständnis habe.

Ja.

Und die anderen wollen auf seine Kosten leben ... wofür ich auch ein gewisses Verständnis habe, obwohl sie ihn erpressen ...

Kundry will auch sterben, das Erlösungsbedürfnis ist Todessehnsucht, letztlich bei allen Figuren. Sogar bei Parsifal selbst. »Erlösung dem Erlöser« signalisiert das schwer erkämpfte Einverständnis mit dem eigenen Verschwinden. Das heißt Abschied von der Welt und Abschied von der Kunst und Abschied von sich selbst. Erlösung ist nur im Tod. Für mich ist Wagners »Parsifal« auch eine ganz profane Totenweihe.

Haben Sie sich denn Ihrem Dirigenten, Boulez, der ein rationaler Franzose ist, verständlich machen können?

Er mochte mich und ich mag ihn auch. Und wir haben uns komischerweise über die persönliche Ebene verständigt, es war Sympathie im Raum. Was ich an ihm schätze, was ich aber nicht einschätzen kann, war, dass er sehr stark über das Bild ging. Er hat mir Bildstärke zugesprochen ... Ich will Transformationskörper mitbringen in diese Inszenierung. Das finde ich so wichtig. Meine Idee ist doch immer, dass man etwas herstellt aus sich selber, was auch nicht aus sich selber alleine kommen kann, sondern schon eine Art Vorbelichtung anderer Leute ist. Wenn ich diese Gegenstände eigentlich habe, warum sollte ich nicht dazu stehen?

Ich bin ein Kuhbaum

Anlass: »Parsifal«
Mit Ellen Ringier
In: Facts 29.7.2004
Telefoninterview 2004

Na du Nazi, wie geht es dir?

Blendend! Mein Immunsystem ist in Bayreuth noch stärker geworden. Und wie geht es dir?

Auch großartig! Ich könnte Bäume ausreißen. Apropos Bäume … Ich würde dir gern ein supersoziales Projekt vorschlagen. Weißt du, ich bin Stiftungsmitglied eines Gartenvereins in Küsnacht, und wir haben eine neue Blumenzeitschrift mit dem Titel »Honigsüße Wiesenpracht« zur Friedensstiftung durch international angelegte Gartenschauen in Arbeit. Mit sehr interessanten Beiträgen: Der Dalai-Lama pflegt bei uns einen Zengarten und ist Förderer der bayrischen Biergartenschau; Ariel Scharon pflanzt Befriedungswege und Tina Turner stellt uns ihr neues Buch über exotische Gewürze vor. Jetzt hätten wir noch unsere kreative Rubrik offen: das »Blumenstraußbinden«. Und da wollte ich dich fragen, ob du dir vielleicht ein paar Ideen für Friedenssträuße überlegen könntest. Und dann gibt es übrigens noch die Idee einer internationalen Samenbank …

Ellen! Entschuldige bitte, wenn ich deinen euphorischen Hormonausschuss kurz mal unterbreche, aber was ist deine Aufgabe bei der ganzen Sache? Wieder die Kontakte? Diese unendlichen Kontakte?

Nein, stell dir vor, ich schreibe Blumengedichte über den Frieden ... »Sonne, lass mein Blümchen sprießen! Wolke, komm es zu begießen! Richt empor das Angesicht, liebes Blümchen, fürcht dich nicht.« Wie findest du das? Außerdem habe ich rausgefunden, dass Schlingensief auf gut Deutsch »ein Sumpfpflanzengewächs« ist (kurze Pause). Apropos, es gibt auch eine Rubrik, in der wir berühmte Leute befragen, welche Pflanze sie gern wären. Was wärst du denn gern? Vielleicht eine Rose? So wie ich?

Wie du?

Ja, es wird gerade eine neue Rosenzüchtung vom Institut für Genbiologie in Kairo kreiert mit meinen Namen: Ellen-Ringier-Rose. Wir pflanzen diese rubinrote Spezialzüchtung dann im Simon-Wiesenthal-Zentrum am Eingang neben der amerikanischen Züchtung der Anne-Frank-Rose. Elton John singt das Einweihungslied. Und du? Bist du eher eine Hängepflanze, Kraut oder Nachtschattengewächs? Oder siehst du dich als Apfelbaum im Garten Eden?

Nein, ich bin ein afrikanischer Kuhbaum. Er wird so groß wie ein Mensch, und aus seinem Stamm wachsen so längliche Knubbel, die an Euter erinnern. Und wenn man drauf drückt, spritzt Milch raus. Lecker! Zum Picknick braucht man dann nur noch Cornflakes mitzunehmen. Übrigens ein entfernter Verwandter des Gummibaums (kurze Pause). Bei Blumensträußen kenne ich mich nicht aus, die kaufe ich immer an der Tankstelle oder lasse sie liefern und bin dann immer ganz froh, wenn ich ein bisschen Freude schicken kann und nur zwischen »Sommerwiese« und »Orange Beauty« auswählen muss. Und jetzt soll ich Blumenfriedenssträuße binden, vielleicht mit Pissnelken? (Ellen lacht herzlich ...)

Ach, wenn ich bloß deinen Humor hätte … bitte, bitte, mach mit! Ich rufe dich am Mittwoch zwischen meinen Stiftungssitzungen für konstruktiv konkrete Kunst und das Sympathiekomitee für Migranten an. Die wollen beide was mit Kakteen machen … ach, Christoph … ich bin so wahnsinnig glücklich … die dunklen Wolken … endlich sind sie vergangen … (längere Pause). *Aber wer gießt dann die Pflanzen? Ich habe Angst … diese verdammte Angst …* (legt auf)

Ich bin für die Vielfalt zuständig

Ein Radiogespräch

Anlass: »Zeitgenossen im Gespräch«
Mit Michael Kerbler und Claus Philipp
In: Radiokulturhaus Wien, Ö1, 11.12.2005

Michael Kerbler: Unser Gespräch möchte ich mit einem Zitat beginnen, von dem ich zunächst dachte, es stammt von Ihnen. Ich lese es mal vor: »Die Menschen sind nicht frei, da ihr Dasein ständig von Gefühlen wie Beklemmung, Angst, Hass und Hilflosigkeit bestimmt wird. Wir brauchen ein Theater, das uns wachrüttelt und unsere Herzen und Nerven anspricht. Das ideale Schauspiel ist mit allen Sinnesorganen wahrnehmbar, das heißt allumfassend. Theater muss wieder feierlich werden, und auf die Zuschauer wie eine Seelentherapie wirken und unvergesslich bleiben. Ich fordere eine von Schauspielern und Zuschauern gemeinsam vollzogene reale Handlung im Theater und damit eine Überwindung des Unterschieds zwischen Spiel und Wirklichkeit. Ein möglicher Weg führt über das Theater der Grausamkeit, wo der Zuschauer eine existenzielle Grenzerfahrung durchlebt. Auf diese Weise wird die Kunst überschritten und das Theater kein Schauspiel mehr sein, sondern ein Moment des Lebens«. Ist das etwas, was Sie unterschreiben würden?

Christoph Schlingensief: Das kann doch jeder unterschreiben! Das konnte auch die Politik sagen, ein Geschäftsmann, eine Angestellte – jeder Mensch auf der Welt, wenn es sein Ziel ist, endlich in den eigenen Film einzutreten. Schon jedes Baby macht sich bei der Geburt schreiend bemerkbar, um wahrgenommen zu werden.

Michael Kerbler: *Diese Sätze stammen von Antonin Artaud …*

Christoph Schlingensief: … bei dessen Obsessionen man nie so genau weiß, woran man ist. Er war großartig, ein wirklicher Praktiker. Ich denke wie er, dass Angst eine elementare Produktivkraft im Menschen ist. Sie schlummert in einem, man wird gezwungen, sie sich abzugewöhnen. Einer geht dann zum Psychologen, ein anderer lässt es halt raus. Artaud hat zum Beispiel mit Glockentönen gearbeitet, von denen die Zuschauer zum Vibrieren gebracht wurden. Manche waren nachher taub. An solchen Abenden muss man eben mit Versicherungsschäden oder Regressforderungen rechnen.

Michael Kerbler: *Im Gegensatz zu Ihnen hat Artaud eine statische Bühne entwickelt, um die sich die Sesselreihen im Kreis drehen konnten. Sie machen den Animatograph, diese Mehrfachprojektions-Drehbühne, zum essenziellen Stück der Inszenierungen. Reichen Ihnen die normal gebotenen technischen Möglichkeiten nicht?*

Christoph Schlingensief: Beim Zeitungslesen am Frühstückstisch habe ich irgendwann festgestellt, dass sich die Bedeutung von Artikeln ändert, wenn ich mich dabei um meine Achse drehe. Genau erklären kann ich das nicht, aber es ist so. Es hat ja auch eine Zeit lang gedauert, bis den Menschen klar wurde, dass die Erde keine Scheibe ist und man um sie herumfahren kann, sich das Ganze dreht und es keinen Rand gibt, wo man hinunterfällt. Für Joseph Beuys hat die Mondlandung nach dem Lift-Prinzip funktioniert: Man fährt hoch, ist großartig erregt, stapft im Dunkeln herum, und dann geht es mit dem Aufzug wieder runter. Wahrscheinlich hat das alles Stanley Kubrick gedreht; man weiß es nicht genau. Alle diese Sachen sind natürlich Monopole der Betrachtung, Monopole der Zentralperspektive mit unten und oben.

Was aber passierte nun mit Ernst Messerschmidt, dem deutschen Astronauten, den ich kennengelernt habe? Als er am Morgen im All die Augen aufmachte, hat er alles verkehrt herum gesehen. Er konnte kein Instrument mehr bedienen.

Alle waren geschockt, bis plötzlich ein Wissenschaftler die Sache ins Positive drehte und die Anordnung durchgab: »Unbedingt weitermachen. Vergessen Sie den ganzen Plan, den wir mit Ihnen vorhatten. Sie sind, so wie 5 Prozent der Bevölkerung, die dieses Problem haben, ein Riesenfehler im System, aber das ist die größte Produktivkraft, die wir uns vorstellen können. Machen Sie alles, was Sie können, hören Sie Musik, putzen Sie sich die Zähne, laufen Sie an der Wand rum oder denken Sie was Verrücktes, oder befriedigen Sie sich selbst, und dann schildern Sie, was passiert.« Solche 5 Prozent sind es, auf die ich letztendlich vertraue, damit Dinge in Bewegung kommen und Indifferenzen passieren. Es geht also um die Hoffnung, dass sich Türen öffnen, die Dimensionen zeigen, die wir verlernt haben, die wir verlernen mussten, weil das System darauf besteht, dass ich mich permanent in einem begrenzten Vernunftraum bewege, mit fest gefügten Vorstellungen von oben und unten.

Claus Philipp: Um die Zersetzung von Zentralperspektive ist es auch beim Containerprojekt vor der Staatsoper in Wien gegangen. Man konnte herumgehen, sich Bilder ansehen, selbst Fotos machen, wurde in Gespräche verwickelt.

Christoph Schlingensief: Ein sonst von vielen hingenommener Satz wie »Ausländer raus!« war plötzlich so öffentlich da oben, dass er sich gegen die Leute gedreht hat. Es war ihnen unangenehm, dass jeder japanische Tourist das fotografieren konnte. Das hat gewisse Gleichgewichtsstörungen verursacht. In beiläufig Akzeptiertes kam Bewegung hinein, plötzlich waren auch die Passanten unmittelbar beteiligt.

Zur Idee der Animatographen möchte ich noch sagen, dass sie zum erstenmal in Bayreuth konkret geworden ist, als ich mich mit der dortigen Bühnensituation beschäftigte. In diesem Raum entsteht nicht, wie sonst in einer Oper, nur so ein Hall, der jeden Ton »schlp« nach innen saugt, sondern da ist überall noch so ein schöner angenehmer Schmier um die Musik herum und das erfüllt mich. Als ich mir überlegte, einer könnte hinten und der andere möglichst weit vorne stehen, weil dann der Hall besser ist und sofort, habe ich rasch bemerkt: Das ist der Tod des Unternehmens Musik und auch der Tod der Oper letztendlich. Denn Musik ist für mich als Maschine, als Element, als Elixier begreifbar. Sie schält mir Bilder heraus, gibt mir verschollene Bilder zurück. In einer betonierten Szenerie kann das nicht funktionieren. Also habe ich die Familie Wagner angerufen, die gerade in Tokio war, dass sie leider zurückkommen müsse, weil es ein Problem gäbe. Dieses Bayreuth ist zu statisch.

Michael Kerbler: Und sie sind gekommen?

Christoph Schlingensief: Ja, sie haben ihre Reise abgebrochen, ohne eine vorgesehene Verdienstmedaille anzunehmen. Ich bin mit meinem Auto voller kleiner Modellteile hingefahren und wir haben eine Drehbühne aufgebaut – dabei hat Bayreuth gar keine. Mit Taschenlampen und einem Diaprojektor wurde demonstriert, wie es funktionieren könnte. Wolfgang Wagner, ein toller, allerdings von seiner Umgebung terrorisierter Mann, war der ruhende Pol; ansonsten gab es überall versteinerte Gesichter. Eine völlig abweisende Situation. Irgendwann sagt Gudrun Wagner: »Das ist interessant. Das habe ich hier noch nicht gesehen. Wie geht das?« Es wurde dann beredet und berechnet und plötzlich kamen erste zustimmende Meldungen und die Stimmung ist gekippt. So kamen wir auf den Weg, die Statik aufzubrechen. Sehen Sie sich im Vergleich die ausgestellten Standfotos der Staatsoper in Wien an. Vielleicht waren diese Inszenierungen erfolgreich, man arbeitet aber mit der Verdummung des Betrachters. Oper kann viel mehr, als bloß verblödete Leute anzuziehen. Sie schafft Organismen zur Musik, die genauso autonom sind wie die Musik. Die Musik ist etwas Autonomes, der Organismus Bild kann etwas Autonomes sein. Schlaf meinetwegen ein oder schließ die Augen. Mach sie auf und sieh ein Bild. Was ist in der Zwischenzeit passiert? Das ist der Rausch, und damit bin ich wieder bei Artaud und wir haben einen wirklich produktiven Abend.

Michael Kerbler: Angela Merkel war ja in der Parsifal-Premiere und hat Ihre Inszenierung wunderbar gefunden; nur die Videos hätten sie gestört …

Christoph Schlingensief: … darauf habe ich ihr gesagt, wenn sie nächstes Jahr nochmals kommt, wird sich das geben. Apropos zu viel Video: Ich sehe gerade Merkel pausenlos auf allen Kanälen und kann das kaum noch ertragen, habe mich aber daran gewöhnen müssen. Inzwischen gehört Frau Merkel zu mir wie so eine Pflanze im Blumentopf. Irgendwie war sie süß. Sie hat mir auch noch Blicke zugeworfen, als der Edmund Stoiber mich umarmte und sich seine Frau bei mir so eingehängt hat, als ob ich eine der Töchter heiraten sollte.

Claus Philipp: Sie treten wie ein verrückter Bastler auf; trotzdem kommen Sie mit renommierten Institutionen zurecht.

Christoph Schlingensief: Ehrlich gesagt, weil ich ein tolles Elternhaus hatte. Sei kein Fähnchen im Wind, hat mir meine Mutter gesagt, und zugleich vorgegeben, was ich sagen soll. Das ist die Schizophrenie des Kleinbürgertums. Versuche, so zu tun, als wärst du anders als die anderen, aber gib dir Mühe, auf dem Weg zu bleiben. Daraus hat sich einerseits ein chaotischer, andererseits ein ganz gerader Lebensweg ergeben. Institutionen sind immer klasse. Das Burgtheater ist ein Hammer. Dem Klaus Bachler rechne ich hoch an, dass er einem tatsächlich manchmal nachreist, nicht als Fan, sondern als einer, der sich fragt: »Was macht der Kerl da eigentlich?« Plötzlich kam dann ein Anruf von ihm; dem hab' ich im Moment genauso wenig geglaubt wie dem Anruf aus Bayreuth. An die Burg zu kommen bedeutet für mich eine Aufladung, Ich sitze, ohne dass ich dafür gekämpft hätte, in der Garderobe, die auch Herr Voss und Herr Brandauer haben. Deren Badeschlappen kann ich mir angucken, bevor ich zu BAMBILAND rausmarschiere. Die Garderobe an der Volksbühne in Berlin macht mich überhaupt nicht an. An Wien mag ich, dass sich die Leute noch pseudoerregen lassen, »es ist ja irgendwie wunderbar« denken und einem hinten das Messer reinhauen. In Berlin ist alles so »Uääh« und »Wir sind alle so depressiv in Deutschland ...« und sie haben sowieso keine Lust auf Kultur. Es gibt, glaube ich, 380 Kunstgalerien in der Stadt, die von 50 000 Euro Jahresumsatz leben. Eigentlich müssten die sich längst andere Sachen überlegen.

Claus Philipp: *Auf der einen Seite macht es einen stolz, Bastionen wie Bayreuth betreten zu dürfen, auf der anderen Seite gibt es doch eine gewisse Wut darüber, dass die dann Dinge wollen, die man gar nicht bringen kann?*

Christoph Schlingensief: Zum Thema Provokation berufe ich mich gern auf Beuys, der schlicht gemeint hat: »Was soll das denn, auch Provokation ist nur ein Produktionsmittel.« Zugleich sage ich ganz klar, dass jeder Revolutionsansatz von anderen Leuten, die aus Bereichen kommen, die nicht wahrgenommen werden, tausendmal wichtiger sein kann. Ein Kleinbürger wird immer wahrgenommen. Der weiß, welche Tageszeitung er im Bahnabteil oben liegen haben muss, damit man denkt, er wäre intelligent. Dieses Prinzip kenne ich. Und dann kommst du in solche Ahnengalerien rein und fragst dich: Was hast du hier zu suchen? Wie kommst du da hin? Was ist passiert? Solche Begegnungen habe ich aber auch, wenn ich bei Aldi einkaufe. Auch dort frage ich mich: Was hab ich hier zu suchen? Was find ich denn da unten im Regal? Das hört sich jetzt wie Blödsinn an, aber es ist ein Prinzip des Lebens, einen Raum zu betreten und zu kapieren: Der Raum überprüft mich, und nicht ich den Raum.

Claus Philipp: Gut, und jetzt gehen Sie mit den Drehscheiben aus dem Parsifal in verkleinertem Maßstab hinaus in die Welt, nach Island, nach Neuhardenberg, nach Namibia, ins Wiener Burgtheater. Und was passiert dann?

Christoph Schlingensief: In der Steinzeit, aus der wir herkommen, sitzt man am Lagerfeuer, unterhält sich und nagt an einem Knochen. Plötzlich bemerkst du Schatten an der Wand. Sie bewegen sich, kommen näher. Man erschreckt, wenn einer plötzlich weg ist. Du hebst die Hand und siehst sie an der Wand. Du bewegst die Finger so, dass ein Hase erscheint. Zum ersten Mal hast du das Gefühl, man ist reproduzierbar. Ich bin nicht einmalig. Es könnte ein Abbild von mir geben. Das ist vom Grundgedanken her der Animatograph.

Ein altes Militärlager in Neuhardenberg wird zur Bühne. Die Schlacht um Berlin hat da stattgefunden, die V1 wurde entwickelt, Gerhard Schröder hat das großartig kaputte Hartz IV unterschrieben. Das alles passiert dort. Als aktionistische Plattform, als Kirmeskarussell sammelt der Animatograph auch in Namibia Bakterien, Elemente, Energieströme, Gegenstände ein. Er wird aus am Ort greifbaren Dingen gebaut. Es werden aktionistische Filme gedreht, von Szenen, die zur Musik passieren oder von ganz allein zustande kommen. Die Ereignisse sind nicht mehr kontrollierbar. Die Kamera ist bloß der Versuch, auf Distanz zu bleiben. Das alles nimmt der Animatograph in sich auf und im Theater kann man ihn betreten. Hier trifft sich der Mensch, hier lebt er, hier hinterlässt er seine Spur. In gewissem Sinn funktioniert das wie ein Wäscheständer, der ein Begriff von Demokratie für mich ist, weil Partikel des Menschen im Betttuch hängen bleiben und getrocknet vom Wind der Zeit nach unten fallen, wo sie Humus für neue Demokratie-Lügen bilden. Um solche Arbeitsflächen geht es bei den Animatographen.

Claus Philipp: Von einer V1 zum Humus? Das ergibt Ratlosigkeit, wenn nicht jeder, ob in einem Slum in Lüderitz oder in hiesigen Theatern, einen individuellen Weg findet und sich aus dem Angebot einen eigenen Film bastelt. Man sieht jedes Mal einen anderen, immer wieder neu geschnittenen Film, und man sieht vor allem immer seinen eigenen?

Christoph Schlingensief: So ist es, als kleine Anfangsstufe. Gerade weil es derzeit nicht vorgesehen ist, in kleinen Schritten zu gehen, wird das wichtig, im Sinn von »Lasst mir Zeit, ich brauche Zeit«.

Ich bin ein großer Fan von Dieter Roth, der ja lange in Island gelebt hat, wo mithilfe von Francesca von Habsburg der erste Animatograph entstanden ist, was ich gerne sage, weil sie eben auch den Dingen nachreist und sich informiert. Was sie sonst noch an Jetset-Gedanken im Kopf hat, ist ihr Problem. Dieter Roth jedenfalls hat am Arsch der Welt gelebt und vor sich hin gewerkt und irgendwann seinen Küchenboden ausgesägt und an die Wand gehängt. Da waren ein Spiegelei drauf, ausgedrückte Zigarettenkippen, Fettflecken. Das als Dokument von zehn Jahren, eine Zeiteinheit, die wir völlig verloren haben. Ob im Theater oder im Kino: Es fängt links an, hört rechts auf; da ist Anfang, da ist Ende. Ein grundsätzlicher Fehler. Von unserem Film aus Afrika kenne ich die Handlung nicht. Keiner der Schauspieler kann bis jetzt sagen, was er gespielt hat. Die Namen wurden permanent verwechselt: Freya, Fricka, Odin, Loki, Edda …

Claus Philipp: In Namibia, wo ich ein Mitreisender gewesen bin, wurden bei den Wellblechsiedlungen oberhalb von Lüderitz eine Drehscheibe und ein

Container aufgestellt. Dieser Raum ist dann mit der Aufforderung eingeweiht worden: »Bringen Sie Dinge in diese Arche, wir werden hier ein Fest feiern.«

Christoph Schlingensief: Der Plan war aber nicht ein Ethno-Projekt, zu dem es in Berlin sofort die einschlägigen Reflexe gäbe – Farben mitbringen, sich Locken abschneiden –, sondern Vorstellungen vom Reisen. Die griechische Sagenwelt entsteht aus dem Chaos. Da ist etwas gewesen, es wurde zerstört und wieder aufgebaut. Sagen des Nordens, wo der erste Animatograph entstand, gehen von einer Welt aus, die aus dem Nichts entsteht. Das Nichts von Etwas, das Etwas von Nichts – Adorno? Jedenfalls: Die Suche nach den verlorenen Bildern …

Ich fahre also nach Afrika, habe ein Drehbuch, habe einen Produzenten, ein Herz von einem Menschen: Frieder Schlaich, der auch die alten Filme von mir sammelt, herausbringt und restaurieren lässt. Er hat das mit der Filmförderung durchgebracht, kriegt aber für das Projekt keine Raten ausbezahlt, weil es nicht einmal eine Rohfassung gibt. Darauf sage ich, wir vergraben das Material, wie Bobby Beausoleil das Material von Kenneth Anger vergraben hat. Lasst den Film verschwinden, das Meer soll ihn wegschwemmen, und reden wir nur noch über die Bilder, die wir produziert haben. Es gibt ein paar Fotos, auch einige Zeichnungen. Das wäre tausendmal besser als wieder Vorspann und Nachspann, wie es die Produzenten wollen, um zu sagen: Dazwischen kannst du machen, was du willst. Ich will aber keinen Vorspann und keinen Nachspann. Wie kriege ich das in Schritten langsam hin? Wo kriege ich die Leute, wie kriege ich das Verbundsystem dazu? Das ist ein Gedanke, der langsam wächst. »Wie wird der Raum zur

Zeit?« – Das ist die Zentralfrage, die ich mir stelle. Um dem näher zu kommen, kann ich mittlerweile viele Leute, pansexuell veranlagt, wie ich nun mal bin, umarmen, selbst die übelsten Kritiker und alle Ignoranten dieser Welt. Wie also kann der Raum zu Zeit werden, wie kriege ich diese Zeiteinheit hin. Und nicht nur ich, sondern wir. Das ist das Neue – das immer schon da war.

Michael Kerbler: Drehbühnen gäbe es ja da und dort; Sie transferieren aber diese Drehscheiben ins Theater?

Christoph Schlingensief: Es ist halt kein Bühnenbild mehr. Es sind die Begehungen einer Kamera. Den Animatograph akzeptiere ich nur, weil er sich verselbstständigt. Das Ding dreht sich, aus allen Ecken und Enden werden Filme projiziert. Wo anders als im Theater sollte das bei uns derzeit möglich sein? Die Zuschauer stehen drauf, gehen herum, finden es langweilig oder finden es toll. Das Ding dreht sich immer in einem bestimmten Rhythmus. Zwei Naturwissenschaftler haben uns dafür die Erdumdrehung errechnet. Weil eine Projektionsgeschwindigkeit von 25 Bildern pro Sekunde notwendig wäre, unsere Kamera aber nur 16 oder 19 Bilder pro Sekunde aufnimmt, gehen 9 bis 6 Bilder verloren. Die sind aber die interessanten, die der Animatograph durch immer wieder neue Kombinationen sichtbar machen kann. Übrigens sind die obersten Plätze, die Stehplätze, also die billigsten, bei uns die besten. Bei dem Gedanken geht es mir immer gleich besser. Die unten kommen sowieso und haben die Kohle. Das ist Stufe eins. Stufe zwei ist das Element des Theaters. Wir wollen auch für die Theaterzuschauer etwas bringen. Sie sollen den Text von Elfriede Jelinek noch mal nachschmecken können, die aus dem gleichen Grund schreibt, weshalb ich Bilder produziere. Diese Schleusen müssen offen gehalten werden. Bei uns sehen sie, dass diese ganzen Trennungsmechanismen nur aufgeflanschte Formelverfälschungen sind von Gesellschaften, die auf ihre Monopole pochen. Während sie herumgehen in einem fast dunklen Raum, werden sie Teil der Handlung, werden aus der Zentralperspektive herausgerissen, merken, dass sich alles dreht, sehen es aber nicht.

Claus Philipp: *Area 7 ist der für Ihre Aufführung Namen gebende Slum, in dem der Animatograph aufgebaut wurde. Im Unterschied zum viel verkommeneren Sand-Hotel Slum ist er eine neue Anlage auf dem ehemaligen Golfplatz der Kolonialbewohner von Lüderitz, mit riesigen Flutlichtmasten zwischen den Hütten …*

Christoph Schlingensief: … Er ist so angelegt, dass Touristen kurz vorbeischauen können, um eine etwas buntere Verwahrlosung zu sehen. Die Bewohner wurden dorthin evakuiert, weil sie angeblich eine Wasserleitung bekämen, was aber nicht wirklich der Plan ist. Wo sie den 11. September nachgespielt haben, mit den ihnen gegebenen Informationen, war unser Originalschauplatz, mit dem Animatograph, dem großen Schiff mit zwei Masten, an denen die Twin Towers hängen, und dem Container. Der indirekte Aspekt liegt für mich darin, dass die 3000 bedauernswerten Toten in New York zu einer Paralysierung und zu einem Super-Flash geworden sind, der sämtliche andere Bilder verschüttet. 30 000 Tote in Afrika jeden Tag – die existieren nicht. Es weiß auch niemand, was ich an der Grenze von Simbabwe zu Südafrika festgestellt habe, dass in einer Ausgrabungsstätte 2300 Jahre altes chinesisches Porzellan gefunden wurde, es also damals schon Handel mit China gegeben hat. Was findet man aus dieser Zeit bei uns in Gräbern? Selbst sich über solche Relationen zu wundern ist abhandengekommen. Und wenn ich mich jetzt auf Wagner einlasse, merke ich immer, was diese Monopolisten, die Wagnerianer, wie sie sich nennen, größtenteils für Vollidioten sind, die Wagner auf ein ganz enges Konzept reduzieren. So geht es einfach nicht. Die Kundry trägt einen Schlangenrock, der bis zum Boden geht, sagt die Beschreibung; sie kommt also aus Afrika. Europäische Schlangen reichen nur bis zum Knie. So muss man das mal lesen.

Deshalb unser Angebot von Wundertrommeln. Damit bin ich wieder beim Film, beim Praxinoskop, bei Werner Nekes, wo ich meine Sozialisation hatte und die Filmgeschichte auf eine ganz eigene Art und Weise kennengelernt habe. Im Moment, in dem man dann nach außen tritt und seine Augen und Ohren noch halbwegs offen hat und das Gehirn noch angeschaltet ist, denkt man dann vielleicht: Das, was die da vorne als Theater präsentieren, ist ja dem und dem ähnlich. Da gibt es analoge Beziehungen, Reflektoren. Das ist der Moment, ich stehe vor der Kamera; ich bin in der Kamera. Ich stehe vor meiner Welt – ich bin in der Welt. Ich trete in meinen eigenen Film.

Michael Kerbler: *Wann ist denn dieser Effekt eingetreten, als Sie feststellten, dass sich mit dem Medium Film mehr machen lässt, als nur fiktive Ausschnitte von Realität abzubilden?*

Christoph Schlingensief: Auslöser war wieder einmal ein Fehler. Mein Vater hat alles gefilmt, die Geburtstagsfeiern, Kind in der Badewanne, Familie im Schnee und so weiter. Er hatte eine Doppel-8-Kamera; der Film musste unter der Bettdecke oder in einem dunklen Raum umgedreht und wieder eingelegt werden und wurde dann in die andere Richtung belichtet. Ich durfte auch filmen und habe einmal aus Versehen den Film zweimal in der Kamera umgedreht. Wegen der Doppelbelichtung ist dann plötzlich einer über den Bauch von jemand anderem gelaufen. Das fand ich toll. Das habe ich auch den Leuten vom Energiekonzern E.ON gesagt, die mich eingeladen haben: Wenn Ihre Firma funktionieren soll, müsste es möglich sein, das übereinanderzulegen und sich dennoch als Mensch wiederzuerkennen. Wenn Sie den Menschen noch entdecken, haben Sie Glück gehabt, dann ist das noch akzeptabel. Damit können Sie jeden Betrieb und jedes kapitalistische System überprüfen. Legen Sie alle Firmen übereinander. An der Stelle muss man ansetzen.

Claus Philipp: *Wenn ich mir das jetzt vorstelle: E.ON macht ein Management-Assessment-Center und Sie erzählen den Leuten dort aus Ihrer Erfahrungswelt. Wird da wirklich jeder bis zum Vorstandsvorsitzenden dasitzen, verständnisvoll nicken und sagen: »Hochinteressant. Eine ganz tapfere, kreative Perspektive. Das setzen wir jetzt um.« – Solche Beratungen werden aber doch wahrscheinlich nicht ernst genommen?*

Christoph Schlingensief: Dort darf man natürlich nicht hingehen, wenn man ein guter Linker ist. Ich mache aber solche kleinen Schritte, um Zeit zurückzugewinnen. Ich habe den Leuten gesagt, dass ich mit ihrer Vermarktung von Atomkraft nicht umgehen kann und die Trennung zwischen Naturenergie und Atomkraft wirklich als faires Spiel sehen will. Was in meine Wohnung fließt, können sie ja nicht separieren. Weil ich deren Namen so oft genannt habe, bestellt wohl keiner mehr Strom bei ihnen. Trotzdem ist das für mich interessant gewesen, denn ich habe kapiert, wie so ein Unternehmen funktioniert. Es geht darum: Wir haben keine Zeit. Du musst deinen Job verteidigen bis aufs Messer. Der fortschrittlichste Gedanke wäre, wenn einer, dem die Kündigung droht, selbst kündigt, als Chance zu sagen: »Ich treffe die Entscheidungen. Ich warte nicht …« Klar, dann ist der Versicherungsschutz weg … Aus meiner Sicht stoßen wir damit auf die alte Frage: Kunst im Gehege oder Kunst draußen. Jeder Mensch ist ein Künstler … jeder Künstler ist ein Mensch … Würde ich da nicht hinfahren, nicht Dirk Baeckers Postheroisches Management lesen, nicht mit Carl Hegemann zu tun haben und solchen Leuten, wäre ich nie auf Sätze gestoßen wie jenen von Tom Peters: »Wenn Sie alles unter Kontrolle haben, fahren Sie noch nicht schnell genug!«

Claus Philipp: Genauso wie es den Satz von Peters gibt: »Macht mehr Fehler und macht sie schnell!«

Christoph Schlingensief: Genau: »Macht den Chef zum Pförtner und den Pförtner zum Chef! Es passieren 100 Fehler, aber zwei davon sind so produktiv, dass das Unternehmen davon profitieren wird.«

Claus Philipp: So wie bei Ernst Messerschmidt, der phasenweise alles auf dem Kopf stehend sieht.

Michael Kerbler: Wie groß war denn bei E.ON die Versuchung, die Leute zu verarschen, was Sie ja nie tun?

Christoph Schlingensief: Wenn ich das könnte, wäre ich nicht glücklicher, als wenn ich es nicht mache. Es sitzen eben Leute seit zwanzig Jahren auf dem Sofa und vorne am Bildschirm läuft einer rum. Darüber entrüsten sie sich maßlos und sitzen weiter auf dem Sofa. Das ist das Prinzip dieser

Gesellschaft. Da kann ich nicht mitmachen. Tut mir leid. Das brauchen wir nicht. Im schlimmsten Fall funktioniert das später so. Man legt niemanden herein. Man denkt darüber nach, warum sich Sachen nicht über Kreuz denken lassen, warum es Dinge gibt, die man denken darf, die ansonsten aber nicht mehr erlaubt sind. Das ist so wie mit Theaterkritikern, die nur kommen, um mir zu sagen: »Na ja, Theater war schon mal weiter.« Meine Antwort: Theater ist verdammt noch mal noch nie von der Stelle gekommen, es ist eine stillstehende Anlage – die zur hochgradig interessanten Versuchsanlage werden kann.

Claus Philipp: Sie erleben doch den permanenten Switch. Einerseits ist da der Beurteilungsraum für Filme. Theaterkritiker erfinden aber Bewertungskriterien, wie man Schlingensief als Bühnenregisseur zu sehen hat.

Christoph Schlingensief: Wer macht das schon? Nur die wenigsten tun das. Die meisten Theaterkritiker gehen auch nicht ins Museum, gehen nicht in die Oper, gehen nicht einmal auf die Straße. Sie schreiben bloß Aufsätze darüber, dass es geregnet hat und sie armes Schwein sich schon wieder so etwas anschauen mussten. So kommen sie auch noch in Theaterjurys.

Claus Philipp: Und wie ist das mit Kritikern bildender Kunst?

Christoph Schlingensief: Die sind genauso; sie fliegen nach Miami, trinken Champagner und finden sich toll. Wenn ich in der Schilderung nicht die Begeisterungsfähigkeit der Person spüre, kann es nichts bringen. Es sind diese Fließbandtechniker, die den Blick der Zuschauer verbauen. Kritiker ist ein auslaufendes Modell. Ein Forum im Internet dagegen ist das Leben …

Michael Kerbler: Inwieweit bedenken Sie mit, welchen Eindruck Zuschauer von Ihrer Arbeit mitnehmen könnten? Über Ihre Absichten wird ja immer wieder gerätselt.

Christoph Schlingensief: Nehmen wir dazu folgende Situation als Vergleich: Sie wollen mit jemandem Sex haben und nun diskutieren Sie erst mal, wer am Anfang oben liegt. Wollen wir zuerst mit den Fingern dieses und jenes …? Was stellst du dir vor? Da kommt es zu gar nichts mehr! Das wird ein unmöglicher Abend. Es gibt eben Dinge, die ertastet man einfach, die schmeckt man, riecht man, fühlt man. Plötzlich passiert etwas, und das reicht auch erst mal.

Warum müsste ich also sagen: Passen Sie auf, es wird Folgendes geschehen … Und am Ende sind Sie ein geheilter Mensch, der fliegen kann, Sie haben Eselsohren, und hinten kommt Gold raus. Das ist für mich nicht der ideale Betrachter. Dann doch lieber Artaud und einer, der taub geworden ist, oder jemand, der einfach sagt: »Nö, ist für mich nichts. Ich geh lieber in die Oper in Wien zum Intendanten Holender. Das ist meine Welt.« Das ist alles akzeptabel. Ich bin für die Vielfalt zuständig. Was ich von Beuys und Roth gelernt und übernommen habe, ist, zu sagen: Ich baue etwas und übergebe es irgendwann. Man kann zusteigen, man kann sich auch einbringen, ohne deswegen bekloppt zu sein.

Eine alte Frau in Kassel freut sich heute vielleicht über Beuys, weil sie von den 7000 Eichen etwas hat. Das sind alles kleine Sachen, aber wichtig in dieser Zeit. Darum geht es. Und nicht darum: Um 22.00 Uhr ist Schluss, und dann will ich schnell eine Kritik, will wissen, ob Daumen rauf oder Daumen runter. In vielen meiner Vorstellungen hat am Ende keiner mehr applaudiert, nicht mal ein müdes Buh gab es. Wir sind einfach rausmarschiert, haben kurz die Hand gegen das Licht gehoben, um zu sehen, ob überhaupt wer da war. Es gab auch solche, wo am Ende alle getobt haben. In Bayreuth sind mir teilweise die Haare nach hinten geweht vor lauter Buhrufen. Das sind alles bewahrte Erlebnisse, Belohnungen, schöne Momente, schreckliche Momente, peinliche Momente. Aber was der Einzelne für sich mitnimmt, ist sein Geheimnis. Es wäre schon genug, wenn das ein Lufthauch ist, der Gehirnströme berührt. Das hört sich banal an, aber warten Sie mal ab.

Claus Philipp: In Namibia wurde ein für 4000 Rand gekauftes Schiff von 20 Arbeitern und von Wotan, Jesus und Patti Smith den Berg hinaufgezogen, so wie es Fitzcarraldo nicht geschafft hat. Das alles ohne Zuschauer, so als ob sie das nur für sich selbst machen würden, des Ereignisses wegen. Nitsch hätte 5 Euro Eintritt verlangt, wenn es ihm gelänge, Derartiges in Prinzendorf durchzuziehen.

Christoph Schlingensief: Hermann Nitsch ist interessant. Das ist jemand, den ich mag. Das hört er vielleicht nicht so gerne, weil ich im Gegensatz zu ihm ja angeblich so unglaublich politisch bin. Was er macht, ist ein Erlebnis von Polis, von Gemeinschaft. Man irrt vielleicht fünf Stunden herum und fragt sich am Ende, »Was ist denn da passiert?«. Es ist toll, dass das auch im Burgtheater stattgefunden hat, da kann ich dem Bachler wieder einmal nur gratulieren. Die Volksbühne in Berlin hätte das nur durchgewinkt und gesagt: »Was soll denn der Nitsch jetzt hier? Das brauchen wir derzeit nicht.«

Michael Kerbler: Wie ein Vereinsmeier gründen Sie ununterbrochen Vereine, die Bahnhofsmission, die Arbeitsloseninitiative, die Sie ja auch baden geschickt haben, oder die Church of Fear. Kann man, so wie es Claus Philipp in einem Artikel zusammengefasst hat, sagen, das alles ist die Church of Christoph Schlingensief?

Christoph Schlingensief: Die Sandler-Station war nicht Christoph Schlingensief als Sozialunternehmen, sondern einfach der Versuch, damals in Hamburg eine Polizeistation beim Bahnhof umzufunktionieren. Dort waren zwei Leute umgekommen und ziemliche schlimme Sachen zwischen Heroinabhängigen, Obdachlosen und der Polizei passiert. Die Station wurde aufgegeben und so konnten wir in ihr eine Bahnhofsmission eröffnen. Kommunikation und Kontakt kann durch Suppe, Tee und ein Mikrofon entstehen. Man braucht nur diese drei Sachen. Jeder darf da sagen, was er will. Unser Benefizabend dauerte sechs Stunden. Irm Hermann und unser Tagesthemenmoderator schliefen irgendwann auf der Bühne ein, das Publikum saß rum. Gleich zu Anfang hieß es, das sei völlig uneffektiv, bringe doch kein Geld für die armen Leute. Ich habe auch kein Geld gefordert, ich habe Autonomie für die Leute gefordert. Alles wurde schließlich übergeben und existiert als autonome Einrichtung immer noch.

Und CHANCE 2000 war eine Partei zu einem Zeitpunkt, zu dem wir zehn Jahre diesen dicken Mann da hatten, der am Ende immer unerträglicher wurde. Es war der Punkt erreicht, wo man gedacht hat: »Bitte jetzt nicht mehr. Der muss weg. Wir haben sechs Millionen Arbeitslose, die aber nicht vorhanden sind. Sie tauchen nicht mehr auf in der Gesellschaft.« Also gingen wir daran, im Theater, also innerhalb eines Schutzbereichs, eine Plattform zu bauen – eine Partei für die Minderheit, die aber die Mehrheit hat. Sie wurde als »Spaßpartei« angegriffen, was angesichts von Spaßvögeln wie Westerwelle oder dem Showstar Schröder grotesk ist. Gerhard Schröder: Die größte Enttäuschung der 68er. Unsere Zentralforderung war, dass ein Sozialhilfeempfänger das Recht bekommt, im Bundestag zu sprechen – also wiederum bewusst ein kleiner Schritt.

Auch unsereiner hätte genug zu sagen. Wann aber sind Boris Groys, Peter Sloterdijk, Bazon Brock, Carl Hegemann oder ich schon gemeinsam im Fernsehen zugelassen? Wir könnten Abende füllen, wild herumdiskutieren. Daraus ergäbe sich etwas. Es müssen Bilder erzeugt werden. Das war immer die Idee meiner ganzen Arbeit. Ich habe immer aus Bildern gelebt und nicht aus dem Gedanken heraus, dass ich irgendwann mal den Eltern eine Briefmarke mit meinem Porträt zu Weihnachten schenken kann.

Dass ich jetzt die Chance habe, in andere Länder zu reisen, wo mich keiner kennt, wo niemand weiß, was ich gemacht habe, halte ich für ein großes Glück. Da entsteht etwas mit den Leuten und ich gerate an Punkte, wo ich Insekten, Schmetterlinge, Dreck sammle, tiefste Enttäuschung einsammle, die ich dann mitbringen kann in ein Land, das letztendlich nur aus Fatalismus besteht: »Wird sowieso nichts, ist nichts, war nichts« – das ist einfach nur negativ. Das Negative irgendwie wieder ins Positive zu wandeln, kann nur bedeuten, zu zeigen, was verpasst wird, wenn man auf diesem Punkt von Negativismus stehen bleibt. Das ist wieder Artaud. Das ist eine Triebfeder, obsessiv. Die kann man nicht abbrechen.

Claus Philipp: *Wie lange kann es Ihrer Meinung nach noch damit weitergehen, im Dienste von Produzenten, im Dienste der großen Institutionen zu arbeiten? Müsste man – wie Richard Wagner – nicht sein eigenes Bayreuth gründen, und wie würde das aussehen? Wäre das heute ein Reisebüro, mit dem man alle möglichen Destinationen dieser Welt ansteuern kann, oder eine Art Projektagentur?*

Christoph Schlingensief: Das ist schwer zu beantworten, weil ich an dem Punkt noch lange nicht bin. Vorerst geht es darum, sich in diesem Dahinfließen zu bewegen und etwas zu sammeln. Ich habe in Island bei Holmur, in der Nähe, wo Dieter Roth gelebt hat, einen einsamen Ort, der nennt sich »Das Horrorhaus«, »Horrorhaus der Obsessionen«. Dort möchte ich irgendwann die Animatographen aufstellen, an der Erdspalte, wo sich Europa jedes Jahr acht Zentimeter von Amerika wegbewegt. Das fänd' ich sehr schön, wenn sie diese Lücke ausfüllen würden. Da ich inzwischen Leute gefunden habe, die mir ermöglichen, solche Sachen zu machen, und wir mit Tobi, Aino, Henning und Jörg Maika und Kathrin einfach als gutes Team unterwegs sind, können wir sammeln und bauen und präsentieren, wo immer wir dafür eine Offenheit finden. Das ist großartig, ein Weg der kleinen Schritte. Und dann kehre ich vielleicht irgendwann zurück und sage: Lasst uns das nochmals alles zusammenholen, bevor ich abtrete. Fahr' mich mit dem Rollstuhl durch. Dann schaue ich mir das noch einmal an. Oder aber ich bin bereits blind, wie mein Vater und dessen Vater. Dann drehe ich die Scheiben, höre die Töne aus verschiedenen Himmelsrichtungen, kann mir vielleicht ungefähr vorstellen, wo die Monitore stehen. Möglicherweise hat dann aber ein Fremder schon heimlich was umgebaut hinter meinem Rücken und ich glaube immer noch, ich sehe mein eigenes Bild, aber es ist eigentlich schon das Bild von anderen. Und dann ist ein Traum erfüllt.

Ich liebe es, abends den Grill aufzubauen

Anlass: »Parsifal«, Wiederaufnahme
Mit Eva Behrendt
In: Theater heute 8/9 2007
Bayreuth, 2007

Sie haben Kunst in den Genres Film, Theater, Fernsehen, bildende Kunst und Oper gemacht. Also praktisch überall. Der Wiener Theaterkritiker Wolfgang Kralicek hat deshalb vor anderthalb Jahren geschrieben, Sie wirkten wie »ein Wiedergänger des eigentlich längst ausgestorbenen Typus ›Universalkünstler‹«. Einverstanden mit diesem Etikett? Hier auf dem Grünen Flügel könnte man natürlich auch von Ihnen als Wiedergänger des Gesamtkunstwerklers Wagner sprechen …

Der Satz »Er baut an seinem Gesamtkunstwerk« klingt nach vorsätzlichem Selbstmord. Ich kann zwischen den Genres nicht so leicht unterscheiden wie andere Menschen, weil ich sie nach Bedarf verwende und sich in meiner Arbeit das eine aus dem anderen transformiert hat. Ich brauche immer neue Widerstände, muss lernen, mir etwas aneignen können. Sobald ich etwas beherrsche, wird es langweilig. Meine Lebensversicherung ist, dass ich vom Filmemachen komme, was für mich bedeutet, an etwas festzuhalten und gleichzeitig zu wissen, es gibt mehr als das. Das Filmbild ist immer schon aufgetankt mit dem, was erst später kommt, davor schon war, daneben passiert. Mir ist es gerade sehr wichtig, zu untersuchen, wie das Bild entstanden ist und was in der Dunkelphase zwischen den Bildern passiert. Auch der Vorgang des Drehens ist wichtig, er ist die eigentliche Performance.

Sie haben es zwölf Jahre lang am Theater ausgehalten, in Wien, Zürich und vor allem an der Berliner Volksbühne. Jetzt haben Sie sich wieder vom Theater gelöst …

Im Theater muss alles immer auf den Punkt gebracht werden. »Endlich hat Soundso mal den ›Wallenstein‹ auf den Punkt gebracht!« Ich frag mich immer: Wie kommt man dazu, diese Reinheit des Sehens zu behaupten? Was soll das sein? Erinnern heißt vergessen. Das sagt die Neurobiologie. Sobald ich mich erinnere, vergesse ich etwas, weil ich mit der einen Erinnerung eine andere übermale. Ich verstehe das aber nicht als Freibrief. Der Satz »Das ist so scheiße, dass es schon wieder gut ist« muss abgeschafft werden. Das hat in den 80er-Jahren Thomas Meinecke in München immer gesagt. Man muss sich auch mal entscheiden und sich klarmachen: Das ist das, was ich im Moment gerade will.

Auch die meisten Theaterleute und Kritiker würden sich darauf einigen können, dass es die eine Wahrheit nicht gibt.

Aber was soll dann der Ausdruck »schlüssig«, den man ständig hört und liest? Es gibt nichts Schlüssiges! Es gab Momente, da guckte mein Vater auf die Uhr, obwohl er blind war. Er wusste, wie spät es ist. »Papa, du hast doch gerade die Uhrzeit gesagt!« »Ja, stimmt … wie kommt das denn?« Vielleicht ist das meine Freude am Leben, dass ich solche Ereignisse nicht als absurden Scheiß ansehe, sondern als Lebenselixier. Ich finde es absurd, hier zu sein. Es ist nur erträglich, wenn ich daraus Lust schöpfe. Wie ein Georg Petel, dieser Bildhauer aus dem Dreißigjährigen Krieg, der den Jesus in Elfenbein geschnitzt hat, und zwar so perfekt, dass jede Ader zu sehen war mit dem Nagel drin. Wenn du den abnimmst und auf ein kleines Kopfkissen legst, dann denkst du, der ist da in einer sexuellen Folter, vielleicht sogar hochgradig erotisiert. Das Schlüssige macht die Sachen letztlich tot und klein. Es ist nur wichtig, weil es ohne die Forderung nach Schlüssigkeit auch nichts Unschlüssiges gäbe.

Ihr Nachfolger an der Berliner Volksbühne, Jonathan Meese, beschwört die Kunst im Großen und Ganzen.

Bei Jonathan gucke ich natürlich genau hin, weil ich ihn mag und er mich. Er hat diese eine Idee: Die Kunst ist die Sache. Sie wird alles bestimmen, wird die Revolution machen, das Parlament stürmen, und die Volksbühne ist die Plattform. Das ist ja prima. Aber es ist mir dann vielleicht doch lieber bei Beuys, weil der schon tot ist.

Ist es nicht »so scheiße, dass es schon wieder gut ist«?

Nein, ich halte das für kompletten Quatsch. Es ist aber wahrscheinlich Jonathans tiefstes Inneres. Dass er gute Installationen bauen kann, davon bin ich fest überzeugt, dass er ein paar supergroßartige Bilder gemalt hat, auch. Wie einer, der niemals aus seiner Klinik rausgekommen ist. Ich liebe ihn ja auch deshalb, weil ich in ihm ganz viel von mir wiedererkenne, auch an Unglück, das man sich selber zufügt. In fünf Jahren wird er extrem darunter leiden.

Sie haben auch einigen Zirkus veranstaltet.

Nach dem Wien-Container AUSLÄNDER RAUS (1999) hätte ich mich zur Ruhe setzen können. Da war ich Everybody's Darling. Da hatte ich eine Partei, einen Staat zum Wackeln gebracht. Aber ich kann mich nach so etwas auf keinen Fall beruhigen. Da fängt die Selbstzerstörung an. Lieber nehme ich ne Schlaftablette am Abend, als dass ich warte, bis ich von selbst zur Ruhe komme. Ich quäl mich unheimlich viel. Auch der Jonathan hat vor einem Jahr einen Punkt gehabt, an dem er, hätte er gute Berater und Freunde gehabt –

Die Volksbühne ist kein guter Freund?

Jedenfalls sagt sie nicht: Jetzt hör mal auf, mach mal Pause. Vor einem Jahr hätte Jonathan mit dem Gedanken, dass etwas verändert werden muss, dass es manchmal keine Grenze geben darf, auch auf der Bühne nicht, dass es eine Welt gibt, aus der man bei lebendigem Leibe nicht mehr rauskommt, einen Sprung in der Diskussion bewirken können. Da hätte er die Weisheit haben müssen, sich zurückzuziehen und zu malen. Aber das kann man ja nicht. Wenn man so viel Kraft in sich hat, muss man sie rauslassen und damit arbeiten, stoßen und hämmern. In zwei, drei Jahren ist er vielleicht so was wie Salvador Dalí, mit verdrehten Augen, Zwirbelbart und stockender Hand.

Sie haben sich auch nicht zurückgezogen. Jedenfalls nicht für lange Zeit.

Ich hätte mit der Partei damals wirklich Millionen Leute formieren können, den Wahn hab ich. Man hätte den Reichstag stürmen können. Die Fantasie dahinter war: Werner Brecht am Rednerpult im Reichstag, und weil er nicht gerne redet, aber gerne raucht, raucht er dort so lange, bis es heißt: »Ihre Rede- oder Rauchzeit ist um.« Dabei wäre ein Bild entstanden, das meiner Meinung nach wert ist, überall überhöht zu hängen, wie der Bundespräsident in den Amtsstuben. Ein Sozialhilfeempfänger am Pult des Reichstags. Und es ist kein Scherz, kein zynischer Beitrag, sondern die absolute Wahrheit. Dieser Mann hält keine Reden, aber er ist in einer Bewegung, die die Masse, die Menge, die Mehrheit bedeutet. Das kann man normalerweise gar nicht vermitteln. Damals habe ich den Punkt der Ernsthaftigkeit verpasst. Jetzt heißt es: »Der hat doch nur Witzchen gemacht.«

Fühlten Sie sich nicht ernst genommen am Theater?

Die Geschichte wird nicht wahrer, weil Leute bleiben. Ab und zu muss man sagen: Schnitt, und weg. Ich habe dieses Jahr schon drei Theatern abgesagt. Ob ich Intendant werden will, hat mich keiner gefragt. Dabei würde ich das sehr gerne, meinetwegen in Hamburg. Wer ist denn da Intendant am Schauspielhaus? Das ist wie mit unserer Regierung, ich weiß gar nicht mehr, wer Außenminister ist und wer Innenminister.

2003 sind Sie mit sieben Pfahlsitzern der CHURCH OF FEAR *zur Biennale nach Venedig eingeladen worden. War das der Zeitpunkt, an dem Sie vom Theater in die bildende Kunst gewechselt sind?*

Das passierte schon in der Zeit von CHANCE 2000. Da meldete das Guggenheim Museum Interesse an meiner Arbeit an, und Klaus Biesenbach hat uns zur documenta 1997 geholt. Danach gabs ab und zu Anfragen, ob man was zeigen könnte von mir. Die dachten, ich sitze zu Hause und male in Öl. Inzwischen bin ich bei Hauser & Wirth in Zürich, einer sehr bekannten, aber auch sehr ruhigen Galerie.

Stimmt es, dass man mit Kunst mehr Geld verdienen kann als mit Theater?

Ein Animatograph zum Beispiel kostet circa 100 000 Euro. Der Hamburger Sammler Harald Falckenberg, der auch schon früh Arbeiten von Jonathan Meese, John Bock, Paul McCarthy und Jason Rhoades erstanden hat, besitzt seit einem Jahr den Animatographen aus PARSIPARK in Neuhardenberg, das Riesending mit Hitler, Stalin und der Luftdruckkammer darauf. Ich war froh, dass der ihn wollte, denn privat kann ich das gar nicht lagern. Das Geld habe ich gleich in ein neues Projekt gesteckt. Die ganze Filmarbeit für München war sehr teuer, weil im Kopierwerk lauter Methoden und Materialien verwendet wurden, die es eigentlich nicht mehr gibt.

Sie haben sich schon früher für Ihre Aktionskunst verschuldet.

Bei den Proben zu BERLINER REPUBLIK bekam ich Sehstörungen, weil das Auge hier plötzlich schwarz wurde. Der Augenarzt sagte: Das ist wahrscheinlich ein Hypophysentumor. An der Stelle, wo die beiden Sehnerven zusammenkommen, liegt die Hypophyse, die gibt dir die Gefühle. Wenn das aus ist, dann bin ich so (*guckt stier*). Kannste aufn Kopp hauen … passiert nicht viel: Das war Punkt eins. Punkt zwei war der Brief am gleichen Tag: 180 000 Mark Steuerschulden nach CHANCE 2000, weil ich alles, was auf meinem Privatkonto eingegangen war, der Partei gegeben hatte. Die musste ich zahlen, in Raten. Der Alexander Kluge hat mich sehr unterstützt, auch Joop und Biolek, und ich habe noch diese Fernsehserie für RTL gemacht … Mir geht es darum, ein paar Projekte ablehnen zu können und mich lieber auf eines zu konzentrieren. Und da haben mir Falckenberg oder die Sammlerinnen Julia Stoschek oder Francesca von Habsburg bereits sehr geholfen.

Im Gegensatz zum hoch subventionierten System Theater müssen sich bildende Künstler am Markt behaupten. Hat das Auswirkungen auf die Art von Kunst, die produziert wird?

Ich halte es für einen Nachteil, dass es bei der bildenden Kunst dieses »Darauf sollten Sie setzen, denn das könnte mal etwas werden« gibt. Das ist der Tod der Kunst. Das Theater hat ja eigentlich eine gute Basis durch seine Flüchtigkeit, muss sich aber die ganze Zeit wieder verteidigen durch so betonierte Zahlenkolonnen, 200 000 Zuschauer in einem Jahr usw. In dem, was ich mir so vorstelle für die Kunst, ist man zwar unabhängig, baut aber trotzdem gemeinsam an einem gedanklichen Gebäude. Paul McCarthy, den ich sehr schätze, macht das so mit Kollegen und Freunden. Der kann auch weitergeben, abgeben. Das ist in der Kunst ja gar nicht so einfach. Ist das wirklich von ihm, ist das auch einmalig, hat er es signiert und wie hoch ist die Auflage? Ob der Theaterabend ein- oder vierzigmal läuft, ist für seinen Wert egal.

Ich fände es gut, wenn es im Theater keine Premieren mehr gäbe. Wenn ich die Kraft und die Möglichkeit hätte, würde ich sagen: Ich habe hier so eine Probenkonstellation entwickelt, ATTA ATTA, und dann kommen zwei oder drei Leute, und die entwickeln das weiter oder bauen es um.

Wie Dieter Roth gesagt hat: Der Zug fährt, wir bauen weiter, und irgendwann verlasse ich den Zug und er fährt trotzdem weiter. Meist klappt das leider nicht. Die Jünger von Beuys haben Beuys eigentlich plattgemacht. Da sind viele super unangenehme Menschen dabei. Die Beuys-Jünger sind so esoterisch: »Die Eiche, die Eiche«, Strickpullover für alle. Auch die Wagnerianer sind oft ziemlich unangenehm, weil die plötzlich genau wissen, was Wagner wollte. Nur Claus Peymann hat keine Jünger.

In Ihren letzten Theaterinstallationen wie PARISPARK*in Neuhardenberg sowie* ATTA ATTA, KUNST UND GEMÜSE *oder* KAPROW CITY *an der Volksbühne war die bildende Kunst ein wichtiges Referenzsystem, meist in Gestalt von Zitaten, Namen und Mythen. Trotzdem wirkte alles oft recht willkürlich zusammenassoziiert, wurde Bedeutung inflationär. Wie verhält es sich in Ihrer Arbeit mit Zufall und Absicht?*

Ich habe versucht, eine Geschichte zu erzählen, aber das hab ich nicht geschafft. Was ich erzähle, geschieht ja in dem Bewusstsein, dass es nicht die Wahrheit ist. Die Geschichte und wie ich sie erzähle, entscheidet sich, jedenfalls im Film, auf dem Level von Rhythmus und Schnitt. Wie die sprechen, wie der Ton ist, welchen Sound das ergibt. Da hat mich auch stark die Musik getrieben. Psychologische Geschichten kann ich nicht ausstehen und auch nicht erzählen. Bei KAPROW CITY entstand immer, wenn ich eine Zeichnung gemacht habe, eine Endlosschleife. Bei der Ausstellung im Münchner Haus der Kunst, 18 BILDER PRO SEKUNDE mit Filmmaterial aus Namibia und Brasilien habe ich eine Führung gegeben für die Freunde vom Haus. Aber als alle gegangen waren, war ich super depressiv. Weil ich alles erklären konnte. Dann hab ich sofort drei der

Kabinen geschlossen, bestimmt 15 Filme entsorgt, Stellen rausgenommen und Dunkelheit erzeugt. Sonst wäre alles kaputt und pädagogisch gewesen.

Die Münchner Ausstellung ist das erste Projekt, das ohne Ihre Live-Performance auskommt.

Ich hab im Moment wirklich Phobien, 'ne Zeitung zu kaufen. Ich kann meinen Namen nicht lesen und ich will auch feuilletonmäßig nicht wissen, was läuft. Bei mir in Berlin lief der Fernseher ja fast vom Frühstück an bis spät in die Nacht, bis zwei oder drei. Und im Internet war ich auch dauernd. Zeitung hatte ich nie abonniert, keine Romane gelesen, aber viel Fachliteratur, über Gehörgänge, Gehirne, Hysterie: Durch den Tod meines Vaters hab ich mich plötzlich gefragt: Wo bin ich eigentlich gewesen? Ich hab so viele Tricks drauf, alles, was ich gefragt werde, ganz schnell zu beantworten. Ein Bericht über mich selber ist auch nicht unbedingt die Wahrheit. Ganz oft hab ich vor meinem Bild gestanden. Die Ausstellung in München habe ich meinem Vater gewidmet, und wenn ich mich fürs Foto davorstellen würde, dann würde ich sie nur verdecken. Es ist toll, dass das jetzt auch ohne mich läuft.

Vor Bayreuth waren sie in Bonn, davor in Manaus. Die Filme in der Ausstellung, die im Münchner Haus der Kunst läuft, haben Sie in Namibia gedreht. Haben die Kontakte zur Opern- und Kunstszene Ihren Radius international werden lassen?

Seit einem Dreivierteljahr stehen bei meinen Eltern sechs gepackte Koffer, Restekoffer, von Orten und Projekten, die abgeschlossen sind. Da nehme ich auch kein Buch mehr raus, keine Notizzettel, die Wäsche rette ich meistens weiter. Ansonsten bin ich fast unfähig zu sagen, wo ich eigentlich wohnen will. Seit Papas Tod ist das extrem geworden. Seither bin ich ja auch ganz viel nur noch in Oberhausen, da schlaf ich auf der Luftmatratze im Wohnzimmer oder auch mal im Hotel. Ansonsten lebe ich in meinem Wohnmobil. Ich liebe es, abends den Grill aufzubauen.

Wie Steve McQueen, der irgendwann nur noch im Flugzeughangar wohnte!

F. W. Murnau ist für mich auch so ein Fall. Der ist irgendwann in seinen eigenen Film eingestiegen, in die Südsee gegangen und dort umgekommen. Es war gut, nach dem Tod meines Vaters in Manaus zu sein, weil dort die Luft so feucht ist, dass nicht jeder sieht, wenn du heulst. Du bist dort in einem Gebiet, wo jederzeit wieder eine neue Schicht abgetragen wird. Das Wasser kommt und mit ihm neuer Schrott. Du wirst nie Klarheit haben, wo es angefangen hat und wo's aufhört. Im ewigen Eis hast du mehr Klarheit als dort. Das Schöne am Tod, hab ich gelernt, ist eigentlich, dass man unterscheiden darf, zwischen davor und danach. Vom Katholizismus rücke ich immer weiter ab, obwohl ich sicher Kirchensteuer bis an mein Lebensende zahlen werde. Mein Vater hat zwei Fragen nicht mehr: »Wie kann ich ewig leben?« und »Warum muss ich sterben?«.

Sie haben einmal gesagt: Es fühlt sich gut an, keine Erlösung zu haben.

Solange du lebst, gibt es keine Erlösung, und wenn du tot bist, stellt sich die Frage der Erlösung gar nicht mehr. Deshalb sagt Giorgio Agamben: »Erlösung ist möglich, aber nicht für uns.« Und »Erlösung dem Erlöser« heißt der schöne Satz aus dem »Parsifal«, auch der, der erlöst, muss erlöst werden. Vom Erlösen und von der Erlösung. Das heißt nicht, dass ich fatalistisch geworden bin, gar nicht. Es ist nur der Satz »Durch Leiden lernen!« ergänzt worden durch den Satz: »Durch Lernen leiden!« Aber das macht nichts. Das ist nur die Konsequenz der Tragödie. Und diese Konsequenz, schlüssig zum Unschlüssigen zu kommen, ist eine Hoffnungserfahrung. Es könnte so viel mehr Lust und Freude im System sein. Der letzte Schrott kann einen erwecken. Das soll keine Legitimation dafür sein, angesichts der Vergänglichkeit nur Schrott zu machen. Das Leben ist eben ein Schrotthaufen, aber einer, mit dem man lustvoll umgehen kann. Deshalb wird die Lebensrealität, die ja so ungeheuer wertvoll sein soll und erhaltenswert, plötzlich zur Arbeitskopie, zum Gegenstand von Arbeit, Arbeit, Arbeit. Das gibt einem Lust, anzupacken, mitzumachen und eines Tages im eigenen Schweiß zu ertrinken. Das ist schön.

Theater war noch nie mein Ding

Anlass: Die Ausstellung »Querverstümmelung«
Mit Cornelius Tittel
In: Monopol, Januar 2008
Zürich, 2008

Herr Schlingensief, Sie haben zuletzt einen Film in Namibia gedreht, eine Oper in Manaus inszeniert und zuletzt eine Opern-Geisterbahn in São Paulo gebaut. Sind Sie auf der Flucht? Raus aus Deutschland, Österreich und der Schweiz, wo Sie jeder kennt?

Ich habe durch das Herumreisen auf jeden Fall eine Kraft bekommen, die ich in Deutschland vermisse, weil ich da immer »der Schlingensief« bin, der »provoziert«. Wegfahren heißt für mich immer, ich fahre in eine Gegend, in der ich mich nicht auskenne. Und wo ich mich nicht auskenne, muss ich mich mehr bemühen. In Deutschland bin ich ja nur als Enfant terrible zu Gast.

In letzter Zeit sabotieren Sie diese Erwartungshaltung. Als Sie Anfang November im Züricher Migros-Museum Ihre Ausstellung QUERVERSTÜMMELUNG *eröffneten, hätte man zumindest ein Happening gegen den Rechtspopulisten und Wahlsieger Christoph Blocher erwartet. Dann war es doch »nur« eine Kunstausstellung.*

Das ist dieses kranke Bild von politischer Kunst. Ich sabotiere keine Erwartungshaltung, sondern ich habe gelernt, dass es nichts mehr bringt, mit dem Megafon vor einem Politiker rumzubrüllen. Wenn politische Kunst ihren Rahmen gefunden hat, dann ist sie nicht mehr wert als die Gedenkmünze zum G-8-Gipfel. Ich glaube daran: Die Politik der Zukunft wird nur noch dann gewählt, wenn sie nichts mehr will. Blocher macht das gerade vor. Unser Bewusstsein ist doch weiter als das Reinheitsgebot der Politik. Der Politiker hat mittlerweile sein eigenes Theater. Und ohne Inhalt ist er auf der Erfolgsspur, das hat er sicher mit mancher Kunst gemein.

Und mit Theater wollen Sie zurzeit nichts mehr zu tun haben?

Theater war doch nie mein Ding. Dieses blöde Nachvorneglotzen. Diese angestrengten Typen, die meinen, sie wären heute Abend Hamlet und morgen Faust. Ich kenn' sie alle aus der Kantine, sie saufen und erzählen von früher, als sie noch so toll waren. Ihre Nasen sind rot und großporig, ihr Anspruch an die Gesellschaft ist größer als ihr Einfluss. Thomas Meinecke hatte früher das Motto: Theater zu Parkhäusern. Das stimmt immer noch. Für mich war Theater im besten Fall ein Studiogelände, das direkt in die Realität überging. Dazu musste man aber das Theater verlassen, und das habe ich ausgesprochen gerne gemacht. Im Theater denken alle noch, sie würden uns ein Bild zeigen. Ich hab' hingegen immer gedacht: Wir stehen doch alle selbst im Bild. Und vor allem: Wer hat es gemalt? Auch diese Frage stelle ich mir in der Kunst.

Sie waren also die ganze Zeit am falschen Platz?

Das Theater war ein Ort, den ich gerne benutzt habe. Da ich vom Film komme, musste ich am Theater erst mal in langen Szenen denken. Auch der Druck, vor Publikum zu stehen, ist anders: Der Raum überprüft mich, nicht ich überprüfe den Raum. Das war so das Minimalste, was es zu lernen gab, und daraus habe ich viel Material gezogen. Die Schauspieler waren am Ende diejenigen, denen das zu viel wurde. Im letzten Stück, KUNST UND GEMÜSE, haben die Behinderten das Sagen übernommen. Die Inszenierung wurde dann zum Theatertreffen eingeladen. Ich hab' mich damals sehr gefreut, weil das ja angeblich der Ritterschlag in der Theaterwelt ist. Und beim Theatertreffen selbst habe ich dann gemerkt, was auch das für ein jämmerlicher Fake ist. Da hofft man immer, dort eingeladen zu werden, und sieht dann, was das für eine miese Nummer ist. Eine Zuchtschau, bei der die Pferde prämiert werden sollen, die am besten laufen. Und man sitzt im Publikum und denkt sich, das kann ja wohl nicht sein, dass das Pferd laufen soll, das kann ja nicht mal stehen. Das war es mit dem Theater, seitdem bin ich durch damit.

Parallel zum Volksbühnen-Engagement haben Sie auch gleich Ihre Berliner Wohnung gekündigt. Waren Sie am Prenzlauer Berg genauso fehl am Platz wie am Theater?

Als mein Vater starb, habe ich Berlin verlassen. Weiß nicht genau warum, aber es war wie ein Ende. So, als wäre er mein einziger Zuschauer gewesen. Seit seinem Tod hat sich viel verändert, und eigentlich ändert sich seitdem fast jede Stunde etwas. Sein Tod war keine Inszenierung, kein Gemälde, kein Diskurs. Es macht keinen Sinn, sich ständig etwas vorzumachen. Manche Dinge sind realer, als »wir

Künstler« das überhaupt noch zulassen wollen. Wir saufen oder verstecken uns hinter unseren Intendanten oder Galeristen, wir sind so wahnsinnig depressiv, müssen geschont werden, äußern uns aber ständig zu allem und jedem. Wissen genau, wo Mitleid herkommt, was hip ist und warum die Sache so nicht läuft, blabla. Wir »verdichten« unser Hirn auf diese Dinge, bis nichts mehr übrig bleibt. Und plötzlich merkt man, wie viel Kraft flöten geht, weil manche Orte so tun, als hätten sie was zu sagen. Der Prenzlauer Berg zum Beispiel.

Wieso?

Dieser Ort simuliert Aufbruchstimmung, ist sozusagen der Wurmfortsatz der Berliner Republik. Nur dass die Galerien jetzt schon alle halbe Stunde eröffnen, da wird der Rotwein weggekippt, der Käse reingedrückt, und am nächsten Tag muss man erst mal aufräumen. Ab dann beginnt das große Warten. In der dritten Woche startet man dann noch den Waffelverkauf, aber auch die schmecken nur nach »ich will wieder zu Mama«. Und in der sechsten Woche kommen die Eltern, schütteln den Kopf, bezahlen den Strom und fahren nach Hause, und in der achten Woche meldet sich die Bank, dann wird geschlossen, das war's.

Bis die nächste Galerie eröffnet.

Genau. Übrig bleibt ein Frustrierter, der es vielleicht gar nicht schlecht gemeint hat, aber er war eben doch nur im Prenzlauer Berg, der zwar im Reiseführer als Klein-San Francisco bezeichnet wird, aber auch San Francisco hat schon lange nichts mehr rausgebracht. Ein großer Fake mit ein paar großen Galerien, die den Spuk am Laufen halten. Du kannst es schaffen, wenn du willst! Aber dazu muss man erst mal wissen, was man will. Nur reich, nur berühmt? Sterben können – das wäre mal ein guter Schritt nach vorn.

Sie selbst suchen Ihre Freiheit auch in der Kunst. Sie sind mit Hauser & Wirth bei einer der renommiertesten Galerien der Welt unter Vertrag, nach ihren Soloschauen in Zürich und im Münchner Haus der Kunst sind etliche Gruppenausstellungen in Planung – vom ICA in London bis zum Centre Pompidou in Paris. Was gibt Ihnen der neue Kunstkontext, was Ihnen das Theater nicht geben konnte?

Ich arbeite jetzt 47 Jahre an einer Langzeitbelichtung, und dabei wird vieles überblendet. Ich sehe eine breite Totale. Die Verdichtung überlasse ich den Bildern. Ich kann das also gar nicht so voneinander trennen. Aber ich bin einfach extrem froh über diesen Schutzraum. Ich nehme den Schutzraum Museum nach meinen Erlebnissen am Theater voll und ganz an. Ich muss mich nicht darum kümmern, ob am Abend 400 Leute kommen und ich nach zwei Stunden beklatscht werde oder ausgebuht. Ich kann jetzt das machen, was ich immer gemacht habe. Und zwar alleine, wie im Schneideraum. Ein Museum hat für mich die Ausstrahlung, als wären alle draußen im Tiefschlaf, und man selbst kann arbeiten. Das mag ich sehr. Ich war ja auch in meinem Leben hundertmal öfter im Museum als im Theater. Im Museum kommt die Konzentration zurück, die ich im Theater verloren habe. Da gibt es kein Lampenfieber. Und am schönsten ist für mich die Erkenntnis, dass sich die Bilder auch dann noch unterhalten, wenn ich schon zu Hause bin. Mir kommt das alles ziemlich unangestrengt vor.

Viele Beobachter empfinden die Kunstwelt gerade ganz anders als Sie, eher als angestrengt, überhitzt, sensationalistisch.

Mit der Marktseite habe ich ja nicht so viel zu tun, das ist ja eher der verblödete Teil der Veranstaltung. Aber aus der Ferne denke ich, dass der Boom im Kunstmarkt vielleicht trotzdem das Beste ist, was der Kunst passieren kann.

Wie meinen Sie das?

Die Kunst ist ja nur noch unterwegs, von Stadt zu Stadt, von Messe zu Messe, von Museum zu Museum. Sie ist unterwegs, um sich zu treffen. Ob die Menschen danebenstehen und Geld zählen, ist der Kunst ja egal. Das stört die Kunst gar nicht. Irgendwann wird auch auf den Kunstmessen das Licht ausgemacht, und der Pförtner schließt die Tore. Das ist doch toll, da gilt dann dasselbe wie im Museum, da kann sich die Kunst in Ruhe unterhalten.

Besuchen Sie selbst auch Kunstmessen?

Ich hab' die Frieze besucht und auch das Art Forum in Berlin. Ehrlich gesagt, ich hab' es nicht ganz verstanden. Es kam mir so vor, als seien das alles Hundezwinger, und normalerweise beißt und knurrt der Hund, und hier winselt er und sagt, komm rein. Auf der Kölner Kunstmesse hab' ich mal einen Freund mit versteckter Kamera und Mikrofon losgeschickt, als Sammler getarnt. Und der wurde dann von einem Galeristen gefragt, wie viel er denn anlegen wolle, und mein Freund hat gesagt: Zwischen 50 000 und 100 000. Und dann im Kämmerchen wurde ihm was für 75 000 gezeigt, und der Galerist sagte, das wäre ein sehr gutes Geschäft, der Künstler sei schwer krank und würde es nicht mehr so lange machen.

Im Ernst?

Das will ich aber hoffen. Dieser Galerist hat das hoffentlich ernst gemeint, und der Künstler ist hoffentlich schon tot.

Stört es Sie gar nicht, dass Sie im Kunstkontext ein Newcomer sind? Jemand, dessen Namen man in den USA oder England nie gehört hat?

Ich würde das als Erleichterung bezeichnen. Es spornt mich eher an, die Konzentration zu suchen. Es ist doch gut, wenn jetzt neue Leute auf meine Bilder schauen, ohne zu wissen, wer ich bin und was ich alles gemacht habe. Und wenn ich Leute wie Harald Falckenberg, Julia Stoschek, Francesca von Habsburg gefunden habe, die mir mehrere Arbeiten ermöglicht haben, dann ist das doch eine echte Befreiung. Auch Iwan Wirth, mein Galerist, ist wichtig, weil er mir seit vier Jahren vorkommt wie jemand, der überlegt, wie er meine Sachen am besten vermitteln kann.

In der Züricher Ausstellung konnte man ein amerikanisches Sammlerpaar dabei beobachten, wie es um die Installation KAPROW CITY herumlief. Irgendwann sagte die Frau zu ihrem Mann: »That looks very Meese.« Trifft Sie so ein Kommentar? Ein Kommentar, der völlig ausblendet, dass Sie seit den Achtzigern an Ihrem Werk arbeiten und eben kein junger Kunststudent sind, der Jonathan Meese nacheifert?

Ich nehme für mich in Anspruch, dass meine Arbeit immer mit gesellschaftlichen Perspektivverschiebungen arbeitet. Ich rede zwar auch von mir, aber ich bin nicht der Egomane im eigenen Zauberreich. Ohne die Orte Bayreuth, Manaus, Island oder Afrika könnte ich nicht arbeiten, ich brauche Manifeste und Theorien, Fachliteratur und den Tod. Dann kann ich denken und arbeiten. Jonathan ist jemand, der in seiner eigenen Wahnschneise rumarbeitet. Wenn ich Jonathan irgendwo wieder höre und es ist ein bisschen Zeit vergangen, dann denke ich zwar, dass da jetzt aber auch nicht viel neuer Text dazugekommen ist, aber das stört mich nicht weiter. Der wird bald das Problem haben, dass man sagen wird, der muss sich jetzt auch mal was Neues ausdenken. Den Spruch kenne ich aber auch von meiner Arbeit. Jonathan und ich sind seit Ewigkeiten bekannt und befreundet. Wenn das ähnlich wirkt, dann ist das eher sein Problem. Ich komme vom Film und baue Studios. Und das werde ich demnächst auch bei dem Amipaar aus der Ausstellung tun, und dann warte ich auf deren nächste Einschätzung.

Gleich zu Beginn der Züricher Ausstellung sieht man einen alten Super-8-Film Ihres Vaters, auf dem Sie als Kind zu sehen sind. Der Film ist doppelt belichtet. Man sieht Sie, wie Sie eine Flasche Wasser trinken, gleichzeitig sieht man die Aufnahme eines Wasserfalls. Wieso eröffnet dieser Film Ihre Ausstellung?

Das war 1967. Wahrscheinlich der größte Flash in meinem Kopf: Da sehe ich mich als 7-Jährigen zweimal im selben Bild. Wasser trinken – Wasserfall. Und mein Vater hat es nicht extra gemacht, sondern den Film einfach zweimal umgelegt. Und so entstand eine Doppelbelichtung. Wenn eine Kamera eine Doppelbelichtung gemacht hat, damit ich etwas sehen kann, was vorher nicht da war, dann ist das sensationell für mich. Das ist der Punkt des Jahrhunderts für mich, das ist die Sensation: Ich sehe was, was du nicht siehst. Deshalb steht dieser Film am Anfang der Ausstellung.

Man könnte auch glauben, all die Doppelbelichtungen, all die Folien vor den Bildern in Ihren Installationen hätten auch etwas mit Ihren Augenproblemen zu tun. Sie sollen diesen Sommer einiges abgesagt haben, weil Sie nicht gut sehen konnten.

Das hat bestimmt auch damit zu tun. Mein Vater war ja am Ende seines Lebens blind und sein Vater auch. Ich hab' auch diese Krankheit im Auge, die Drusen. Das sind Ablagerungen auf den Sehnerven, die werden nicht mehr weggespült. Und an den Stellen ist dann das Bild angefräst. Das habe ich kombiniert mit grünem Star, der den Druck auf den Sehnerv erhöht. Man muss Tropfen nehmen, einmal am Tag. Mein Vater hat das 15 Jahre gemacht, bis er ganz erblindet war. Und gerade in letzter Zeit, als ich diese großen Augenprobleme hatte, dachte ich stark über die Bilder nach, die mir als Kind als klar beigebracht wurden, als ideal, als wirkliche Tatsache. Das klare, eindeutige Bild gibt es nicht. Es ist eine Lüge.

Es kann also durchaus sein, dass auch Sie völlig erblinden?

Das kann sein, ich nehme täglich meine Tropfen, aber die Drusen, das ist der beschissene Teil an den Augen. Ich hab' Sehausfälle, rein messbar hab' ich ziemlich viele schwarze Bereiche im Gesichtsfeld, wo ich diesen kleinen Lichtpunkt nicht sehe, aber das linke Auge ist noch ganz weit vorne. Trotzdem schleicht diese Angst durch die Adern, weil ich die Erblindung meines Vaters miterlebt habe. 15 Jahre lang. Da hat sich seine Angst oft übertragen. Wenn ich nach Oberhausen komme, dann ist es so, dass ich, je näher ich meinem Elternhaus komme, desto mehr anfange, Augentests zu machen. Links, rechts. Das mache ich normalerweise nicht. Ich versuche, mich nicht zu erinnern.

Weil das für Ihre Kunst das Aus bedeuten würde?

Das weiß ich nicht mal: Ich hab' im September, Oktober die Kreuzigungsszenen für FREMDVERSTÜMMELUNG blind gedreht, einen Film, den ich in Zürich zeige. Da konnte ich nichts sehen, weil der Augendruck durch eine zusätzliche Augenentzündung so stark geworden war, dass alles wie hinter einer dicken Milchglasscheibe wirkte. Dazu kamen die Schmerzen durch das Licht. Ich konnte das nur drehen, weil ich einen Kameraassistenten hatte, der mich an einem Gürtel hin- und hergezogen hat. Und weil ich eine Kamera habe, die ich schon seit Ewigkeiten kenne. Ich würde fast sagen: Mit der kann ich auch noch drehen, wenn ich blind bin.

Ihren Film AFRICAN TWINTOWERS *zeigen Sie in Zürich gleichzeitig auf 18 Monitoren, vielleicht auch, weil er über 180 Stunden lang ist. Das ZDF hat ihn koproduziert und wartet jetzt angeblich auf eine Version in Spielfilmlänge. Stimmt das?*

Ja, aber ich kämpfe um eine andere Lösung. Der Film erzählt keine Geschichte. Er passt nicht auf die rechteckige Leinwand, die ich mittlerweile genauso wenig mag wie das Theater. Der Film hat eine Kraft, die in seiner Unvollkommenheit und seiner Unabgeschlossenheit liegt. Es ist kein Film. Eher so etwas wie eine Sammlung. Am zweiten Tag der Dreharbeiten, als wir von Windhoek in die Wüste fuhren, kam ein Anruf, mein Vater habe einen Herzinfarkt und sei mit Magenblutungen ins Krankenhaus geliefert worden. Das war der Moment, wo mein Vater anfing, die Welt verlassen zu wollen. In der Nacht kam man da nicht weg. Am nächsten Tag sagten die Ärzte, er sei stabilisiert, ich solle später wieder anrufen, das ging so lange so, bis mein Vater anrief und im Flüsterton sagte: »Bleib da, mach das mal, es ist gut, ich warte auf dich.« Der Film wurde ein ganz anderer, ich hab' das Drehbuch weggeworfen und jeden Tag einen anderen Film gedreht. Ich hab' DIE VERDAMMTEN gedreht, 8, FASTER PUSSYCAT! KILL! KILL!, PARIS, TEXAS, DIE NIBELUNGEN. Ich habe keine Kontrolle mehr übernommen, es gab keinen Plan mehr, wir haben das gedreht, was ich mir in der Nacht überlegt hatte.

Der Film ist also unter Schock entstanden?

Ein heilsamer Schock, weg von diesem sentimentalen »Ich dreh' jetzt wieder einen Film«-Film. Man sollte ihn als Okularfassung ausstrahlen. Das heißt, das Bild wird in der Mitte als Kreis ausgestanzt. Also man sieht nur die Informationen im Kreis. So, als würde man durch ein Fernrohr auf die Leinwand blicken. Und alles, was rechts oder links zu sehen war, ist weg. Auch die Titel sind nur unvollkommen. Das wäre die Okularfassung, damit könnte ich leben. Weil ich so eben nicht sage: So ist es. So ist es nämlich eben nicht. Ich glaube fest daran: Das Kino der Zukunft kann sich die viereckige Leinwand eigentlich nicht mehr leisten. Das ist vorbei. In Zürich habe ich das mit einem Treppenlift kombiniert, wo der Betrachter durchs Bild in den Himmel fahren kann. Sozusagen eine Himmelfahrt. Da weiß man auch nicht, was so alles noch am Rande auftauchen wird.

Das ZDF wird nicht begeistert sein. Es wird in Ihnen wieder genau die Person sehen, die Sie nicht mehr sein wollen – der ewige Provokateur.

Warum sollten sie? Sie provozieren doch mit ihrer Fernsehnorm. Ich denke darüber nach, was meinen Film davon abhält, so zu tun, als wäre er ein geschlossener Bereich. Das ist wie bei Warhols »Chelsea Girls«. Die Filmbilder unterhalten sich auch ohne mich. Sie haben in den dunklen Randzonen, wo sie sich nicht zeigen, ihre Kraft. Die Dunkelphase provoziert, nicht das angebliche Licht, das sie einem anhängen wollen. Die dunkle Seite ist mir bewusster als dieses Licht. Und wenn ich mich in dieser Dunkelphase betrachte, dann finde ich das unangenehm, peinlich, ekelerregend. Der größte Teil des Lebens besteht aus dieser Dunkelphase, und deshalb ist das Leben auch so unangenehm. Meinetwegen ist der Film deshalb auch so lang geworden. Nur weil ich vom Leben berichte, denken einige Leute, ich wolle sie provozieren. Das Leben ist die Provokation, oder genauer: Ich im Leben, das ist die Provokation.

Ich gieße meine soziale Struktur

Über seine Krebserkrankung, die Bedeutung des Sprachflusses, Joseph Beuys und warum das Christentum eine Riesenfreude sein könnte

Mit Eva Behrendt
In: Theater heute 1/2009
Berlin, 2009

In der Berliner Wohnung. Christoph Schlingensief kocht Tee.

Das ist ein Antikrebstee aus Japan …

Im Ernst?

Nee. Du kriegst ganz viel so Zeug, Teufelskralle, Katzenkralle, davon zwei Liter am Tag trinken, und dann geht der Krebs zurück. Mir wurde Hypnose angeboten, ein Apotheker hat mir ein komplettes Mineralien-Sortiment geschickt. Manche wollen Geschäfte machen, aber alles was hilft, ist okay.

Wird man automatisch zum Spezialisten, wenn man an Krebs erkrankt?

Krebs, das merkt man sehr schnell, ist nicht universell. Er ist bei jedem anders. Das macht die Sache auch so gefährlich, weil man immer lernt: Tust du das, passiert das. Tust du dieses, passiert jenes. Ich habe meist etwas anderes erlebt, als man mir erzählt hat. Bei meiner ersten Chemopackung passierte drei Tage nichts. Sich übergeben, Haarausfall, das ist bei mir alles nicht passiert. Stattdessen hat die Seele unglaublich protestiert, die Zellen haben geschrien. Alles hat getobt in mir. Es gab keinen Ausweg, keine Fluchtmöglichkeit, das Zeug war in mir drin. So stelle ich mir die Hölle vor. Deshalb meine ich auch, jetzt ist es erst mal überstanden. Was das Sprechen, das Handeln, das Tun betrifft: Ich hab nicht mehr diese kindliche Unschuld, die ist weg.

Ich überlasse diesen Krebs nicht der Schulmedizin. Es wird besser, wenn ich mich nicht drum kümmere. Am liebsten würde ich jetzt ein halbes Jahr lang spazieren gehen und Leute besuchen. Ich hab sogar Lust, Proben anderer Regisseure zu besuchen. Da hätte ich mich früher nie drum geschert. Umgekehrt sind die Leute ein bisschen geduldiger mit mir. Ich kann eher zugucken, auch bei den eigenen Proben habe ich Glücksgefühle. Früher bin ich da immer gleich reingerannt, hab alles vorgespielt, am liebsten alle Rollen übernommen. So wie bei ATTABAMBI-PORNOLAND. Da waren lauter Weltstars auf der Bühne. Und wer hat 90 Minuten lang gesprochen? Ich! Horror.

Als Künstler soll man – zumindest nach altem romantischem Künstlerbild – aus sich selbst schöpfen. Geht das auch in der Kollektivkunst Theater?

Unabhängigkeit muss man sich leisten können. Wie Paul McCarthy oder Matthew Barney. Die haben ihren Fundus an Material, ihre Werkstätten und Mitarbeiter, sind selbstständige Unternehmer. Theater ist ja eine seltsame Veranstaltung. Je näher die Premiere rückt, umso mehr Leute schauen drauf. In Duisburg konnten wir eine Woche vor der Premiere schon eine Art Durchlauf machen. Es war ein großer Glücksfall, dass ich mit so vielen alten Freunden arbeiten konnte. Die Behinderten waren wieder dabei, Carl Hegemann, Voxi Bärenklau, das alte Team. Dann habe ich fast fünf Tage nur darauf verwandt zu gucken, welche

Filme in welcher Kombination mit der Musik laufen. Diese Konzentration und Geduld habe ich früher nicht gehabt, da musste das alles immer live und spontan passieren. Gleichzeitig hätte ich in meinem geschwächten Zustand ohne die Hilfe von Aino (Laberenz), Sophia (Simitzis), Meika (Dresenkamp) und Anna (Heesen), die teilweise auch die Regie übernommen haben, gar nicht arbeiten können. Auch Margit Carstensen war eine große Hilfe. Die fand es falsch, aus den Texten Szenen zu bauen. Ich hatte ja anfangs die Idee, daraus eine Komödie oder einen Spielfilm zu machen.

Komödie? Klingt makaber.

Lachen war auf der Station so selten geworden. Das gabs überhaupt nicht. Als mir im Krankenhaus eine verrückte Frau vor die Zimmertür gekackt hat, da hab ich zum ersten Mal wieder gelacht, und zwar so, dass ich meine Narben festhalten musste. Alle dachten, jetzt ist er durchgedreht. Margit hat mir durch ihr komisches Sprechen meiner eigenen Texte bewusst gemacht, dass das alles auch sehr absurd ist. Und ich wollte ja auf keinen Fall nur auf die Tränendrüse drücken. Sie war auch dabei, als ich meine Lungenembolie bekommen habe, was dann bei der einen Seite, die ich nur noch habe, blöd ist. Da war sie hier auf dem Balkon eine rauchen, und ich bin drinnen fast erstickt. Als sie zurückkam, hatte ich schon in die Hose gemacht.

Dokumentieren Sie sich in allen Lebenslagen selbst?

Überhaupt nicht. Bei mir ist es wichtig, dass dieser Sprachfluss dabei ist. Vor allem abends. Ich hab Angst gehabt ab 17 Uhr. Da kamen die Geister wie so Figuren angeflogen.

Mir wurde kalt von unten nach oben. Unbeschreiblich. Da gibt es ein unglaubliches Stimmengewirr, nicht, weil ich irre bin, aber das muss dann raus. Das Ding (Tonbandgerät) war der Mülleimer. Ich hab da mein Mantra so reingeredet. Wahrscheinlich werden dabei irgendwelche Endorphine ausgeschüttet. Auch im Krankenhaus habe ich immerzu erzählt und Gedanken formuliert. Am Morgen, als der Professor für Anästhesie kam, hab ich schon schwadroniert. Irgendwann sah ich sie tuscheln und auf die Geräte gucken. Da stellten sie fest, dass das Morphium ausgefallen war. Aber ich hatte vor lauter Erzählen und lautem Denken keine Schmerzen! Auch in den OP-Raum bin ich wie zu einem Auftritt gefahren.

Das hört sich wie Psychoanalyse ohne Analytiker an …

Egal ob mit oder ohne. Ich halte eigentlich von beidem nichts. Ich habe ja immer in Hochgeschwindigkeit gearbeitet und ein Riesenglück gehabt. Und dann sagt einer innerhalb von zehn Sekunden: »Das sieht aber scheiße aus.« In dem Moment – dong – ging so ein Hitzeschlag durch mich durch. Da war eher die Frage: Was kann ich tun? Da hab ich, noch bevor ich operiert wurde, das Buch zur JOHANNA-Inszenierung in zwei, drei Nächten wie ein Wahnsinniger bearbeitet. Ein Freund meinte: »Jetzt lass das doch mal, erst mal die Krankheit!« Aber ich habe gemerkt, ich muss es machen, solange ich es noch spüre. Genau wie in Duisburg. Da durfte ich plötzlich wieder fühlen und entscheiden, handeln und analysieren. Bei den nepalesischen Verbrennungsritualen gehört auch alles zusammen, Leben und Sterben. Das hat mich magisch angezogen.

Es gab also schon eine Sehnsucht, das Erlebte in Kunst einzuspeisen?

Ich habe gerade eher das Gefühl, die Bilder haben das Erlebte vorweggenommen. Ich entdecke erst jetzt, dass das schon mal da war als Angst, die sich nicht formuliert hat. Der Krebs ist für mich nicht nur ein chemischer Unglücksfall, sondern auch ein spirituelles Ding. Das hat ein Gesicht. Der Krebs ist in der Zeit entstanden, als ich mich um das Weltabschiedswerk von Herrn Wagner gekümmert hab und um Erlösung. In meinen Geschichten – KÜHNEN, PARSIFAL – gibt's immer Verweise auf die Erlösungsfrage, Gott sei Dank nicht immer ernst, weshalb DAS DEUTSCHE KETTENSÄGENMASSAKER auch ein lustiger Film ist. Aber Wagners Todessehnsucht hab ich mir komplett angezogen. Und selbst nach der Operation musste ich mir wie im Wahn den »Thementag Tod« auf 3sat ansehen. Da ging es ums Sterben, aber auch um die Veränderungen, diese kleinen Schritte, die den Abschied nicht mehr ganz so schmerzhaft machen.

Es gibt in EINE KIRCHE DER ANGST VOR DEM FREMDEN IN MIR *sehr persönliche Momente. Sie als Kind im Super-8-Film, direkt nach der Diagnose auf Tonband, weinend im Video und live als Jesus, der das Abendmahl austeilt. Haben Sie keine Angst, sich so zu offenbaren?*

Carl Hegemann hat drüber philosophiert, ob die Leute nachher nicht denken: »Jetzt hat er sich ausgeweidet.« Ich hab dann immer gesagt: Die Fluxusfilme sind für mich wichtiger. Das ist genau diese Ecke von Werner Nekes, wo ich herkomme. Das andere ist der sich wahnsinnig selbst liebende Künstler, der bürgerlich das Klavier zersägt. Darin steckt ja auch die Vorstellung vom Leben als Fluss, der Wunsch, dass Kunst und Leben zusammenkommen. Allein der Vorsatz ist schon Schwachsinn. Daran ist auch Beuys mit seinen Jüngern krepiert. Du kannst das nicht lehren und praktizieren. Die Hauptgedanken von Beuys sind tatsächlich in der Sprache passiert.

Ich versuche ja auch gerade, Sprache nicht nur zu nutzen, um zuzuballern. Früher habe ich mich danach gesehnt, in den Situationen aufzugehen, mich zu verlieren. Jetzt gucke ich mit großer Ruhe und Distanz drauf. Manchmal ist da beängstigend wenig Gefühl, bevor es doch wieder ausbricht aus dem Fundus der Bilder. Da merke ich, dass ich die Erfahrungen doch nicht ganz abgeben und sagen kann: »Jetzt habt ihr das Problem an der Backe, tschüss bis zur nächsten Krankheit.«

In der KIRCHE DER ANGST *haben Sie auch erzählt, dass Sie sich selbst nicht richtig lieben können, haben von der Utopie des Autonomseins gesprochen. Da dachte ich, dass es schon ganz schön Abstand zu sich selbst braucht, um das, was man in einer existenziellen Situation empfunden hat, als Material für Kunst zu benutzen.*

Ich glaub auch, dass man das in der Kunst braucht. Ich wünsch ja keinem die Erfahrung von Krebs, damit er sich wieder fühlen kann. Eine Psychotherapeutin im Publikum meinte, es sei unglaublich, dass ich so drauf bin. Normalerweise würden die Krebspatienten lange mit sich ringen. Da hab ich gesagt: »Ich gieß ja jetzt gerade auch diesen Krebs in eine Form.« Ich gieße gerade meine soziale Skulptur. Ich bin der Bildhauer. Und ich arbeite am erweiterten Krankenbegriff.

Der Begriff »soziale Plastik« stammt auch von Beuys. Wie wichtig ist Beuys für Schlingensief?

Ich hab ihn mit 16 als Zuhörer kennengelernt, als ich mit meinem Vater im Essener Lions-Club einen Vortrag von Beuys über die Entwicklung der Marktwirtschaft gehört habe. Da sagte er, dass das Gesellschaftssystem in sieben Jahren komplett zerstört sein würde. In dem Moment sind alle älteren Herren, die vorher eingeschlafen waren, aufgewacht und haben ganz laut gebellt. Das hab ich mir gemerkt. Als ich die Partei CHANCE 2000 hatte, sind Beuys-Leute wie Stüttgen oder Rappmann auf mich zugekommen und meinten, »Wähle Dich selbst!« wäre von ihnen gewesen. So kamen wir ins Gespräch.

Ich finde Beuys wichtig in meinem Leben, aber ich hab auch meine Zweifel. Vielleicht hab ich ja noch die Gelegenheit, ihn komplett umzudeuten. Auf jeden Fall ist er ein Schlüssel für die Auseinandersetzung mit Kunst in der Gegenwart. Weil die Kunst in der Gegenwart sich das Denken nicht mehr richtig leistet, außer vielleicht mit Meta-Meta-Aufsätzen, die ich nicht lesen will. Er hatte als einer der ganz wenigen begriffen, dass Kunst Denksysteme ins Wanken bringen kann. Und im besten Fall durfte ich so etwas auch in meiner Arbeit erleben. Bei Beuys konnte auch der Normalmensch einfach einsteigen, sei es, weil er wütend war, sei es, weil man die Ahnung hatte, der Typ weiß viel und hat ein Herz. Das sind einfach gute Faktoren, die ich in der Kunst ganz oft vermisse. Ich mag an Beuys, dass gedacht wurde.

Wird denn, wer seine Wunde zeigt, geheilt?

Das mit der Heilung ist so eine Sache. In den Talkshows haben wir ja genug Leute, die angeblich ihre Wunde zeigen. Aber meist haben die schon meterdicke Verbände drüber.

Medienkritik ist dabei gar nicht mein Thema. Es gibt Stoffe, da vermutest du auf den ersten Blick, dass hier mit Kalkül gearbeitet wird. Auf den zweiten Blick merkst du, dass das etwas ist, das sich musikalisch mit dir verbindet, dadurch plötzlich auch mit dir zu tun hat und deshalb auch deine Fragen mit in den Raum wirft. Nicht unbedingt die Antworten. Vor einem Jahr habe ich auf dem Theater noch rumgehackt, im Moment ist es wieder das Labor, das ich liebe.

Kennen Sie Scham in Verbindung mit Theater?

Bernhard Schütz hat da eine Tür geöffnet, dass man auf der Bühne manchmal anfing, Sachen zu machen, die schon an die Grenze gingen. Es gab Vorstellungen, wo wir beide mit dem Rücken zum Publikum standen und uns nach einer Dreiviertelstunde so zugeflüstert haben: »Sag mal, was machen wir jetzt, Bernhard, was machen wir jetzt?« Und er: »Ich weiß auch nicht mehr, ich weiß auch nicht …« Sag ich: »Das ist doch furchtbar!« Und er: »Ja, ich schäm mich in Grund und Boden.« Und ich: »Ich auch.«

Auch für meine Krankheit habe ich mich die ersten sechs Wochen extrem geschämt. Ich konnte mich nicht mehr mögen. Das war schon immer eine Grunddisposition – auch wenn das anders aussieht, weil ich manchmal so rumgetobt bin, bei der Partei oder auch dem Wien-Container oder TALK 2000 oder der MTV-Show. Aber das waren nur Teilaspekte. Ungefähr so wie ein Selbstzerstörungsurlaub nach der Kunstaktion. Tief drin hatte ich oft das Gefühl, dass die Arbeit doch nicht richtig gut war, nicht konsequent genug oder auch nicht wirklich liebend. Nicht ehrenhaft, also aufrichtig. So wie Carl Hegemann sagte bei 100 JAHRE CDU:

»Der Abend ist lustig, aber mehr auch nicht, und vor allem hast du nicht richtig gebeichtet.«

Früher waren Ihre Inszenierungen oft politischer. Stimmt die Beobachtung, dass Ihre Arbeiten in den letzten Jahren immer persönlicher geworden sind?

Schon meine Filme hatten ganz viel mit mir zu tun. EGOMANIA von 1987 zum Beispiel mit der obsessiven Welt, in die ich mich damals in meiner Dachzimmerwohnung in München verstrickt hatte. Eine Wohnung mit Wasser, aber ohne Strom. Thomas Meinecke wohnte im Haus, auch Prostituierte. Mein Denken und Schreiben dort war sehr melodramatisch, einsam, sentimental, hasserfüllt. Die Filme haben viel mit Fassbinder und Schröter zu tun, nur dass ich darin einen Humor verfolge, der nicht ironisch ist oder zynisch-sarkastisch. Ein hoffnungsloser, überdrehter Humor. Da wird Schrecken verbreitet, und gleichzeitig muss man lachen. Wie auch jetzt wieder bei diesem Abend. Später hab ich mehr preisgeben können, manchmal auch fast unter Zwang, immer musste da die Familie auftauchen …

… sie ist auch in Duisburg vorgekommen, in Super-8-Aufnahmen und als Konflikt mit Ihrer Mutter.

All dieses Streben nach Erfolg von früher, weil Mutter und Vater dann auch begeistert sind und die Verwandtschaft sich allmählich beruhigt … Es ist ja absurd, mit 47 solche Überlegungen! Aber ich kann die auch jetzt noch nicht abstoßen, obwohl es schon wesentlich besser ist. Mein Vater ist weg, und mit meiner Mutter hatte ich in dieser Zeit auch eine ziemlich harte Auseinandersetzung, die aber nun im Frieden geendet ist. Ich liebe sie. Und meinen Vater auch. Sie haben ihr Leben gelebt, und das haben sie ziemlich kräfteverzehrend hinbekommen. Und trotzdem frage ich mich, ob ich noch irgendwann ganz ohne Eltern auf der Welt sein werde. Ich wünsche meiner Mutter nicht den Tod. Aber wie ist das Gefühl, wenn man keine Eltern mehr hat, denen man vieles erklären wollte, auch wenn es keine Chance zum Verstehen gab? Dann wieder der Gedanke: Mein Gott, die ganze Familie Schlingensief fliegt auseinander. Schon Vaters Erblindung, die Depression – meine Eltern sind beide depressiv –, dann der Tod meines Vaters, Schlaganfall der Mutter und jetzt das noch. Wer ist daran interessiert, dass wir kaputtgehen? Wer walzt da so über uns, wer will das so haben?

Ist jemand schuld daran?

Zum Glück sterben auch engelhafte Wesen. An unserem Lebensstil kann es nicht liegen. Aber die Frage ist zu stellen, finde ich. Das hat nichts mit der Schuldfrage im Rechtswesen zu tun, das ist das Bedürfnis des Menschen, etwas tragen zu wollen. Schuldbewusstsein heißt deswegen auch, wissen, wie man eingreifen kann. Das ist doch die große Hoffnung. Wenn man sich nur dem medizinischen Fortschrittswahn hingibt, dann ist das ja eine Abgabe von Autonomie. Man möchte beteiligt sein, selber wissen, warum etwas so ist. Das ist doch nichts Schlimmes. Der Katholizismus macht's schlimm. Es gibt so ein katholisches Heft, der »Tagesbote«. Der hat geschrieben, ich würde mit meiner Krankheit auch diesmal provozieren wollen: »Schlingensief täte gut daran, sich auch einmal Gedanken übers Sterben zu machen, bevor es zu spät ist.« Das ist dieser katholische Höllenhorror. Zum Kotzen! Mit diesem Katholizismus habe ich für immer gebrochen. Sie drohen, sie erheben die Erde zum Fegefeuer. Für mich ist das Leben momentan die helle Freude! Ich werde, um es mal in der Sprache dieser Katholikenzombies auszudrücken: den Teufel tun!

In der KIRCHE DER ANGST *kommen Sie nur zum Austeilen der Hostie auf die Bühne. Ist das auch Voodoo?*

Ja klar, esset mein Fleisch, trinket mein Blut. Das ist doch wunderbar. Jesus hat übrigens dabei ganz glücklich geschaut und gelacht! Er fand das nicht nur erotisch, sondern auch heilsam. Überhaupt könnte das Christentum eine Riesenfreude sein. Die tun nur leider so, als wären wir noch im Mittelalter. Gott ist absolut zeitlos. Der braucht diese Jahresringe nicht. Eine Kirche, in der man Gott anschreien oder ihm Paroli bieten kann, das hätte bestimmt großen Erfolg. Und es wäre eine echte Befreiung. Wenn ich wiederkomme, werde ich Papst, und da wird dann kräftig ausgemistet.

Woher nehmen Sie die Freiheit, sich in Jesus hinein- und über alle möglichen Ehrfurchtsgebote hinwegzusetzen?

Wahrscheinlich, weil meine Eltern das mit mir praktiziert haben. Zum Beispiel hatte meine Mutter in den Sommerferien mal einen Hitzekollaps und kriegte keine Luft mehr. Da hab ich ein Gelübde abgelegt, dass ich ein Bild male und in Altötting dreimal im Kreis laufe. Wir sind dann tatsächlich nach Altötting gefahren. Da gab's Kinderkreuze, mit so einem bin ich losgezogen. Mein Vater meinte nach einer Runde, »so, komm, jetzt reicht's, das ist genug«. Mir war's recht, dass es vorbei war, auch ein bisschen peinlich. Aber da hab ich Kirche als etwas ganz Geborgenes und Spielerisches erfahren, weil mein Vater nicht auf folternde Totalerfüllung bestanden hat. Da fand ich ihn großartig!

Und außerhalb von Kirche? Sie sind jemand, der anscheinend gar keine Berührungsängste mit Leuten hat. Weil Sie immer sehr direkt auf Augenhöhe auf sie zugehen.

Ich hatte gedacht, durch die Krankheit würde ich die Leute jetzt nicht mehr so oft umarmen. Ich soll ja möglichst Omnibusse und Flugzeuge und Massenaufläufe meiden. Wegen Infektionsgefahr. Aber in Duisburg habe ich bestimmt Hunderte von Menschen umarmt. Die Geste ist drin. Was heißt die Geste? Ich mag das, mach das einfach.

*

Etwas später am Telefon: ein neuer Zwischenstand. Schlingensief macht eine Kurzkur in Bad Schandau.

Mitte November haben Sie die Rohfassung der KIRCHE DER ANGST *noch mal im Gorki Studio in Berlin gezeigt. Zu Beginn der Vorstellung* DER ZWISCHENSTAND DER DINGE *haben Sie vor dem Publikum angedeutet, dass Sie eine neue Krebs-Diagnose bekommen haben. Wie gehen Sie damit um?*

Man versucht natürlich alles Mögliche: Ernährungsumstellung, Reinigung und der ganze Kram. Mir wurde der Kopf untersucht, da ist alles blitzeblank. Trotzdem hat diese Magnetresonanztomografie einen Schock ausgelöst, weil ich plötzlich realisiert habe, wo das Scheißzeug überall sein kann. Aino und ich waren überzeugt, dass ich jetzt zwei, drei Jahre wieder ins Leben einkehren kann – und jetzt muss ich schon wieder die nächste Tablette fressen. Das ist zwar keine Chemo, gibt aber Nebenwirkungen. Mittlerweile könnte ich bei chemischen Versuchsanlagen problemlos durch die kontaminierten Zonen rennen. Wie es ausgeht, wissen wir nicht.

Zu Beginn der dritten Vorstellung haben Sie sich außerdem darüber geärgert, dass manche Kritiker ratlos waren und ihre »Kriterien« dahinschwinden sahen.

Ich hab mich nicht geärgert. Das war früher. Nein! Es war plötzlich die Erkenntnis geboren, dass es Kritiker gibt, die für wirkliche Lebensinhalte keine Maßstäbe haben, diese aber umso mehr fordern und einklagen. Man kann es ja keinem vorwerfen, wenn man nicht damit umgehen kann. Ich kann ja auch nicht richtig damit umgehen, weil ich nicht weiß, was man tun könnte. Nur ein paar haben verstanden, dass hier ein Kunstwerk aufgeführt wurde, das nicht nur mit meinem Tod zu tun hat. Aber bei manchen Kritikern ist es so, dass ein Kritiker auf gar keinen Fall menschlich sein darf.

Der ZWISCHENSTAND *war keine Totenmesse, sondern in seiner Offenheit sehr ermutigend und doch formal so offen, dass jeder seinen eigenen Film dabei laufen haben konnte.*

Ich habe das offen ausgesprochen, um es in seiner Mächtigkeit anzugreifen, das werde ich weiterhin tun, und das kann mir auch keiner nehmen. Wenn man so 'ne halbe Stunde beim MRT in der Röhre liegt und drum herum hämmert es und du weißt, die Ärzte gucken jetzt alle auf einen Monitor ... Mein Gehirn lieb ich schon sehr. Das Reden und schnelle Denken und die ganzen Bilder und all das. Wenn das alles angeknabbert wäre! Diese halbe Stunde war hardcore, und ich hatte ziemlich schwarze Täler seither.

Ich dachte immer, ich hätte noch 35 Mal Weihnachten vor mir. Dieses Jahr werd ich das wohl problemlos hinkriegen, aber wie ist das nächstes Jahr? Mir ist klar geworden, dass ich einen Auftrag habe, das mitzuteilen. Und ich hoffe natürlich, dass sich durch das Mitteilen etwas umformt oder dass man das etwas kräftiger oder besser erleben und ertragen kann. Die dritte Ebene ist wirklich der völlig autonome Betrachter, der dabei mit sich umgehen muss. Dann ist das nicht Christoph Schlingensiefs Leidensweg, sondern viel mehr.

Wie geht es jetzt weiter?

25 Prozent sterben, weil da einfach die Krankheit nicht zu stoppen ist, bei 50 Prozent kann der Mist zum Stillstand gebracht werden. Das ist gerade das Ziel, und 25 Prozent der Patienten werden einfach weiterleben. Da wollen wir hin. Die Ärzte wollen mich von meiner Arbeit profitieren lassen. Der Kampf gegen die Krankheit wird einfach konkreter. Ich lasse viel Revue passieren. Aino und ich sitzen Händchen haltend da und denken darüber nach, wo wir überall waren. Es gab schon tolle Arbeiten, wir haben das mal zusammengerechnet, 78 Stücke, Theater und Aktionen, ohne die ganzen Filme und Installationen, Objekte, Bilder und Skulpturen. Ich bin schon scharf darauf, das noch mal zu sehen und zu lesen. Und ich bin stolz auf das Archiv, das meine Freunde seit fast zehn Jahren an meiner Seite erstellt haben und nun noch intensiver dran arbeiten. Da soll mehr von meiner filmischen Arbeit rein. Die war immer das Zen-

trum meines Denkens. Der Film, das Bild, das Erinnern, das Übermalen. Ich glaube, es geht nichts verloren. Das hab ich als größte Erleichterung.

Manchmal sterben Künstler früh, und für ihr Werk ist das Off auch ganz gut. Bevor sie sich im Alter nur noch selbst zitieren. Deshalb will ich auf keinen Fall mehr Künstler sein, da will ich dann doch lieber leben.

Ich habe geklaut

Anlass: Die Spex-Reihe »Kunstsprache«
Mit Max Dax
In: Spex Sept./Okt. 2010
Berlin, 2010

Ich habe in den letzten Jahren oft gleichzeitig an unterschiedlichen Projekten gearbeitet – Film, Theater, Oper, Blog, Interviews, Prosa, Kunstaktionen, Videos. Bei all diesen Projekten gibt es eine Textebene. Die Zeit, die vergeht, und das Schreiben hängen eng zusammen, denn das Schreiben hat ein zeitlich unberechenbares Moment. Und zugleich hängt alles mit allem zusammen. Aber es gibt Texte, die mir leichter fallen, und welche, die schwerer sind. Sehr schwer ist es etwa, wenn ein Auftraggeber kommt und mich bittet, einen Text zu irgendeinem Thema, sagen wir: zu ›Erfüllung‹, zu schreiben. Ein solcher Text ist deshalb schwer, weil es sich um einen Begriff handelt, der zunächst einmal gar nichts mit meiner Arbeit zu tun hat. In solchen Fällen muss ich mich erst in das Thema einarbeiten, und ich muss begreifen, warum dieser Auftraggeber ausgerechnet von mir diesen Text haben will. Leichter fallen mir andere Textformate, etwa mein Blog, oder auch schriftlich geführte Interviews, weil ich in ihnen leichter Querverweise zu anderen Themenkomplexen herstellen kann als im ›mündlichen‹ Gespräch. Wenn ich für meinen Blog oder für Theaterprogrammhefte Texte verfasse, gibt es für mich grundsätzlich zwei Möglichkeiten, aber meist produziere ich Texte, indem ich sie erst in mein Diktiergerät spreche. Früher fiel mir das schwer. Da konnte ich nie frei sprechen, da verließen mich die Worte, sobald die ›RECORD‹-Taste leuchtete. Heute liebe ich es, denn beim Reden fällt es mir leicht, Punkt und Komma zu vergessen. Ich nehme mir also mein Diktiergerät und spreche hinein, wie es unmittelbar aus mir herauskommt, ohne jeden literarischen Anspruch. Das Diktiergerät vollzusprechen, es abtippen zu lassen und anschließend zusammenzustreichen, das ist die eine Methode der Textproduktion.

Die andere Methode ist: nachts schreiben, nach den Theatervorstellungen, in den Computer. Am besten geht das, wenn zuvor eine Verausgabung stattgefunden hat, in erschöpftem Zustand. Wenn ich vielleicht zuvor angegriffen worden bin und merke, dass mich etwas beschäftigt oder stört. Dann kommen auch die Sätze schneller, dann ist der Kontext gegeben und der Fluss stimmt oft auf Anhieb. Wichtig ist einzig, dass es solitäres, nokturnes Schreiben ist. Ich kann zwar auch morgens, vor dem Frühstück, noch ein, zwei Sachen aufschreiben, manchmal gibt es da so einen Schub an Ideen, aber das ist eher die Ausnahme. Die Stille der Nacht, das ist die richtige Kulisse zum Schreiben. Das war schon ganz früher so, als ich noch die Drehbücher zu meinen Filmen geschrieben habe, die entstanden auch, wenn die anderen Menschen schliefen.

In der Nacht herrschen einfach ein anderer Sound und eine andere Energie. Spirituell gesprochen gibt es weniger Schwingungen und weniger Theater, es ist ruhiger, das Telefon klingelt nicht. Und psychisch gesprochen fällt es mir leichter, meinen Gedanken freien Lauf zu lassen, wenn ich weiß, dass die Menschen um mich herum pennen. Es war immer ein sehr befreiender Augenblick, nachts zu realisieren: Endlich Ruhe, keiner um mich herum, ich kann loslegen.

Im Falle der Drehbücher brachten Sie damals krasseste Themen zu Papier – Splatter-Fantasien, Sex, Gedärme, Gemeinheiten.

Für mich als damals 24-Jährigen waren das teilweise obszöne Fantasien. Allein deshalb musste ich nachts schreiben.

Handelt es sich um unterschiedliches Schreiben, wenn Sie bloggen, wenn Sie Drehbücher schreiben, wenn Sie für das Theater arbeiten?

Ja, klar. Meine Drehbücher waren fast alle Überschreibungen bekannter Filme wie »Mississippi Burning« von Alan Parker oder G.W. Pabsts »Hitler, letzter Akt«. Und dass sich DIE 120 TAGE VON BOTTROP auf Pasolinis »Salò« bezog, verdeutlichte ja schon der Titel des Films. Sich an einem vorgegebenen Handlungsstrang abzuarbeiten, erleichterte das Schreiben in gewisser Hinsicht. Viele der Drehbücher, etwa das zu TERROR 2000, das sich auf »Mississippi Burning« bezieht, habe ich damals mit Oskar Roehler geschrieben. Er die Dialoge und ich war für die Dramaturgie zuständig. Ich sagte Oskar also beispielsweise, wo die Leiche liegt und wie der Kommissar sie findet, einfach, weil es eine identische Stelle in Parkers Film gab – und Oskar ließ den Kommissar dann sprechen, allerdings andere Dinge als im Original. Oskar ist ein extrem guter Dialogschreiber. Der hackte in die Tasten, dass ich nur noch lachen konnte. Er hat dieses Talent, das Publikum mit jedem Satz weiter zu verwirren und zu verunsichern. Falsche Fährten zu legen, ist wichtig, wenn es um die Suche nach dem Mörder geht. Es kamen großartige Szenen dabei heraus, zum Beispiel die, in der Udo Kier an der Tür vom Bunker klingelt, Alfred Edel macht auf und sagt: »Wie siehst du scheiße aus. Hast du wieder geleckt?« Und Kier antwortet: »Das geht dich Scheiße an.« Solche Dialoge gelingen Oskar, aber nicht mir. Anders gingen Matthias Colli und ich bei meinem Film MUTTERS MASKE vor, dem Veit Harlans »Opfergang« zugrunde lag. Bei diesem Remake bezogen wir uns eher auf die Originaltexte und weniger auf die Originalhandlung.

Warum?

Ganz einfach: Ich fühlte mich gezwungen, mich beim Klauen nicht erwischen zu lassen. Ich hatte Angst, mit unserem Vorgehen Urheberrechte zu verletzen. Also habe ich Originaldialoge geklaut, aber wir montierten sie bis zur Unkenntlichkeit neu – was im Umkehrschluss bedeutete, dass von der ursprünglichen Filmdramaturgie von »Opfergang« nichts mehr übrig blieb. Heute wundere ich mich über mich selbst, dass ich damals so gehemmt war. Heute, in meiner Arbeit am Theater, verwurste ich hemmungslos Originalquellen und füge sie zu Neuem zusammen. Das ist im Theater einfach Praxis. Von daher sind für mich die Diskussionen um Helene Hegemanns Buch »Axolotl Roadkill« auch so absurd. Im Theater wird permanent auf Texte und Zitate zurückgegriffen, aus denen dann Handlungen oder Pseudohandlungen konstruiert werden. Das ist gut und legal, und ich bin schwer erstaunt, dass in anderen Kunstformen, allen voran der Literatur und auch der Oper, ein anachronistischer Purismus gelebt wird, der letztlich den alten Geniebegriff und die Unantastbarkeit der Originale beschwört.

Wie sieht es aus, wenn Sie für das Theater texten und Geniebegriff und Original hinter sich lassen?

Das sieht dann etwa so aus, dass ich während einer Probe mit den Schauspielern rede. In guten Momenten redigiere ich von oben, mit dem Mikrofon, in das Geschehen hinein. Ich moderiere dann die Schauspieler an, ich spreche ihnen den Text kaputt, oder ich antworte auf Fragen, die sie einer anderen Person auf der Bühne stellen. Ich versuche, jeden Ansatz zu unterbinden, sich in festgelegter Dialogbahnen zu bewegen. Und um mich herum sitzen Leute, die tippen alles mit, was ich sage. Das sind Momente der Formation von Gedanken, nicht der Transformation. Das ist oft eine sehr geradlinige Sprache, die in diesen Momenten entsteht, auch wenn ein Außenstehender einzelnen Assoziationsketten möglicherweise nicht immer zu folgen imstande sein mag. Und auf Basis der Transkription meiner Bühnenanweisungen etwa entstehen dann oft Dialoge. Ich weiß ja, dass ich nicht im Sinne des Mainstreams erzählen kann. Das wiederum führt zu Problemen der Rezeption. Was soll ich einer Frau Lemke-Matwey vom Berliner Tagesspiegel denn sagen, wenn sie findet, dass mein Theater für sie zu schnell sei? Soll ich dann, wie Frau Lemke-Matwey, auf der Autobahn mit 60 Stundenkilometern fahren, obwohl mein Auto auch 240 kann? Es handelt sich einfach um grundverschiedene Ansätze, ob man vom Theater Stoff, Partitur und Handlung erwartet oder die Überwindung all dieser Sachen. Ich sage: Wenn einer auf der Bühne »Herein!« ruft, dann darf die Tür eben gerade nicht aufgehen. Dann ist es besser, wenn einer tot umfällt.

Aber wie können Sie auf einer Textebene mit Schauspielern arbeiten und gemeinsam Stücke erarbeiten, wenn Sie, wie in Ihrem Operndorf in Burkina Faso, deren Sprache gar nicht verstehen?

Das ist natürlich ein echtes Problem. In Ouagadougou weiß ich, was in der Partitur steht, aber ich weiß nicht, was die Schauspieler daraus machen. Ich kann nicht beurteilen, ob einer dilettantisch spricht oder nicht, ob ich eingreifen muss, ob ich ihm in seine Rolle ein Problem hineinbauen muss. Andererseits erlebe ich die Arbeit im Operndorf auch als Erlösung. Die Leute dort verstehen es einfach nicht, wenn ich beispielsweise möchte, dass ein Schauspieler gegen Ende eines ernsten Monologs ironisch wird. Solche Befehle werden dann einfach nicht befolgt. Ich weiß manchmal gar nicht, ob die überhaupt das sprechen, was im Skript steht.

Warum suchen Sie eine solche Erfahrung, in welcher Sie als Regisseur und Texter an Ihre Grenzen stoßen?

Der Reiz liegt genau darin, dass ich mich eben nicht einmischen kann. Ich bin degradiert zum Geschäftspartner, der ein wenig Geld mitgebracht hat. Wenn das Operndorf irgendwann anfängt zu laufen, wenn die Schule eröffnet ist, dann bin ich, glaube ich, ganz gut damit bedient, mich nicht wie so ein Entwicklungshelfer einzubringen, sondern einfach zuzuschauen.

Wenn Sie auf Textebene kollaborieren – geht es dann auch um Quantität? Darum, dass zwei Autoren einfach mehr produzieren können als einer alleine?

Gar nicht. Ich kann ja selbst schreiben. Und ich kann auch alleine überprüfen, ob einem Text etwas fehlt oder nicht. Wenn ich also gemeinsam mit René Pollesch an der Deutschen Oper auf die Premiere der Oper »Metanoia« des Komponisten Jens Joneleit am 3. Oktober hinarbeite, dann nur aus dem Grund, weil wir beide von dem Gedanken begeistert sind, dass die Tragödie aus dem Geist der Musik erwächst. René ist für mich wie eine Lebensversicherung. Ihn kann ich abends anrufen und sagen, dass ich das Gefühl habe, wir bräuchten zu Nietzsche doch noch einen anderen Ansatz. Nach einem solchen Anruf schreibt er dann wie ein Irrer zwanzig Seiten und überreicht sie mir. Und wenn ich es mir recht überlege, ist mir diese Manie dann fast schon wieder zu anstrengend – eben gerade aus dem Grund der Quantität. Ich bin kein Freund von Bergen von Literatur, die ich erst einmal lesen muss, um sie zu verstehen. Ich mag es schlank. Aber bei René ist das eben normal. Er schreibt doch für sich. Er ist für mich fast der Einzige, der an seiner Geschichte weiterschreibt, egal ob ich nun noch etwas möchte oder nicht. Deshalb stimmt es auch gar nicht, was ich sage: Ich rufe ihn gar nicht an, und er schreibt. Ganz im Gegenteil, ich habe Hemmungen, ihn anzurufen, weil er sowieso die ganze Zeit schreibt und ich ihn dabei möglichst nicht stören möchte.

Das überrascht für einen Menschen, der sich so öffentlich und so exzessiv mit Text beschäftigt wie Sie.

Na ja, ich schreibe zwar viel und rede viel, aber ich lese überhaupt nicht viel. Und wenn ich lese, dann eher Zeitschriften, die Spex, Fetzen, Aufgepicktes. Ich habe schon Dramaturgen zum Wahnsinn gebracht, weil die mit zwanzig Büchern ankamen, in denen zig Sachen markiert waren, weil sie gut vorgearbeitet hatten – und ich habe kein einziges von diesen Büchern auch nur aufgeschlagen. Besser ist es, so vorzugehen wie Carl Hegemann, der Vater von Helene: Der arbeitet ein bisschen wirr. Er telefoniert ständig und schreibt an irgendwelchen Programmzetteln herum, während andere Leute schon auf seine Anweisungen warten. Erfahrungsgemäß kommen aber in genau solchen Situationen die Gedankenblitze, welche ein Stück essenziell voranbringen. Das sind die besten Textmitarbeiter. Alfred Edel bestätigte mir einmal, dass ich über ein ›geniales Halbwissen‹ verfüge. Ich könnte Ihnen zwar nicht erklären, was Hegel eigentlich geleistet hat, aber ich mag den Rhythmus seiner Sprache, das ist für mich wie Musik. Und Halbwissen generiert mitunter natürlich auch absurde Behauptungen. Ich auf alle Fälle bin, wenn ich beispielsweise von Alexander Kluge interviewt wurde, immer gerne auf seine Behauptungen eingestiegen und habe sie weitergesponnen. Das ging auch mit Helge Schneider gut, mit Oskar Roehler, mit René Pollesch, mit den besten Schauspielern. Zwischen uns ist immer alles Material, nie Angriff. Alles ist immer Ausgangsbasis, auf die eigenes Material geschichtet werden kann. Man könnte es auch gemeinschaftliche Textproduktion nennen. Und das ist der Grund, weshalb ich Literatur oft als sehr beschränkt empfinde. Denn die Vorgehensweise, sich für sechs Monate in ein Kämmerlein einzusperren, um abgeschottet am eigenen Roman zu basteln, ist für mich pure Verkrampfung. Das muss ja kaum auszuhalten sein! Und genau in diesem Punkt liegt auch das Problem der Rezeption von Helene Hegemann: Man geht eben immer noch vom Genie aus, und daher darf nichts geschrieben werden, was nicht von einem selbst stammt. Das ist aber ein Vorwurf von gestern. Ich erlaube mir mal, die gleiche Problematik auf mich zu übertragen: Ich habe nichts erlebt in meinem Leben, aber ich habe immer alles behauptet, zur Not mit den Worten anderer.

Aber wo liegt eigentlich der Unterschied zwischen dem stillen Kämmerlein des Romanautors und dem Hotelzimmer, in dem Sie selbst schreiben?

Der Zeitraum macht den Unterschied. Ich bin ja heute hier und morgen dort. Im Unterschied zum literarischen Schreiben arbeitet man im Theater wie im Film viel stärker auf sogenannte ›plot points‹ hin. Da muss dann einfach endlich mal einer sterben oder eine Rakete starten. Oder nehmen Sie die Filme von Alexander Kluge: Sie sehen, wie eine Geschichtslehrerin auf der Suche nach der deutschen Geschichte durchs Bild läuft. Sie hören den Off-Kommentar: »Hier springt ein Vogel von Ast zu Ast. Eine Frau schüttelt ein Kopfkissen. Zwei Arbeiter sitzen auf dem Gerüst.« Mit dieser Methode hat Kluge in den Sechzigern viel gearbeitet, und wenn es jemanden gibt, der mich nachhaltig beeinflusst hat, dann er. Er ist einfach ein sensationeller Techniker. Bei ihm werden trivialste Vorgänge durch eine Off-Stimme in einen Bedeutungskontext geworfen, in dem sie zuvor nie standen. Es passiert nur, weil Alexander Kluge es so wollte.

Und Sie haben diese Methode aufgegriffen?

Ja, weil doch entscheidend ist, dass diese Technik einem Freiheitswillen gegenüber verpflichtet ist, den wir seit unserer Kindheit in uns tragen. Und weil der Text, anders als im Roman, wo er Selbstzweck ist, im Theater oder im Film nur einen Teil der Arbeit ausmacht, sitze ich im Hotelzimmer dann auch nicht ›einsam‹ herum, wenn ich schreibe. Ich bin da eben nur alleine. Und in der Dunkelheit fühle ich mich wie im Kino und blicke auf die Leinwand – nur, dass die Leinwand eben in mir ist. Dann muss ich all das, was ich auf der Leinwand sehe, nur noch niederschreiben. Bei der Vorstellung, einen Roman von 150 Seiten zu schreiben, wird mir schlecht.

Denkt man, wenn man an Szenen und Dialogmomenten für den Film arbeitet, stattdessen in Textminiaturen?

Ja. Und aus vielen kleinen Momenten entsteht dann etwas Größeres. Ich erinnere mich daran, wie TERROR 2000 1992 in Hof verrissen wurde. Dietrich Kuhlbrodt schrieb, obwohl er selbst mitspielte und eigentlich zum Club der Eingeweihten gehörte, dass der Film zu schnell geschnitten sei. Heute sehe ich mir den Film an und stelle fest: Der ist soooo langsam und gemütlich im Vergleich zu anderen Produktionen, die heute Mainstream sind. Assoziative Texte, die vom Publikum verlangen, aufmerksam den Hakenschlägen zu folgen, können sehr wohl von einem Mitteilungsdrang getrieben sein. Im Übrigen bin ich der festen Überzeugung, dass das Publikum heute viel schneller denken kann als früher. Es ist beruhigend zu wissen, dass jeder Versuch von sprachlicher oder inszenatorischer Radikalität in zehn Jahren Mainstream sein wird. Es befreit einen beim Arbeiten. Der Schönheitsfehler liegt allein darin, dass Chefredakteure zu langsame Autoren in zu schnelle Inszenierungen schicken. Dann nämlich entstehen kontraproduktive Missverständnisse.

Als Sie in Namibia Ihren Film AFRICAN TWINTOWERS drehen wollten, sind Sie mit Ihrem assoziativen Erzählen an die Grenzen der Machbarkeit gestoßen. Sie sollen zwar enorm viel Filmmaterial produziert, aber keinen Film zustande bekommen haben.

Das stimmt, das Projekt empfinde ich heute noch als Scheitern. Ich habe irgendwann das Drehbuch in den Mülleimer geworfen, weil es nicht mehr weiterging. Das lag auch an mir. Das Skript war zwar ausgearbeitet, aber nicht mit Kameraanweisungen versehen. Im Theater hätte man das Buch retten können. Da hätten sich das Ensemble und ich sechs Wochen lang an einem Ort getroffen und wären diesen Torso von einem assoziativen Text durchgegangen, hätten versucht, dramaturgische Bögen einzuziehen, Szenen zu bauen. Das funktioniert aber nicht, wenn man mit einer Kamera arbeitet, da müssen die Anweisungen für jede einzelne Einstellung stimmen, sie müssen viel technischer und präziser sein. Mit 17 Jahren hatte ich das noch beherzigt. Da stand dann tatsächlich im Skript: »Großaufnahme. Greift zum Glas. Schnitt. Halbtotale. Geht mit dem Glas ein paar Schritte. Kamera schwenkt mit.« In THE AFRICAN TWINTOWERS fehlten jedoch nicht nur diese Angaben, auf die man im Zweifelsfall gerne verzichten kann. Es fehlte vor allem die leiseste Andeutung einer Handlung. Da hat selbst »Mothlight« von Stan Brakhage mehr Handlung. Durch die immer zu allem bereite Szenenansammlung entstanden permanent neue Handlungen, die aber nie mit den jeweils vorangegangenen verknüpft wurden, weil sie nichts miteinander anfangen konnten. Das ist sicher auch eine interessante Kunst, zumal der Film nebeneinander projiziert wirklich grandios geworden ist. Aber für heute ist es komplexes Neuland, auch wenn es – wie ich schon am Beispiel des schnellen Schnitts sagte – in zehn Jahren vermutlich bereits Mainstream sein wird … oder in tausend Jahren … Ein ewiger Wunsch!

Von Ihnen stammt aber der Spruch »Scheitern als Chance« – hätten Sie nicht improvisieren können?

Das Problem begann damit, dass ich meine Begeisterung für dieses Afrika als Sehnsuchtsort im Moment unserer Ankunft, wo aus der Situation vielleicht ein Initialschub hätte entstehen können, nicht vermitteln konnte. Die Leute waren alle viel zu sehr mit sich selbst beschäftigt – man will ja funktionieren, aber man will ebenfalls nicht von Insekten gestochen werden. Man will keine Angst haben, stellt aber fest, dass man sie in der stillen, tiefschwarzen Nacht mit einem Mal eben doch bekommt. Sehr bald befanden wir uns in einer Situation, in der keiner von uns mehr wirklich wusste, was wir hier eigentlich taten. Inklusive mir: Ich wusste es auch nicht mehr. Und wenn in einer solchen Situation das Drehbuch seinen Geist aufgibt, dann ist der Ofen aus.

Sie zeigten dann das gesammelte, weitgehend ungeschnittene Material auf der Berlinale 2008 als Installation in 18 Bildern.

Wir haben 180 Stunden gefilmt, darunter auch kurze, aufflammende Momente der Glückseligkeit, in denen alles passte. Mich hat das in den besten Momenten an Dieter Roths Arbeit erinnert, in welcher er sich über Monate und Jahre hinweg immer gefilmt hat – eine Arbeitsweise, die den Zuschauer also per se überfordert. Aber auf der anderen Seite gab es auch wild gewordene Schauspieler wie

Irm Hermann, Stefan Kolosko, Robert Stadlober oder Norbert Losch, die in ihrer Unterschiedlichkeit schwer zu handhaben waren. Ich weiß noch, dass Robert nur auf Anweisungen wartete – er machte alles, was man ihm sagte, aber wenn man ihm nichts sagte, machte er nichts. Das war für mich unbegreiflich. Und Irm fragte am laufenden Meter, was sie eigentlich in Namibia verloren habe, wie es zu alldem habe kommen können. Und Patti Smith wanderte gelegentlich mit ihrer esoterischen Klarinette durchs Bild. Man könnte sagen, dass ich mir die Dimensionen der Unternehmung im Vorfeld nicht ein einziges Mal richtig vorgestellt habe. Und ich sage: Wenn ein Projekt auf eine solche Art und Weise im Chaos zu versinken droht, dann hilft einem auch kein assoziatives Texten mehr. Heute weiß ich: Wenn man sich auf Afrika einlässt, muss man entweder völlig loslassen und akzeptieren können, was geschieht. Oder man geht dorthin in Kolonialherrenmanier, haut mit dem Hammer auf den Boden und schreit durchs Megafon: Wer nicht hüpft, wenn's knallt, wird erschossen! Ich aber kreiste in Namibia um mich selbst. Ich wusste weder, wo der Anfang, noch wo das Ende war. Es war der Moment, in dem mein Vertrauen in den Text auf eine unüberwindbare Hürde stieß.

Kommunikation, Komposition, Kollektiv

Ein Nachwort von Diedrich Diederichsen

Hier redet Christoph Schlingensief: mit nichtsahnenden Leuten, die von nichtsahnenden Redaktionen geschickt wurden, mit absoluten Spezialist_innen seiner Arbeit, mit gewieften Fachleuten, mit Nerds und mit den Zuständigen für längst vergessene Tageskonflikte. Christoph aber, das zieht sich durch, immer am Kommunizieren. Ohne Pause. Was nicht heißt, dass er immer verstanden wird. Nach einer meiner ersten Begegnungen mit einem öffentlichen auftretenden Christoph Schlingensief fragte ich den Moderator dieser Podiumsdiskussion, ob er die wilden Sprünge in dessen Argumentation verstanden hätte, ob er hätte folgen können. Nicht ad hoc, entgegnete dieser, aber er kenne Christoph, er müsse das Gespräch nur noch transkribieren, dann würde man weitersehen. Bei nächster Gelegenheit eröffnete er mir dann, dass er eine komplexe, einer Partitur ähnelnde Struktur in Schlingensiefs Rede erkannt hätte: Dieser wäre nach einem bestimmten Muster immer wieder zwischen vier wohldefinierten Argumentationssträngen hin und her gesprungen. Würde man die einzelnen Teile voneinander lösen und korrekt sortieren, erhielte man vier gut gebaute und rhetorisch bestechende argumentative Gebilde.

Ich weiß nicht, ob ich dieser strukturalistischen Schlingensief-Lektüre damals Glauben schenkte. Auch mein Schlingensief-Bild war in den frühen 90ern geprägt von dem – in den zeitgenössischen Interviews hier viel von ihm selbst beklagten – Image eines Provokateurs, der eher unkontrolliert und wie es kommt, mit – wie er sie selbst nennt – »Medienkonstruktionen« um sich wirft und ihnen seine Respektlosigkeit erweist: »Eine Frau, die vom ›Ritz‹ zum ›Ritz‹ und vom ›Ritz‹ zum ›Ritz‹ fährt – und dann ist sie weg, und alle trauern. Ich meine, wie viele Leute gehen von einer Mülltonne zur nächsten, und wenn sie tot umfallen, bemerkt es kein Mensch« (S. 91). Für einen Komponisten hätte ich ihn nicht gehalten. Das änderte sich, je mehr Theater ich dann von ihm sah. Auch wenn er weiterhin öffentliche Bilder, in die die Gegenwart viel investiert hatte (verschiedene Bundeskanzler, Fassbinder, Hitler, Dutschke, Neonazis, Petra Kelly), in ungewöhnliche und unangemessene Kontexte zwang, traten formale Eigenschaften zutage, die man nicht anders als musikalisch beschreiben konnte. Wie bewältige ich Material in der Zeit? Nacheinander. Und wie viel Material kann ich parallel führen und wie kann ich das in Echtzeit manipulieren, ohne in dumpfen Hippie-Expressionismus zu verfallen? Damals erinnerte mich auch Thomas Meinecke daran, dass ich diesen Schlingensief, über den alle und ich jetzt auch schreiben würden, schon vor Jahren durch ihn in München kennengelernt hatte, als Mitglied der Band Die vier Kaiserlein. Ach der ist das! (Aus der Band ging auch der früh verstorbene Tobias Gruben [Die Erde] hervor, 2005 wurde das um 1982 auf Cassetten zirkulierende Frühwerk zu einem Album zusammengestellt.)

Nach CHANCE 2000 im Prater, der damaligen Zweitspielstätte der Volksbühne, saßen wir im Sommer 1998 im Restaurant des Prater zusammen und ich nahm die Frage wieder auf. Es waren in diesem Theaterzirkus zwar jedes Wort, jede Geste, jede auftretende Person aus einem anderen Grunde als wegen des Zeitpunktes oder der Dauer ihres

Erscheinens auffällig, ob eine Person nun Kunststücke aufführte, sich als »Behinderte« ausgab oder politische Positionen vertrat. Aber dennoch war über all diesen konkreten Informationen ein anderer Eindruck nachhaltiger in meiner Erinnerung geblieben, für den ich zunächst keinen anderen Begriff hatte als Timing. Christoph war ein Jahr zuvor bei unserem »thematischen Wochenende« »Loving the Alien« in der Volksbühne dabei gewesen – ein Festival zu Afrofuturismus in Bild, Musik und Philosophie. Nun erinnerte er mich daran, indem er auf »Timing« antwortend zu meiner Überraschung erklärte, dass das dort aufgetretene Sun Ra Arkestra mit seinen großkalibrigen und weitschweifenden freien Orchesterarrangements exakt die Blaupause für seine Organisation von Darsteller_innen-Gruppen in Raum und Zeit sei. Der Anteil an Bewegung, Begegnung, stehender Gruppierung, Auflösung sei von orchestraler Free-Jazz-Musik mindestens ebenso beeinflusst wie von den damals eh schon häufiger und auch von Schlingensief selbst immer wieder genannten Vorbildern aus Fluxus und Performance Art (Alan Kaprow, Joseph Beuys, Otto Mühl etc.). Überflüssig hinzuzufügen, dass auch einige der Gesprächspartner_innen in diesem Band wie Orchesterteile zum Solo geladen und dann wieder elegant und gut getimt zum Schweigen gebracht werden.

Mich hat überrascht, dass Schlingensief in den hier versammelten Interviews auch schon sehr früh von der Orientierung an Musiktheater spricht, von Opern schwärmt und die Rolle von Filmmusik nicht nur für seinen persönlichen Geschmackshaushalt hervorhebt. Das Interviewerteam von »testcard«, dem Musikjournal, muss ihn gar nicht besonders gezielt auf Themen von Sound und Musik ansprechen, man ist sehr schnell bei Themen wie Lautstärke als künstlerischem Mittel. Diese Musikalität von Schlingensiefs Arbeit, deren Thematisierung mir gegen Ende der 1990er Jahre noch eine Überraschung bereitete, wurde aber schon bald darauf ziemlich thematisch und ging weit über die Funktion einer geheimen Quelle der Organisation des ansonsten im Vordergrund stehenden inhaltlichen Materials hinaus. Zahlreiche der späteren Bühnenarbeiten richteten sich direkt nach musikalischen Vorgaben (Wagner, Schönberg, Nono u.v.a.), mehr oder weniger nahe an diesen Vorgaben.

Mir geht es nicht darum, den bekannten Deutungen des künstlerischen Lebenswerkes eine weniger bekannte hinzuzufügen oder gar entgegenzusetzen, um damit einer Fan-Community, die schon alles hat, etwas Neues zu schenken. Ich denke, dass die Rolle des Musikalischen in Schlingensiefs Arbeit mit einem anderen Thema korrespondiert, das in allen Diskussionen immer schon eine große Rolle gespielt hat, der Frage nach Regie und Autorschaft und der damit verbundenen größeren, gewissermaßen theaterwissenschaftlichen Frage, worin diese bei darstellenden Künsten, vor allem bei deren Spielarten, die sich durch ständiges buchstäbliches Überschreiten und Durchschreiten von offenen und geschlossenen Türen definieren, überhaupt besteht. Dass man auch als Zuschauer immer wieder darauf angewiesen war (in einem je verschiedenen Sinn des Wortes), Christoph Schlingensief zu folgen, wäre dabei der Ausgangspunkt zu meinen Überlegungen. Denn auch dieses Buch hat hier einen Ausgangspunkt: als Animierer, Moderator, Antreiber beschreibt sich nicht nur der Interviewte selbst die ganze Zeit. Er führt nicht nur genau dies auch am Objekt, an seinen Gesprächspartner_innen vor.

Es gibt eine vermutlich sogar mathematisch nicht ganz unbegründete Korrelation zwischen der Freiheit der Improvisation – vor allem, wenn diese sich nicht nur auf schnell wechselnde Vorgaben beziehen muss, sondern jeden Genre-Rahmen hinter sich lassen kann und soll, indem sie von Theater zu Agitation, von Realsatire zu Operette sich frei und halsbrecherisch springend bewegt – einerseits und der Akzeptanz der an solchen Improvisationen und Entgrenzungen Beteiligten für das Entstehen von Macht- und Kontrollverhältnissen an anderer Stelle der künstlerischen Systematik andererseits. Es entsteht ein Charisma-Bedürfnis, als einfacher, wohl eingeführter Gegenpol zur Unübersichtlichkeit. Gesellschaftlich eine fatale Struktur, in künstlerischen Abläufen aber zuweilen nicht nur erlaubt, sondern geboten. Konventionalisiert kennen wir diese für die Organisation und Administration von Spontaneität, für das psychische, dynamische, körperliche, nichtbürokratische und präterzerebrale Elemente zuständige Instanz zum Beispiel in der Figur des Dirigenten. In der Alltags-, Freizeit- und Arbeitskultur der Gegenwart haben eine Fülle von Yogalehrer_innen, Businessgurus, spirituellen Berater_innen, Animateur_innen und Reiseleiter_innen diesen Job in die informellen Niederungen einer weltweiten Kalifornisierung von Selbsttechniken getrieben. Christoph Schlingensief hat die letztere Tendenz erkannt, geahnt und selbst mitgestaltet. Er hat aber als Radikalmoderator und Live-Regisseur auch ganz besonders ausgeprägt an der kritischen Selbstreflexion solcher spielerischer Machtkonzentration gearbeitet. Immer wieder gab es andere, die Schlingensief darstellten, andere, die als Regisseure und Machthaber des theatralen Augenblicks nicht nur auftraten, sondern diese Funktion tatsächlich innehatten.

Die konkrete Bezugnahme auf Fassbinder, Visconti, Helmut Berger, Beuys, Otto Mühl, Kaprow, Wagner, Schönberg, Kippenberger und viele andere (männliche und meist deutsche) Kunstdiktatoren und Charismatyrannen, die Schlingensief immer wieder vorgenommen hat, könnte darauf hindeuten, dass er sich einfach in eine Ahnenreihe stellt. Sosehr da – vor allem zu Beginn seiner Arbeit, als er sich von großen Grenzverletzern ermächtigt fühlte – etwas dran ist, ist doch viel wesentlicher, dass es seit Schlingensief erst möglich geworden ist, den beschriebenen Typus als Struktur zu erkennen: vor allem, indem man ihn nachspielt, rekonstruiert, aber auch dekonstruiert. Es gibt eine Reihe viel diskutierter Zusammenhänge zwischen Avantgarde und Machtfaszination, zwischen Befreiung und Macht, aber die spezifische Struktur, die deutsche (künstlerische) Expansionismen, Entgrenzungen und ihre Reterritorialisierung zur Figur des charismatischen Genies notwendig verknüpft, ist erst von Schlingensief so schlüssig wieder und wieder auf den Punkt gebracht worden, dass sie verfügbar wurde: verfügbar für Kritik und für ihre Verschrottung. Es hat sie seitdem nicht mehr gegeben.

In den hier gesammelten Gesprächen gibt es viele Stellen, in denen aus dem Gespräch – das sehr oft mehr als ein Dialog ist, weil die vermutlich verängstigten Redaktionen gerne zwei Interviewer schicken – selbst eine Art Schlingensief-Stück zu werden scheint. Man kann an den Antworten erkennen, dass der Interviewte nicht nur auf das direkt Gefragte reagiert, sondern, wie es sich für einen Live-und Echtzeit-Regisseur gehört, bestimmte Fragekomplexe und Diskursmechanismen antizipiert. Er scheint genau das zu tun, was er vor allem in den letzten Lebensjahren und auch bei dem letzten Auftritt, den ich von ihm gesehen habe, »Via Intolleranza II« nach Nono in Brüssel, zunehmend getan hat: die Rolle des Regisseurs, des Verantwortlichen, der Charismastelle in der Avantgarde-Struktur nicht nur zu übertreiben, zu überbieten, freundlich zu dekonstruieren (und so doch ganz zu lassen), sondern sie zu vervielfältigen – und damit auch aufzulösen. Hier hat Schlingensief dann doch etwas von gewissen kooperativen Theatertraditionen innerhalb der afrikanischen Ästhetik gelernt: das Arbeiten mit Performance-Formaten, die nicht mehr von einem einzigen Anfang ausgehen, die nicht auf der Funktion einer einzigen Autorität basieren, sondern die Kollektivimprovisation durch die Vervielfältigung der Akteure bewältigen. Da waren dann plötzlich ganz viele Christophs oder anderweitig Verantwortliche auf der Bühne. Niemand musste das Ensemble piesacken, provozieren oder loben und motivieren.

Vielleicht wird man eines Tages nicht mehr zwischen Film, Theater, Performance, Jazz und bildender Kunst unterscheiden, sondern nur noch zwischen Delegations-, Motivations-, Animations- und Reflexionskünsten, zwischen der Arbeit mit einer kulturindustriell oder stadttheaterhaft organisierten Arbeitsteilung und neuen Arbeitsteilungen. Schlingensiefs Arbeit beginnt mit Beobachtungen zu Arbeitsstrukturen und zum Seelenleben des Neuen Deutschen Films und arbeitet sich durch Independent-Truppe, Avantgardezirkus, Stadttheater, Festival-Parcours durch ein – sicher nicht immer ganz unproblematisch rekonstruiertes – »Afrika« und einen produktiv ungeduldigen Flirt mit Neue-Musik-Strenge zu einer einzigartigen Virtuosität der Kollektiv- und Delegationskünste durch. Was paradox scheint, wenn man es anhand eines Einzelnen erzählt. Das hat einerseits die technischen Gründe, dass das hier nun mal die Perspektive ist, sozusagen aus technischen Gründen, andererseits gibt es eine seltsame und auch ziemlich erschütternde Dimension an diesem Werk: je mehr es sich von der Idiosynkrasie, Frechheit, Courage, Musikalität dieses Einzelnen per Multiplikation von Idiosynkrasie, Frechheit, Courage und Musikalität entfernt, desto mehr gewinnt es an existenziellem Ernst. Erst in der kollektiven Vervielfältigung, in der Gleichzeitigkeit von vielen gleichberechtigten Soli ist – man kriegt ein Gefühl dafür in den langen und fast bedächtigen Antworten, die er Claus Philipp und Eva Behrendt am Ende des Bandes gibt – auch der existenzielle Ernst des Einzelnen bei sich. Nur im Stimmengewirr geht die Unersetzlichkeit der einzelnen Stimme nicht unter.

Diedrich Diederichsen, Mai 2020

Werkbiografie

I. Filme

Mein 1. Film (Der Fahnenschwenkerfilm, Eine kleine Kriminalgeschichte, Kurzer Dreh mit Christoph Schlingensief, Allerlei Sachen)
Deutschland, 1968, Normal 8, 11'30", Farbe
Regie, Drehbuch, Darsteller, Kamera, Schnitt

Die Schulklasse
Deutschland, 1969, Super 8, 11', Farbe
Regie, Drehbuch, Darsteller, Schnitt

Erdkundefilm (verschollen)
Deutschland, 1970, Super 8, 7', Farbe, stumm
Regie, Drehbuch, Kamera, Schnitt

Wer tötet, kommt ins Kittchen (verschollen)
Deutschland, 1972, Super 8, ca. 9', Farbe
Regie, Darsteller, Kamera, Schnitt

Rex, der unbekannte Mörder von London (verschollen)
Deutschland, 1973, Super 8, ca. 15', Farbe
Regie, Darsteller, Kamera, Schnitt

Das Totenhaus der Lady Florence
Deutschland, 1974, Super 8, 65', Farbe
Regie, Darsteller, Schnitt

Columbo (unvollendet)
Deutschland, 1975, Super 8, 15', Farbe
Regie, Drehbuch, Darsteller

Das Geheimnis des Grafen von Kaunitz
Deutschland, 1976/77, Super 8, 40', Farbe
Uraufführung 10.09.1977,

Aula Heinrich-Heine-Gymnasium, Oberhausen
Regie, Darsteller, Schnitt

Mensch, Mami, wir drehn 'nen Film
Deutschland, 1977, Super 8, 23'34", Farbe
Regie, Drehbuch

Punkt oder Der seltsame Gedanke des Ortes B.
Deutschland, 1978, Super 8, 55', Farbe
Regie, Drehbuch, Schnitt

Für Elise
Deutschland, 1982, 16 mm, 1'53", Farbe
Regie, Drehbuch, Darsteller, Schnitt

Wie würden Sie entscheiden?
Deutschland, 1982, 16 mm, 3'36", Farbe
Regie, Produzent, Drehbuch, Schnitt

Abfall – ein kostbarer Rohstoff (verschollen)
Deutschland, 1982, 16 mm, 17', Farbe, Lichtton
Regie, Drehbuch, Schnitt, Musik

Trilogie zur Filmkritik
– **Phantasus muss anders werden:**
Deutschland, 1983, 16 mm, 9'47", Farbe
Regie, Produzent, Darsteller, Schnitt
– **What happened to Magdalena Jung?**
Deutschland, 1983, 16 mm, 12'50", Farbe
Regie, Produzent, Drehbuch
– **Tunguska – Die Kisten sind da**
Deutschland, 1984, 16 mm, 71', Farbe
Uraufführung: 25.10.1984, Hofer Filmtage
Regie, Produzent, Drehbuch, Darsteller, Musik, Kameraassistenz

Bemerkungen I
Titel im Filmvorspann: Tunguska/Bemerkungen I/O3.3
Deutschland, 1984, 16 mm, 6'51", Farbe
Regie, Produzent, Drehbuch, Schnitt

Div. Beiträge für das Schulfernsehen des WDR, u. a.

– **Haushalten im Haushalt**
WDR, 1984
Regie, Drehbuch, Schnitt

– **Verbraucher und Haushalte**
WDR, 1989
Regie

– **Hagemann muss wirtschaften** / div. Episoden, u. a.: **Unerwünschte Konkurrenz, Der Staat und mein Geld**
WDR, 1990
Regie

Div. Filme zusammen mit Studenten der Hochschule für Gestaltung (HfG) Offenbach, u. a.:

– **Bye, Bye (verschollen)**
Deutschland, 1985, 16 mm, 3', s/w
Regie, Darsteller

– **My Wife in 5**
Deutschland, 1985, 16 mm, 14', s/w, teilweise koloriert
Regie, Darsteller

Menu Total – Meat Your Parents (Piece to Piece)
Deutschland, 1985/86, Super 16 mm, blow up 35 mm, 81', s/w;
Uraufführung: 20.02.1986, Berlinale – Forum
Regie, Produzent, Drehbuch, Kamera

Egomania – Insel ohne Hoffnung
Deutschland, 1986, 16 mm, 84', Farbe
Uraufführung: 24.10.1986, Hofer Filmtage
Regie, Produzent, Drehbuch, Schnitt, Musik

Die Schlacht der Idioten
Deutschland, 1986, 16 mm, 21', s/w, stumm
Uraufführung: 30.11.1986, Filminstitut Düsseldorf
Regie, Produzent, Drehbuch, Kamera, Schnitt

Mutters Maske – Wer schreit hat Recht

Deutschland, 1987 / 88, 16 mm, 85', Farbe
Uraufführung: 28.10.1988, Hofer Filmtage
Regie, Produzent, Drehbuch, Kamera, Schnitt

Schafe in Wales

Deutschland, 1988, 16 mm, 64'17", Farbe
in der Reihe »Das kleine Fernsehspiel« (ZDF)
Regie (Nennung selbst zurückgezogen)

Deutschlandtrilogie:

– **100 Jahre Adolf Hitler – Die letzte Stunde im Führerbunker**

Deutschland, 1988/89, 16 mm, 60', s/w
Uraufführung: 18.02.1989, Berlinale – Forum
Regie, Produzent, Drehbuch (nach
seinem Theaterstück), Licht, Schnitt

– **Das deutsche Kettensägenmassaker**

Deutschland, 1990, 35 mm, 60', Farbe;
Uraufführung: 26.10.1990, Hofer Filmtage
Kinostart: 29.11.1990
Regie, Produzent, Drehbuch, Kamera, Schnittassistenz

– **Terror 2000 – Intensivstation Deutschland**

Deutschland, 1992, 35 mm, 80', Farbe;
Uraufführung: 30.10.1992, Hofer Filmtage
Kinostart: 28.01.1993
Regie, Produzent, Drehbuch, Darsteller

Beiträge für das TV-Magazin ZAK (WDR):

8 Beiträge à 4 Min. für WDR, 1991–1994
Regie, Darsteller

Tod eines Weltstars. Portrait Udo Kier

Deutschland, 1992, BETA/VHS, 16 mm/MAZ/Video, 42', Farbe und s/w
im Auftrag des WDR
Regie, Drehbuch, Darsteller

United Trash

Deutschland/Simbabwe, 1995, 35 mm, 79', Farbe
Uraufführung: 28.10.1995, Hofer Filmtage
Kinostart: 22.02.1996
Regie, Produzent, Drehbuch, Kamera

Die 120 Tage von Bottrop – Der letzte Neue Deutsche Film

Deutschland, 1997, 16 mm, 62', Farbe und s/w
Uraufführung: 25.10.1997, Hofer Filmtage
Kinostart: 6.11.1997
Regie, Drehbuch, Kamera, Darsteller

Freakstars – Der Film

Deutschland, 2003, 75', Farbe
Uraufführung: 24.10.2003, Hofer Filmtage
Kinostart: 20.11.2003
Regie, Konzept, Darsteller

The African Twintowers

Deutschland, 2009, Digital HD, 70', Farbe
Uraufführung: **18 Bilder – Videoinstallation** 08.02.2008, Berlinale – Forum Expanded;
Uraufführung der Filmfassung: 04.05.2009, Prater der Volksbühne am Rosa-Luxemburg-Platz, Berlin
Regie, Konzept, Darsteller

Fremdverstümmelung

Deutschland 2007, 16 mm, Farbe und s/w; anlässlich der Oper Freax von Moritz Eggert; Uraufführung: 16.09.2007, Internationales Beethovenfest Bonn
Regie, Kamera, Schnitt

Say Goodbye to the Story (ATT 1/11)

Deutschland, 2005–2012, Digi-Beta, 23', Farbe
Uraufführung: 14.02.2012, Berlinale – Shorts
Regie, Drehbuch, Kamera, Schnitt

II. Theater, Aktionen, Opern, Projekte

100 Jahre CDU – Spiel ohne Grenzen

Uraufführung: 23.04.1993, Volksbühne am Rosa-Luxemburg-Platz, Berlin

Regie, Darsteller

Kühnen '94. Bring mir den Kopf von Adolf Hitler!

Uraufführung: 31.12.1993, Volksbühne am Rosa-Luxemburg-Platz, Berlin

Regie, Darsteller

Volles Karacho-Rohr – Erste große sozialistische Butterfahrt der MS Clara Zetkin

Theateraktion: 23.06.1995, Volksbühne am Rosa-Luxemburg-Platz, Berlin, im Rahmen des 1. Pratergarten-Spektakels »Fehler des Todes« (23.–25.06.1995)

Regie, Darsteller

Hurra, Jesus! Ein Hochkampf

Uraufführung: 30.9.1995, steirischer herbst in Koproduktion mit den Vereinigten Bühnen Graz

Regie, Darsteller

Rocky Dutschke '68

Uraufführung: 17.05.1996, Volksbühne am Rosa-Luxemburg-Platz, Berlin

Regie, Darsteller

Zweites Surrealistisches Manifest von André Breton

Theateraktion: 20.06.1996, Volksbühne am Rosa-Luxemburg-Platz, Berlin, im Rahmen des 2. Prater-Spektakels »Fehler des Wahnsinns« (20.–23.06.1996)

Regie, Darsteller

Begnadete Nazis – 1. Großdeutsches Germania-Stechen

Uraufführung: 06.09.1996, Tatort Remise, Wien

Regie, Darsteller

Schlacht um Europa I–XLII. Ufokrise '97
Uraufführung: 21.03.1997, Volksbühne am Rosa-Luxemburg-Platz, Berlin
Regie, Darsteller

Mensch vs. Maschine
Theateraktion: 05.06.1997, Volksbühne am Rosa-Luxemburg-Platz, Berlin, im Rahmen des 3. Prater-Spektakels »Maschinenmenschen/Wunschmaschine« (05.–07.06.1997)
Regie, Darsteller

Die letzten Wochen der Rosa Luxemburg + Rosa Luxemburg
Uraufführung: 27.06.1997, Berliner Ensemble
Regie

Mein Filz, mein Fett, mein Hase – 48 Stunden Überleben für Deutschland
Theateraktion: 30. und 31.08.1997, Hybrid WorkSpace, documenta X, Kassel
Regie, Konzept, Darsteller

Passion Impossible. 7 Tage Notruf für Deutschland – Eine Bahnhofsmission
Theateraktion: 16.–22.10.1997, Deutsches Schauspielhaus Hamburg, Bahnhofsmission und öffentlicher Raum
Regie, Darsteller

CHANCE 2000 – Partei der letzten Chance:
Langzeitprojekt anlässlich der Bundestagswahl 1998
– **Wahlkampfzirkus '98**
Theateraktion, Prater der Volksbühne am Rosa-Luxemburg-Platz, Berlin, 13.03.–12.04.1998
– **Hotel Prora – Übernachten bei CHANCE 2000**
Theateraktion, Prater der Volksbühne am Rosa-Luxemburg-Platz, Berlin, 15.–23.05.1998
– **Baden im Wolfgangsee**
Aktion, St. Gilgen, 02.08.1998

– **Tour des Verbrechens**
Wahlkampftour, 10.–25.09.1998
– **Wahldebakel '98**
Theateraktion, Volksbühne am Rosa-Luxemburg-Platz, Berlin, 27.09.1998
– **7 Tage Entsorgung für Graz – Künstler gegen Menschenrechte**
Aktion, steirischer herbst, Graz, 04.–14.10.1998
– **Abschied von Deutschland – Exil in der Schweiz. Ein Bankett für Christoph Schlingensief und seinen Chancestaat**
Aktion, Erstklassbuffet Badischer Bahnhof, Basel, 30.–31.10.1998, 01.11.1998
Konzept, Darsteller

Berliner Republik – Der Ring in Afrika
Uraufführung: 17.03.1999, Volksbühne am Rosa-Luxemburg-Platz, Berlin
Regie, Darsteller

Deutschlandsuche '99
Langzeitprojekt
– **Wagner lebt! Sex im Ring**
Theatertournee, 17.09.–03.10.1999
– **Deutschland versenken**
Aktion, New York, 09.11.1999
– **Zweiter Internationaler Kameradschaftsabend – Werkzeugkasten der Geschichte**
Volksbühne am Rosa-Luxemburg-Platz, Berlin, 22.11.1999
Regie, Konzept, Darsteller

Freiheit für Alles – Dritter Internationaler Kameradschaftsabend
Theateraktion, Schauspielhaus Graz, 06.05.2000
Regie, Konzept, Darsteller

Bitte liebt Österreich – Erste österreichische Koalitionswoche
Containeraktion im öffentlichen Raum,

Wiener Festwochen, 09.–16.06.2000
Regie, Darsteller

Schlacht um die Oper: Erster Imaginärer Opernführer
Uraufführung: 16.02.2001, Volksbühne am Rosa-Luxemburg-Platz, Berlin, im Rahmen von **Lovepangs – Join the Lovesick Society**
Regie, Konzept, Darsteller

Hamlet
Premiere: 10.05.2001, Schauspielhaus Zürich / div. Straßenaktionen im Probenzeitraum
Regie

Rosebud
Uraufführung: 21.12.2001, Volksbühne am Rosa-Luxemburg-Platz, Berlin
Regie

Quiz 3000 – Du bist die Katastrophe
Uraufführung: 15. und 16.03.2002, Volksbühne am Rosa-Luxemburg-Platz, Berlin
Regie, Darsteller

Aktion 18
Theateraktion, Theater Duisburg und Straßenaktion in Düsseldorf, 21. und 22.06.2002, Festival Theater der Welt
Regie, Darsteller

Aktion 18: Tötet Politik!
Aktions-Lesereise, 06.09.–07.10.2002
Konzept, Darsteller

Atta-Trilogie
– Atta Atta – Die Kunst ist ausgebrochen
Uraufführung: 23.01.2003, Volksbühne am Rosa-Luxemburg-Platz, Berlin
Regie, Darsteller

– **Bambiland**

Uraufführung: 12.12.2003, Burgtheater Wien

Regie, Darsteller

– **Attabambi-Pornoland – Die Reise durchs Schwein**

Uraufführung: 07.02.2004, Schauspielhaus Zürich

Regie, Darsteller

Church of Fear:

Langzeitprojekt

– **Erster Internationaler Pfahlsitzwettbewerb und erster Prototyp der Church of Fear**

Biennale di Venezia: 11.–17.06.2003

– **Zweiter Internationaler Pfahlsitz-Wettbewerb**

Kathmandu, Nepal: 05.–18.08.2003

– **Der Schreitende Leib**

Prozession von Köln nach Frankfurt a. M., 13.–14.09.2003

– **Dritter Internationaler Pfahlsitz-Wettbewerb**

Frankfurt a. M., 15.–20.09.2003

Regie, Konzept, Darsteller

Wagner Rallye 2004

Straßenaktion, 01.–09.05.2004, im Rahmen der Ruhrfestspiele Recklinghausen

Regie, Darsteller

Parsifal

Premiere: 25.07.2004, Bayreuther Festspiele, 2004–2007

Regie

Kunst und Gemüse, A. Hipler

Uraufführung: 17.11.2004, Volksbühne am Rosa-Luxemburg-Platz, Berlin

Produzent, Darsteller

Fickcollection, A. Hipler

Aktions-Lesereise, 13.–18.03.2005

Konzept, Darsteller

Der Animatograph I–IV:

Langzeitprojekt / Long-term project

– **Island-Edition: House of Obsession/Destroy Parliament**

Begehbare Installation, 13.–15.05. und 18.05.–05.06.2005, Klink & Bank, Reykjavík

Regie, Konzept, Installation, Darsteller

– **Deutschland-Edition: Odins Parsipark/ Midgardè Ragnarök/Götterdämmerung**

Begehbare Installation, 19.–21.08. und 26.–28.08.2005, Stiftung Schloss Neuhardenberg

Regie, Installation, Darsteller

– **Afrika-Edition: The African Twintowers/The Ring 9/11**

Dreharbeiten und begehbare Installation, 09.–23.10.2005, Area 7, Lüderitz

Regie, Konzept, Darsteller

– **Area 7. Eine Matthäusexpedition**

Uraufführung: 19.01.2006, Burgtheater Wien

Regie, Installation, Darsteller

Kaprow City

Voreröffnung: 13.09.2006, Volksbühne am Rosa-Luxemburg-Platz, Berlin – Regie, Installation

DIANA II – What happened to Allan Kaprow?

Aktion und Vortrag, 10.10.2006, anlässlich der Frieze Art Fair, London

Regie, Konzept

Der fliegende Holländer

Premiere: 22.04.2007, Teatro Amazonas, Manaus, im Rahmen des XI. Festival Amazonas de Ópera

Regie, Bühne

Freax

Uraufführung: 16.09.2007, Oper Bonn, Internationales Beethovenfest Bonn

Regie (niedergelegt)

Trem Fantasma – Erster Prototyp einer Operngeisterbahn

Begehbare Installation: 22.11.–03.12.2007,
SESC Pompeia, São Paulo
Regie, Konzept, Installation, Darsteller

Jeanne d'Arc. Szenen aus dem Leben der heiligen Johanna

Uraufführung: 27.04.2008, Deutsche Oper Berlin
Regie (krankheitsbedingt niedergelegt)

Der Zwischenstand der Dinge

Geschlossene Aufführungen: 27.–28.06, 13.–15.11.2008,
Maxim Gorki Theater, Berlin
Regie, Konzept, Texte, Darsteller

Eine Kirche der Angst vor dem Fremden in mir.
Fluxus-Oratorium von Christoph Schlingensief

Uraufführung: 21.09.2008, Gebläsehalle im Landschaftspark
Duisburg-Nord, im Rahmen der Ruhrtriennale
Regie, Konzept, Bühnenbild, Darsteller

Mea culpa. Eine ReadyMadeOper

Uraufführung: 20.03.2009, Burgtheater Wien
Regie, Musikalische Leitung

Unsterblichkeit kann töten. Sterben lernen!
(Herr Andersen stirbt in 60 Minuten)

Uraufführung : 04.12.2009, Theater am Neumarkt, Zürich
Regie, Darsteller

Operndorf Afrika

Grundsteinlegung: 08.02.2010, Laongo, Burkina Faso;
Einschulung der ersten Klasse : 03.10.2011
Konzept, Gründer, Initiator

Via Intolleranza II

Uraufführung: 15.05.2010, Kunstenfestivaldesarts Brüssel
Regie, Darsteller

III. Ausstellungen

Boycott German Goods (Wagner-Lager)
07.11.1999–02.01.2000, MoMA PS1, New York, im Rahmen der Gruppenausstellung **Children of Berlin: Cultural Developments 1989–1999**
Installation, Darsteller

Animatograph Edition Parsipark (Ragnarök)
02.06.–05.11.2006, Museum der bildenden Künste, Leipzig
Installation, Darsteller

Chickenballs – Der Hodenpark
29.07.–08.10.2006, Museum der Moderne, Salzburg, im Rahmen der Gruppenausstellung **Kunst auf der Bühne. Les Grands Spectacles II**
Installation, Darsteller / Installation, actor

PRÄ I–V (Mythenwiege)
15.10.–03.12.2006, Kunstmuseum Mülheim/Ruhr, im Rahmen der Gruppenausstellung **Tandem – 50 Jahre Mülheimer Kunstverein**
Installation

18 Bilder pro Sekunde
25.05.–16.09.2007, Haus der Kunst, München
Installation

Querverstümmelung
03.11.2007–03.02.2008,
Migros Museum für Gegenwartskunst, Zürich
Installation

Der König wohnt in mir
16.02.–29.03.2008, Kunstraum Innsbruck
29.10.–13.11.2008, Kunsthalle Autocenter, Berlin
23.11.2008–19.04.2009, ZKM | Museum für Neue Kunst,

Karlsruhe, im Rahmen der Gruppenausstellung **Medium Religion**
Installation

The African Twintowers – Stairlift to Heaven
14.02–06.04.2008, Institute of Contemporary Arts, London, im Rahmen der Gruppenausstellung **Double Agent**
Installation

Patti Smith & Christoph Schlingensief
22.06.–18.09.2010, Galerie Sonja Junkers, München
Installation

Eine Kirche der Angst vor dem Fremden in mir
04.06.–27.11.2011, Deutscher Pavillon , Biennale di Venezia
Konzept nicht mehr realisiert; Retrospektive realisiert von Susanne Gaensheimer und Aino Laberenz
Installation

Solo-Ausstellung
KW Institute for Contemporary Art, Berlin 2013/14

Solo-Ausstellung
MOMA PS 1, New York 2014

Solo-Ausstellung
Malmö Konsthall, Malmö 2014

IV. Fernsehen

TALK 2000
Deutschland, 1997; 7 Folgen à 25 Min. für Kanal 4 (RTL, Sat.1, ORF)
Konzept, Darsteller

U3000 – Du bist die Katastrophe

Deutschland, 2000; 8 Folgen à 45 Min. für MTV Deutschland
Konzept, Darsteller

Freakstars 3000

Deutschland, 2002; 6 Folgen à 30 Min. für VIVA
Konzept, Kamera, Darsteller

Die Piloten. 10 Jahre Talk 2000 – Formate von morgen für das Fernsehen von früher

Deutschland, 2007; 6 Folgen à 45 Min. für arte Deutschland; nicht ausgestrahlt
Konzept, Darsteller

V. Hörspiele

Rocky Dutschke '68

nach dem gleichnamigen Theaterstück
Deutschland, 1997, 50', WDR 1Live
Regie, Autor

Lager ohne Grenzen

Deutschland, 1999, 34', WDR/Deutschlandradio Berlin
Regie

Learn German with a Real German Show-Host

USA, 1999, 15', Radio PS1
Regie, Sprecher

Rosebud

nach dem gleichnamigen Theaterstück
Deutschland, 2002, 39', WDR
Regie

VI. Band

Vier Kaiserlein

Die Welt der Musik, Audiokassette,
Eigenproduktion, 1982
Musik, Text

VII. Eigene Publikationen

Talk 2000

hrsg. v. Christoph Schlingensief,
Helmut Schödel, Deuticke Verlag: Wien, 1998
Herausgeber, Autor

CHANCE 2000 – Wähle dich selbst

hrsg. v. Christoph Schlingensief,
Carl Hegemann, Kiepenheuer & Witsch: Köln, 1998
Herausgeber, Autor

Rosebud

Kiepenheuer & Witsch: Köln, 2002
Autor

So schön wie hier kanns im Himmel gar nicht sein!
Tagebuch einer Krebserkrankung

Kiepenheuer & Witsch: Köln, 2009
Autor

Ich weiß, ich war's

posthum hrsg. v. Aino Laberenz
Kiepenheuer & Witsch, Köln, 2012

VIII. Preise, Auszeichnungen

1985: Nordrhein-westfälischer Produzentenpreis für **Tunguska – Die Kisten sind da**

1986: Förderpreis für junge Künstler des Landes Nordrhein-Westfalen

1988: Förderpreis zum Ruhrpreis für Kunst und Wissenschaft der Stadt Mülheim an der Ruhr

1997: Prix Futura für **Rocky Dutschke '68**

1999: Prix Europa für Lager ohne Grenzen

2003: Hörspielpreis der Kriegsblinden für **Rosebud**

2005: Filmpreis der Stadt Hof

2007: Ruhrpreis für Kunst und Wissenschaft

2009: Berliner Bär (B.Z.-Kulturpreis)

2009: Nestroy-Theaterpreis-Nominierung für die Beste Regie von **Mea Culpa. Eine ReadyMadeOper** am Wiener Burgtheater

2010: Helmut-Käutner-Preis

2010: Bambi (posthum)

2011: Hein-Heckroth-Bühnenbildpreis (posthum)

2011: Goldener Löwe der Biennale Venedig für den besten nationalen Beitrag (Deutscher Pavillon) (posthum)

2012: Umbenennung der Pacellistraße in Oberhausen in Christoph-Schlingensief-Straße

2012: Umbenennung der Rheinischen Förderschule Oberhausen in Christoph-Schlingensief-Schule

2015: Konrad-Wolf-Preis (posthum)

2018: Karlheinz-Böhm-Preis für das Operndorf Afrika (zusammen mit Aino Laberenz)

Rechtenachweise

»16 Jahre Messdiener waren nicht umsonst«
© Anke Leweke, Christiane Peitz in: tip 2/93, Berlin

Moralist mit Kettensäge
© Harald Martenstein in: Der Tagesspiegel, 24.3.1993

Diesen pubertären Luxus leiste ich mir
© Prof. Dr. Christiane Voss, Weimar

So oder so.
© Marco Graba und Bernd Klöckener in:
Testcard#3 Ventil Verlag, Mainz

Ich wäre gern der Fehlermann der Nation
© Sibylle Berg in: ZEITmagazin 9.8.1996

Tötet Christoph Schlingensief
© SPIEGEL Kultur Extra 11/1997, Georg Dietz und Anke Dürr

Christoph Schlingensief, Exhibitionist 36 / Helden der Popkultur
© Jörg Burger in: »Helden der Popkultur: Exhibitionist« in:
ZEITmagazin 38/1997

Wer inszeniert wen?
© DER FREITAG, Berlin 1997, Oliver Fuchs, München und
Axel Henrici, Berlin

»Trash für Millionen«
© Benjamin v. Stuckrad-Barre in: Rolling Stone 1998

»Das war nicht abzusehen«
© Falter 25/2000, Karin Cerny, Wien

Der Mann, der wie eine Kuh sein will
© Timur Diehn und Martin Fensch in: jetzt – Jugendmagazin
der Süddeutschen Zeitung vom 06.11.2000

Halleluja, die Show
© Christopher Wurmdobler in: Falter 50/00, Wien

Lassen Sie uns über das Fest reden
© Mareen Linnartz, München und Frankfurter Rundschau, Dezember 2000

Grenzenlos
© Doris Knecht, Wien

Mit den Skins zur SVP
© Daniel Arnet/Judith Wyder, 19.4.2001 in: FACTS, Zürich

»Ich möchte in schlechter Erinnerung bleiben«
© DER TAGESSPIEGEL, Berlin

»Wer wird Millionär, Herr Schlingensief?«
© Florian Malzacher, Berlin

»DER MOMENT, IN DEM DER GEDANKE VON HEUTE AUF EINEN GEDANKEN VON FRÜHER TRIFFT«
© Tan Wälchli, Berlin

»Wer Kunst macht, wird so leicht kein Terrorist«
© Der Tagesspiegel, 23.01.2003, Berlin
© Peter Laudenbach

»Die Paranoia sitzt mir stets auf der Schulter«
© Elke Heinemann, Berlin in: GALORE 6/2003

»Wir erlösen uns selbst«
© Andreas Wilink, Düsseldorf

Eule und Ratte
© VOGUE, Mai 2004

Fürchtet euch nicht?
Terror, Krisen, Krebs: was macht uns eigentlich ständig Angst?
© Wolfgang Schäuble

»Ich bin eigentlich ein: obdachloser Metaphysiker«

© Joachim Kaiser in: Süddeutsche Zeitung vom 25.06.2004

»Ich bin ein Kuhbaum«

© Ellen Ringier, 29.7.2004 in: Facts

»Ich bin für Vielfalt zuständig«

© Michael Kerbler, Journalist: https://kombinat3.eu, Wien
Mit freundlicher Genehmigung von ORF, Österreich 1

»Ich liebe es, abends den Grill aufzubauen«

© Theater heute 8/9 2007

»Theater war noch nie mein Ding«

© Monopol, Zürich 2008

»Ich gieße meine soziale Skulptur«

© Theater heute 1/2009

»Ich habe geklaut«

© Max Dax in: Spex 328, Sept./Okt. 2010

Den aufgeführten Rechteinhabern gilt der Dank der Herausgeberin und des Verlags Kiepenheuer & Witsch GmbH & Co. KG, Köln. Es konnten nicht in allen Fällen alle Rechteinhaber ermittelt werden, wir bitten Inhaber oder Berechtigte, sich beim Verlag zu melden, falls sie hier nicht genannt sind.

Mein Dank gilt:

dem Archiv der Akademie der Künste, Berlin
im Besonderen Herrn Stephan Dröschel und
Frau Dr. Julia Glänzel

Helge Malchow
Brigitte Landes
Diedrich Diederichsen

Holger Liebs
Uli Hanisch
Pola Sieverding

Weitere Titel von Christof Schlingensief bei Kiepenheuer & Witsch

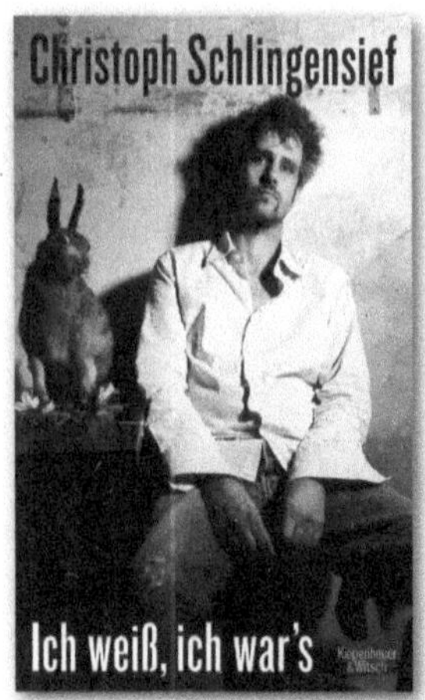

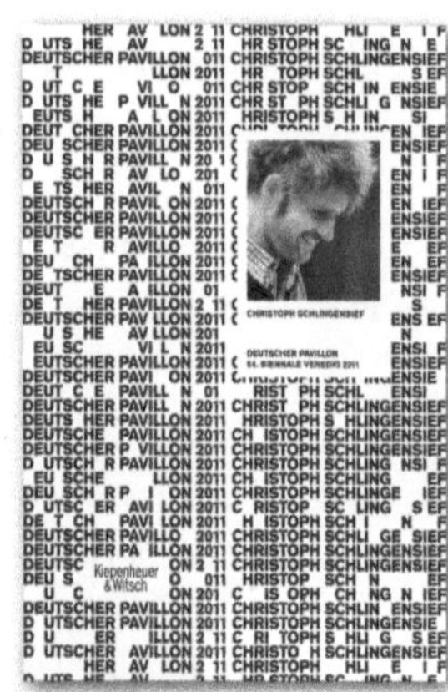

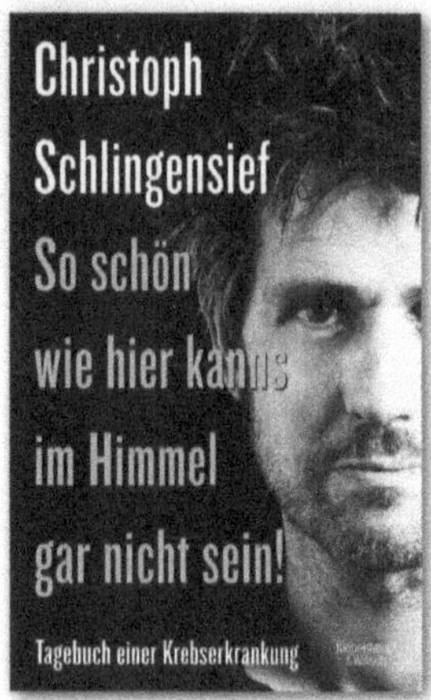